よくわかる古文書教室

江戸の暮らしとなりわい

佐藤孝之［監修］

吉川弘文館［発売］
天野出版工房［発行］

はじめに

どうやったら古文書を読めるようになりますか？　くずし字を読むのに何かよい手引書はありますか？　古文書解読講座などにおいて、受講者の皆さんからよく聞かれる質問です。この本を手に取っていただいた方々にも、そのような質問をした覚えはありませんか。古文書（史料）を読めるようになるには、読める人に直接教えてもらうのが最も有効です。それが、各地の古文書解読講座に多くの受講者が集まる大きな理由ではないでしょうか。その一方で、さまざまな工夫をした古文書解読書の類もたくさん刊行されています。多種多様な古文書解読書の刊行は、解読講座等の盛況とともに、くずし字を読み古文書を解釈し、歴史に対する理解を深めたい、という欲求の大きいことを示しているといえましょう。本書も、そうした学習意欲に応え、先に〝一旦閉講〟した古文書教室（林英夫監修『はじめての古文書教室』天野出版工房、二〇〇五年）を新たな観点から再開するものです。

本書で扱う史料は村方（むらかた）関係の史料が中心で、これに町方（まちかた）関係の史料を加えました。それは、私たちが接する史料のなかで最も身近に、たくさん残されているのが村や町の史料だからです。そして本書では、一つとして、さまざまな内容からなる村方・町方史料のなかから、〝暮らしとなりわい〟という視点で史料を採録しました。二つとして、立地に即した多彩な村の姿をとらえてみようと試みました。それが、山であり川であり海です。これによって、江戸時代の村や町に暮らす人々と、そこに営まれる生業（なりわい）について理解を深めていただければと願っています。

ところで、皆さんは「経典余師(けいてんよし)」という書物をご存知ですか。経典の解読書として近世後期から明治に至るまで刊行された書物で、四書等の本文を掲げ、これに平仮名を用いた書き下し文と平易な解釈を加えるなど、初学の人にも分りやすく独学用に工夫されています。そして、これを模した経典以外の「余師」物も流行したそうです(鈴木俊幸著『江戸の読書熱』平凡社、二〇〇七年)。江戸時代の人びとの自学自習意欲の高まりが窺えますが、なにやらこの書物、本書とも意図を同じくするところがあるようです。まさに本書は、「経典余師」に倣えば「古文書余師」といえるでしょう。

すなわち本書は、古文書解読の入門書であること、そして一人でも学べる独習書であることを目指しています。そのために、一点一点の史料について、①解読のヒント、②解読文、③用語説明、④読み下し文、⑤現代語訳、⑥解説、という六項目からなる構成にしてみました。くずし字の解読から、その史料を取り巻く背景にいたるまで丁寧に説明してあります。異体字や変体仮名なども、できるだけ取り上げて注記や説明を付しました。もちろん不十分な面も多々ありますし、本書での解読や解釈が絶対ということはありません。思わぬ誤りを犯しているやもしれません。お気づきの点はご教示いただくとともに、あくまで古文書解読のための手がかりとして利用してください。

なお、掲載史料に関しては、各地の所蔵者・所蔵機関にご協力いただきました。また、石田文一氏・宇野日出生氏・岡田晃司氏、ならびに館林市史編さんセンターには、種々ご面倒をおかけしました。編集に関しては、天野出版工房代表の天野清文氏に大変お世話になりました。ともに感謝申し上げます。

二〇〇八年九月

佐藤孝之

目　次●よくわかる古文書教室——江戸の暮らしとなりわい

凡　例

【解読のヒント】

1　くずし方を中心に、用字・用語に関して注意すべき点を指摘した。

2　旧字・異体字・変体仮名などについて、可能な限り取り上げ解説した。

3　掲載史料以外からのくずし図版は、別の原史料から採字した。

【解読文】

1　原則として常用漢字を使用したが、常用漢字と著しく字体が異なる旧字・異体字などは、そのまま表記した。これらについては、脇に該当する常用漢字を括弧に入れて表記した。複数箇所にわたる場合には、初出箇所のみに施した。

2　変体仮名は現代仮名に改めたが、助詞として使用する変体仮名（者＝は、茂＝も、江＝え、而＝て、与＝と）は、字母漢字を小さく表記した。

3　合字のゟ（より）は、そのまま表記した。

4　漢字の踊り字は「〻」、平仮名は「ゝ」、片仮名は「ヽ」と表記した。

5　誤記と判断できる字句、または疑問のある字句はそのまま表記し、脇に（ママ）または（ヵ）を施した。

6　5のうち正しい字句が判明する場合、または推定される場合は、脇に（○）または（○ヵ）と表記した。

7　脱字と判断できる場合は、脇に（○脱ヵ）と表記した。

8　判読不可能な字句は、□で表記した。

9　見消（みせけち）は該当字句の左脇に「〻」を施し、右脇に訂正字句を記した。

10　適宜読点・並列点を施した。

【用語説明】

1　解読文中に適宜数字を付し、該当する【解読文】の下段に合い番号を付して説明文を入れた。

2　見出しは【解読文】の表記にかかわらず、原則として常用漢字を用いた。

【読み下し文】

1　原則として常用漢字、現代仮名使いを使用した。

2　読点だけでなく、適宜句点を施した。

3　適宜振り仮名を付して、読み下しの便を図った。

4　壱・拾・廿などは、それぞれ一・十・二十などと書き改めた。

5　作成年月日・差出・宛所は省略した。その他にも一部を省略した場合がある。

【現代語訳】

1　原文に沿うことを原則としたが、適宜語句を補ったり言い換えたりして、文意を明確にした。

2　作成年月日・差出・宛所は【読み下し文】同様に省略した。

【解説】

1　表記は、原則として常用漢字を使用し、常用漢字表にない漢字は正字体を使用した。また、送り仮名についても、常用漢字表にしたがった。ただし、歴史的用語については送り仮名を省略した表記も用いた。

2　国名・地名・人名・歴史用語などをはじめ、固有名詞・難読語句など、必要と思われる語彙には振り仮名を振った。

3　年月日は単位付き漢数字を用い（天保十二年十一月、など）、それ以外は単位なし漢数字を用いた（五三俵・一〇五石、など）。

※各章の執筆は、第1・2章は宮原一郎、第3・4章は実松幸男、第5・6章は佐藤孝之が担当した。

第1章● 村の暮らしとなりわい

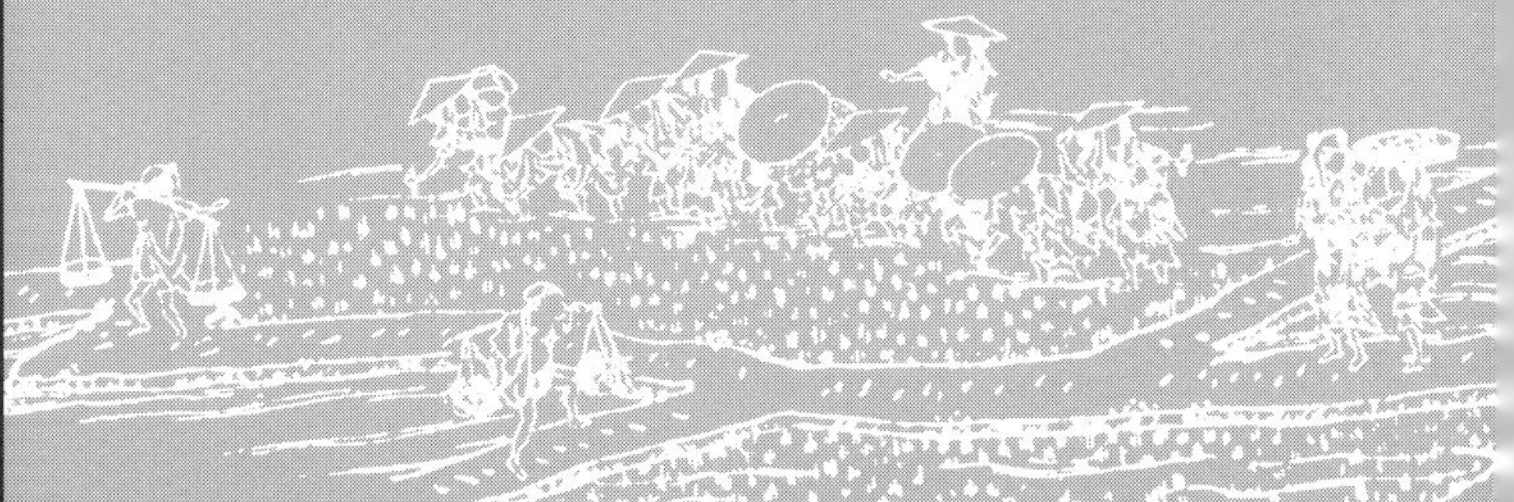

江戸時代には、六万三〇〇〇余りの村が、それぞれ一つの行政村として設定されていました。現在私たちが目にする古文書の多くは、こうした村々の運営や村々から領主に提出されるために作成された公的な文書ですが、このような文書を地方文書と呼んでいます。

兵農分離制のもとで領地から離れた領主が、その所領とする村を治めるためには、文字（文書）を用いた支配によらなければなりませんでした。もともと領主が領民に対して口頭で行った教諭も、法度という形で文字を介して伝えられました。そのような領主の法令を周知させたり確認する場として重要だったのが、惣百姓が毎年の五人組帳に捺印する時でした。No.1は、天保七年（一八三六）、幕府代官の山本大膳が、版本として支配した村々へ下付した五人組帳前書です。掲載したのは冒頭部分のみですが、全体をみると当時における百姓の生活の様子が詳細に描かれています。

村の長である名主（庄屋）の職務は、村を代表して書類を作成し提出したり、百姓から年貢を集めたり、村の平和を維持するなど、多岐にわたりました。No.2では、安永八年（一七七九）、武蔵国秩父郡大野村（現埼玉県比企郡ときがわ町）の名主役をめぐり、もともと世襲で名主を勤めていた年寄役の家に、名主の就任を惣百姓が嘆願した史料です。組頭による年番名主では治めきれない村の状況に対応して、村を切り開き江戸時代の当初から名主を勤めたという権威をもとに、村を治めようとする動向がうかがえます。

江戸時代の村は、米がどれだけ取れるのか、その生産高＝石高が村の規模を示す一つの基準となっていました。一方、「加賀百万石」の言葉のように、石高は大名などの領主の規模も指し示す基準でもありました。村では、畑地や屋敷地も米の生産高に換算され石高で表示されましたが、石高の基本は水田稲作による米の生産にありました。No.3は、そうした水田稲作に関する史料で、文久元年

（一八六二）五月、武蔵国埼玉郡西方村（現埼玉県越谷市）の名主らが、村の田へ用水を入れ田植えが終わったことを、用水の堰番へ報告した証文です。

右のようにして用水を入れ、丹誠を込めて作られた田が、時には洪水により一瞬のうちにして灰燼に帰することもしばしばでした。№４では、弘化三年（一八四六）六月、武蔵国入間郡大久保村（現埼玉県富士見市）の近くを流れる荒川が氾濫し、その後の耕地の復興の状況を記した史料を取りあげました。江戸時代の村がかかえていた自然災害とのかかわりや、村の成り立ちを保証せねばならぬ領主の責務が、この史料からうかがえます。

跡取りを決め、家を相続させることが今より重要であった江戸時代、それは個々の家にとってのみならず村にとっても大きな関心事でした。№５では、宝暦三年（一七五三）、武蔵国秩父郡大野村の百姓治右衛門が亡くなったあと、弟の金左衛門に家を継がせることを村役人へ届け出て、その承認を得ていたことがわかります。

江戸時代は、諸外国にくらべて識字率が高いことが一般に知られています。それを支えたのは村に置かれた寺子屋という私塾でした。№６では、文政十三年（一八三〇）に、江戸下谷の青雲堂英文蔵などを版元にして出版された、さまざまな文章や証文の例文を載せた往来物の一部をあげました。このような往来物が、寺子屋などでもテキストとしてよく使われ、生活に必要な知識を得るとともに、識字率を上げることになりました。

1 村人の心得を諭す

五人組帳前書（天保七年〈一八三六〉）

①差上申一札之事

②一 兼日被　仰出候通大小之百姓五人組を究置

③何事によらす五人組之内ニ而御法度相背候儀

④不及申上悪事仕候もの有之候ハヽ其組合ゟ遂

⑤て申上候若隠置脇ゟ申出候ハヽ其者ニハ不及より

⑥御褒美可被下五人組之もの名主迄曲事ニ可被

⑦仰付旨奉畏候悪事仕候もの申上候ハヽ自然同類

⑧親類縁者抔後日ニ恨をなす族之と氣遣ニ存候て

⑬　⑫　⑪　⑩　⑨

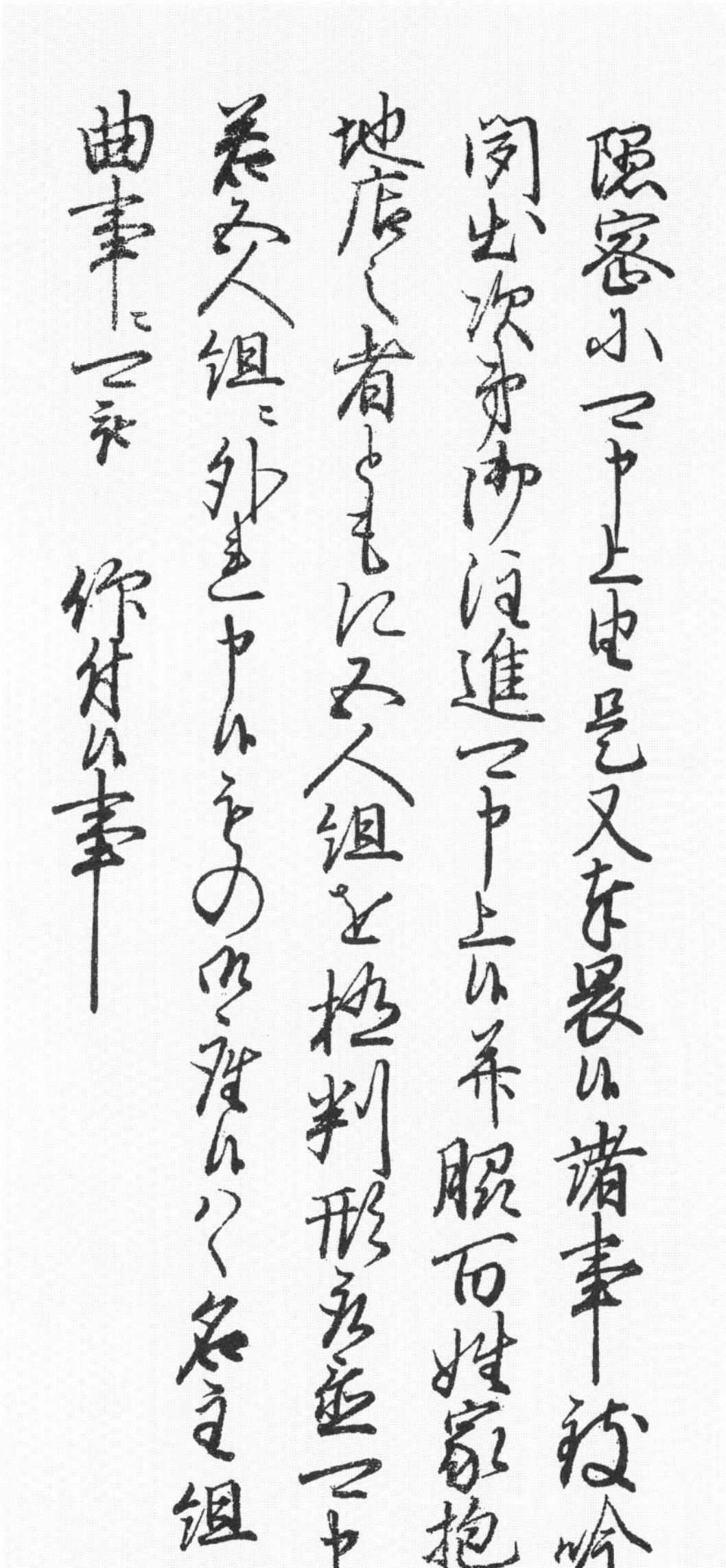

（朝霞市博物館寄託「細田優家文書」6―331）

【解読のヒント】

①は「差上申」と読みます。「差」の字はしっかり覚えてください。②は「被二仰出一」で「おおせいだされ」と読みます。この「被」は尊敬の助動詞ですが、非常に丁寧にくずしてあります。他にも・があり、江戸時代の古文書でよくみる用字の一つです。また、「被」の下が一字分あいているのは欠字といって、相手に対する敬意を表しています。は「候」です。さらに省略がすすむと「」にまでなります。③は「よらす」。は「須」で、このような仮名を「変体仮名」といいます。は、語調を調えたり、改まった意を添える接頭語の「相」です。④は「もの」。は「も」で字母漢字（元の漢字）は「毛」です。は「候」および「ハ」とその踊り字の「〻」で「候ハ〻」、読むときは「そうらわば」と読み、頻出します。は「よ」と「り」の合字で「より」です。⑤は「可二申上一」です。は可能・尊敬の助動詞「可」で、片仮名の「マ」みたいなくずしですが、他にも・があります。（尓）は、「に」の変体仮名です。⑧（抔）は「等」と同じです。は「あたをなすべき」です。は「阿」で「あ」、は「多」で「た」、は「遍」で変体仮名の「へ」に濁点が付き「べ」となります。は「氣遣」。「氣」は「気」の旧字です。の上部が「貴」でが「辶」の独特なくずしです。⑨（尓）は、⑤と同じ「に」の変体仮名です。は「致」です。偏が「金」によく似ており、あわせて覚えましょう。⑪は「極」。「木」に「有」のくずしを合わせたような字になっています。は「取置」です。二字とも頻出文字で特徴的なくずしなので、この形をそのまま覚えてください。⑫は「外れ」で「はずれ」と読みます。は変体仮名で字母漢字は「連」です。

【解読文】

① 差上申一札之事
② 一兼日(1)被　仰出候通、大小之百姓五人組(2)を究置、
③ 何事ニよらす五人組之内ニ而、御法度(3)相背候儀者
④ 不及申上、悪(悪)事仕候もの有之候ハヽ、其組ゟ早速
⑤ 可申上候、若隠置脇(脇)ゟ申出候ハヽ、其者ニハ品(4)により
⑥ 御褒美被下、五人組之もの名主共ニ曲事ニ可被
⑦ 仰付旨奉畏候、悪事仕候もの申上候ハヽ、自然(5)同類・
⑧ 親類・縁者抔、後日ニあた(仇)をなすべきと氣(気)遣ニ存候ハヽ、
⑨ 隠密に可申上由、是又奉畏候、諸事致吟味、
⑩ 聞出次才(第)御注進可申上候、并脇(脇)百姓(6)・家抱(7)・前
⑪ 地(8)・店之者(9)ともに五人組を極、判形取置可申候、
⑫ 若五人組ニ外れ申候もの御座候ハヽ、名主・組頭
⑬ 曲事ニ可被　仰付候事

（後略）

【用語説明】

（1）**兼日**（けんじつ）以前。日ごろ。

（2）**五人組**（ごにんぐみ）年貢納入や治安など連帯責任を負わせるために、近隣の五戸を一組とした隣保組織。

（3）**法度**（はっと）禁令。

（4）**品**（しな）わけ。事情。

（5）**自然**（しぜん）もし。万一。

（6）**脇百姓**（わきびゃくしょう）本百姓より低い階層の百姓。

（7）**家抱**（けほう）主家である本百姓に従属した者。武蔵国や上野国の山間部などにみられる。

（8）**前地**（まえち）主家である本百姓に従属した者。下野国にみられる。

（9）**店之者**（たなのもの）店借。

【読み下し文】

①差(さ)し上(あ)げ申(もう)す一札(いっさつ)の事(こと)

②一兼日仰せ出され候通り、大小の百姓五人組を究め置き、③何事によらず五人組の内にて、ご法度相背き候儀は④申し上ぐるに及ばず、悪事仕り候ものこれあり候わば、その組より早速⑤申し上ぐべく候。若し隠し置き脇より申し出で候わば、その者には品によりご⑥褒美をくだされ、五人組のもの名主ともに曲事に⑦仰せ付けらるべき旨畏み奉り候。悪事仕り候もの申し上げ候わば、自然同類・⑧親類・縁者など、後日に仇をなすべきと気遣いに存じ候わば、⑨隠密に申し上ぐべき由、これまた畏み奉り候。諸事吟味いたし、⑩聞き出し次第ご注進申し上ぐべく候。ならびに脇百姓・家抱・前地・⑪店の者ともに五人組を極め、判形取り置き申すべく候。⑫若し五人組に外れ申し候ものござ候わば、名主・組頭⑬曲事に仰せ付けらるべく候事。

【現代語訳】

①差し上げます一札のこと

②一、以前から命じられている通り、「大小の百姓で五人組を編成し、③どのようなことでも五人組の中で、幕府の法令に背いた場合は④勿論のこと、悪事をする者がいたならば、その者が所属する五人組から⑤すぐに申し上げなさい。もし隠し置いて、その五人組以外の者から訴えがあったならば、その訴えをした者には場合によっては⑥褒美を与え、悪事をした者が所属する五人組の者には、村の名主とともに⑦処罰を申し付ける」と命じられたことを私たちは承知いたしました。「悪事をしたものを訴え出て、万一訴え出た者の同類や⑧親類・縁者が、後日に仕返しをうけるのではないかと心配に思うのであれば、⑨内密に申し上げなさい」と命じられたことも承知いたしました。よく取り調べて、⑩耳に

入ったらすぐに報告します。また、脇百姓・家抱・前地[11]や店借なども含めて五人組を組み、五人組帳へ印形を取ります。[12]もし五人組から外れた者がいた場合は、名主・組頭へ[13]処罰を命じてください。

【解説】

この史料は、天保七年（一八三六）に幕府代官の山本大膳が、支配した村々へ配付した「五人組帳前書」の冒頭の一か条です。本来五人組帳とは、村の五人組の構成を記したものですが、その前書には法令や百姓の心得などが記されています。それは、百姓たちに五人組帳に捺印する場で、前書にある法令や心得などを確認させるためでした。五人組帳は、江戸時代の初期にあたる寛永期（一六二四〜四四）からみられます。地域にもよりますが、幕府領では宗門人別帳とならび毎年作成されたため、比較的多く残されています。五人組帳前書は、法令や心得という形ですが、当時における百姓の生活の様子がうかがえることから、古文書講座などのテキストによく使われる史料です。

この山本大膳の五人組帳前書の特徴の一つは、木版印刷で配付した点にあります。その理由は、多くの支配所を抱えていたというよりは、多くの人に読ませるため、字体も平易なくずしや仮名を含み、読みやすく配慮したためだと考えられます。次の特徴は、全部で一四七か条におよぶ非常に大部なものである点です。この五人組帳前書の配付に引き続き、二年後の天保九年には、慶安二年（一六四九）に出された法令とされる「慶安御触書」も、山本大膳は木版印刷にして配付しています。彼は、法をもって民を治めるという考えを好む代官であったことがうかがえます。

2　名主の交代を願う

定役名主就任願書（安永八年〈一七七九〉六月）

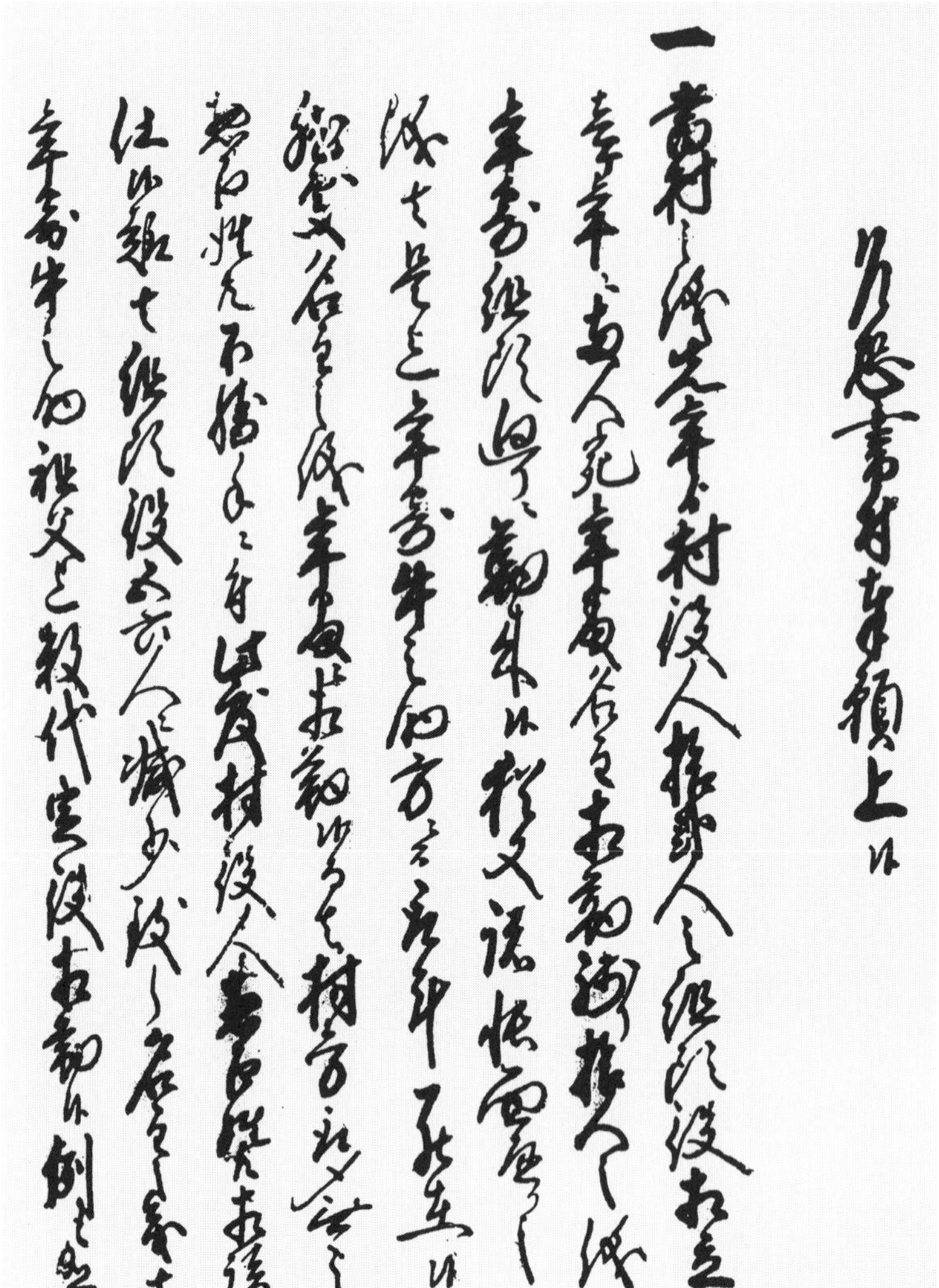

⑩ ⑪ ⑫ ⑬ ⑭ ⑮ ⑯ ⑰ ⑱ ⑲ ⑳ ㉑

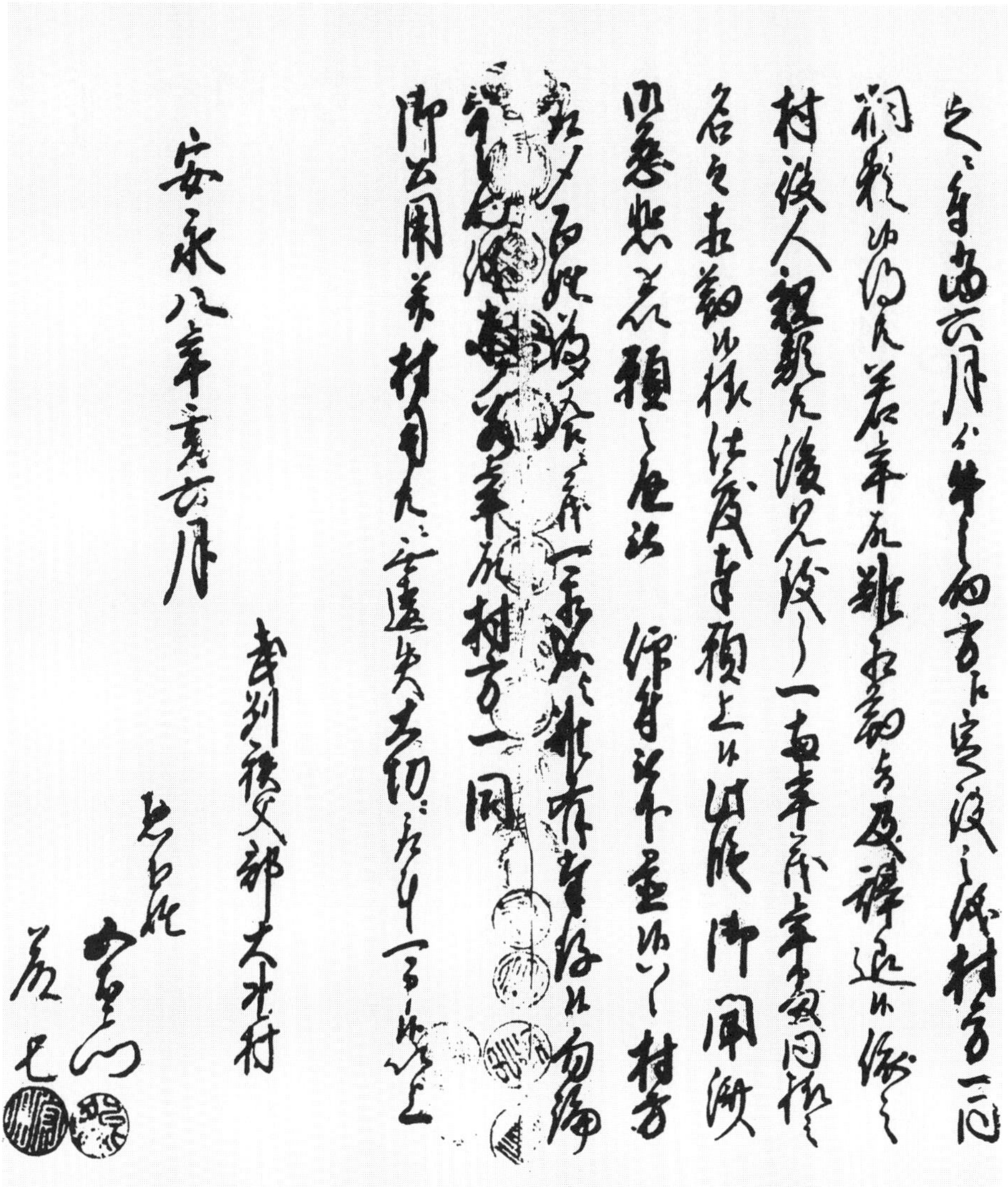

（埼玉県立文書館寄託「森田家文書」5597）

【解読のヒント】

①は「乍恐」で下の字から返って「おそれながら」と読みます。次の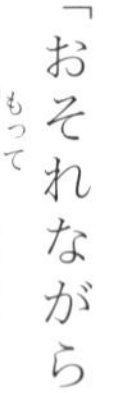は「書付」ですが、通常「以二書付一(かきつけをもって)」などとなるので、「以(もって)」が落ちたものと思われます。は「奉二願上一候(ねがいあげたてまつりそうろう)」です。①は全体で願書や訴状など領主へ提出する場合の定型の文言です。②は「當村」。は「当」の旧字「當」をくずしています。③は「両人」です。「両」は、筆の入りは「十」と書き、左側の縦棒を省略したくずしになっています。金の単位としても頻出する字なので、ぜひ覚えて下さい。⑤は「取計(とりはからい)」。「計」は「斗」と同じくずしですが、石高(こくだか)の単位として使う場合以外は「計」として読みます。⑦は「不勝手(ふかって)」。とくに「勝」の「月(にくづき)」のくずしは特徴的です。特徴のある偏(へん)や旁(つくり)のくずしを覚えるのが、古文書を早く読めるようになる一つの常道です。⑪は「相頼(あいたのみ)」。(頼)は(願)とくずしが酷似していますが、偏の部分の頭が突き出れば「頼」で、そうでなければ「願」です。⑮は「可相成」で二字目から「あいなるべく」と読みます。最初のは「可(べし)」。横棒一本に「丶」をつけたようなくずしになります。(成)は他にものくずしがあります。は漢文の助字が跡をとどめたと見られる真仮名の「与(と)」です。⑰(遠失(いしつ))の「遠」は「違」の異体字です。

【解読文】

① 乍恐書付(以脱カ)奉願上候

② 一當(当)村之儀、先年ゟ(より)村役人拾弐人之組頭(1)役相立、

【用語説明】

(1)組頭(くみがしら)村役人の一つ。名主・

壱ヶ年ニ両人宛年番[2]名主[3]相勤、残り拾人之儀、
年寄[4]・組頭廻りニ勤来候、猶又諸帳面通り之
儀者、是迄年寄牛之助方ニ而取計罷在候、
然處（処）、名主之儀年番ニ相勤候而者村方取〆（締）無之、
惣百姓[5]共不勝手ニ付、此度村役人・惣百姓共相談
仕候趣者、組頭役五六人ニ減少致し、名主之義者、
年寄牛之助祖父迄敉（数）代定役相勤候例も有
之ニ付、當六月ゟ牛之助方江定役之儀村方一同
相頼候得共、若年故難相勤旨及辞退候、依之、
村役人・親類共後見致し、一両年[6]茂年番同様之
名主相勤候様仕度奉願上候、此段御聞済[7]、
御慈悲を以願之通被　仰付被下置候ハヽ、村方
取〆・百姓為メ合[8]ニ茂可相成与、難有奉存候、勿論、
牛之助儀未タ若年故、村方一同
御公用[9]并村用[10]共ニ、無逡（違）失[11]大切ニ取計可申候、以上
武州秩父郡大墅（野）村
安永八年亥六月　惣百姓　五右衛門㊞
藤　七㊞
（以下一〇三名略）

庄屋の補佐的な役職。

（2）**年番**（ねんばん）一年交替で役職などを勤めること。

（3）**名主**（なぬし）村役人の一つ。村の長として村政にあたった。

（4）**年寄**（としより）地域によって異なるが、村の草分百姓がなることが多い。村役人の一つをいう場合もある。

（5）**惣百姓**（そうびゃくしょう）すべての百姓。ただし村役人は除く。

（6）**一両年**（いちりょうねん）一、二年。「両」は「二」の意。

（7）**聞済**（ききすみ）承諾する。

（8）**為メ合**（ためあい）ためになること。

（9）**公用**（こうよう）幕府や藩など領主の用事。

（10）**村用**（むらよう）村の用事。

（11）**無違失**（いしつなく）間違いなく。あやまちなく。失敗することなく。

【読み下し文】

①恐れながら書付（をもって）願い上げ奉り候

②一当村の儀、先年より村役人十二人の組頭役相立て、③一か年に両人ずつ年番名主相勤め、残り十人の儀、④年寄・組頭廻りに勤め来たり候。なおまた、諸帳面通りの儀⑤は、これまで年寄牛之助方にて取り計らい罷りあり候。⑥しかるところ、名主の儀年番に相勤め候ては村方取り締りこれなく、⑦惣百姓ども不勝手につき、この度村役人・惣百姓ども相談⑧仕り候おもむきは、組頭役五、六人に減少いたし、名主の義は、⑨年寄牛之助祖父まで数代定役相勤め候例もこれある⑩につき、当六月より牛之助方へ定役の儀村方一同⑪相頼み候えども、若年ゆえ相勤めがたき旨辞退に及び候。これにより、⑫村役人・親類ども後見いたし、一両年も年番同様の⑬名主相勤め候様仕りたく願い上げ奉り候。この段お聞き済み、⑭ご慈悲をもって願いの通り仰せ付けられ下し置かれ候わば、⑮村方取り締り・百姓ため合いにも相成るべきと、ありがたく存じ奉り候。もちろん、⑯牛之助儀いまだ若年ゆえ、村方一同⑰ご公用ならびに村用ともに、違失なく大切に取り計らい申すべく候。以上。

【現代語訳】

①恐れ多いことですが書面にてお願い申し上げます

②一、大野村は、以前から村役人として一二人の組頭役を立て、③そのなかから一年に二人ずつ年番名主を勤め、残りの一〇人は④年寄と組頭を輪番で勤めていました。また諸帳面の保管に⑤ついては、今ま

で年寄の牛之助方で行ってきました。しかし、⑥名主役を年番で勤めていては、村の取り締まりが行き届かず、⑦惣百姓たちも具合がよくないので、今回村役人と惣百姓たちで相談した⑧結果、組頭役を五、六人に減らし、名主については、⑨年寄牛之助が祖父まで数代にわたり定役名主を勤めていた先例が⑩あるので、牛之助へ今年の六月から定役名主就任を村全体として頼⑪みましたが、年齢が若いと辞退しました。そこで、⑫村役人や親類たちが後見をして、一、二年も年番名主と同様の⑬名主役を勤めるようにしたいので許可をお願い申し上げます。このことを承知され、⑭お情けで私たちが願うように名主役について命じて下さるならば、⑮村内の取り締まりや百姓のためにもなることと、実にありがたいことに存じます。もちろん、⑯牛之助は年も若いために、⑰村全体で幕府の御用や村の用事とともに、間違いなく大切に行います。以上です。

【解説】

この史料は、安永(あんえい)八年（一七七九）に、武蔵国秩父郡大野村(むさしのくにちちぶおおの)（現埼玉県比企郡ときがわ町）の名主役をめぐり、惣百姓・村役人の総勢一〇五名が、年寄牛之助（森田家）の定役名主就任の許可を嘆願したものです。宛先は省略しましたが、幕府の代官へ差し出されたものです。大野村では、享保(きょうほう)年間（一七一六〜三六）に、世襲名主から組頭が年番で名主を勤める体制に移行しました。やがて宝暦(ほうれき)年間（一七五一〜六四）には村を二分する村方騒動などが起こるなど、年番名主では対処しきれない多くの問題が噴出したため、ここに再び森田家が定役名主に復帰しました。しかし、年貢納入や戸籍の事務、時には江戸に出張するなど名主の仕事は多く、牛之助（のちの常右衛門）の息子金兵衛が病気で退役すると、また年番制に戻りました。

3 田植えを終えて

田方植付証文（文久元年（一八六一）五月）

⑫ ⑪ ⑩ ⑨ ⑧ ⑦ ⑥ ⑤ ④ ③ ② ①

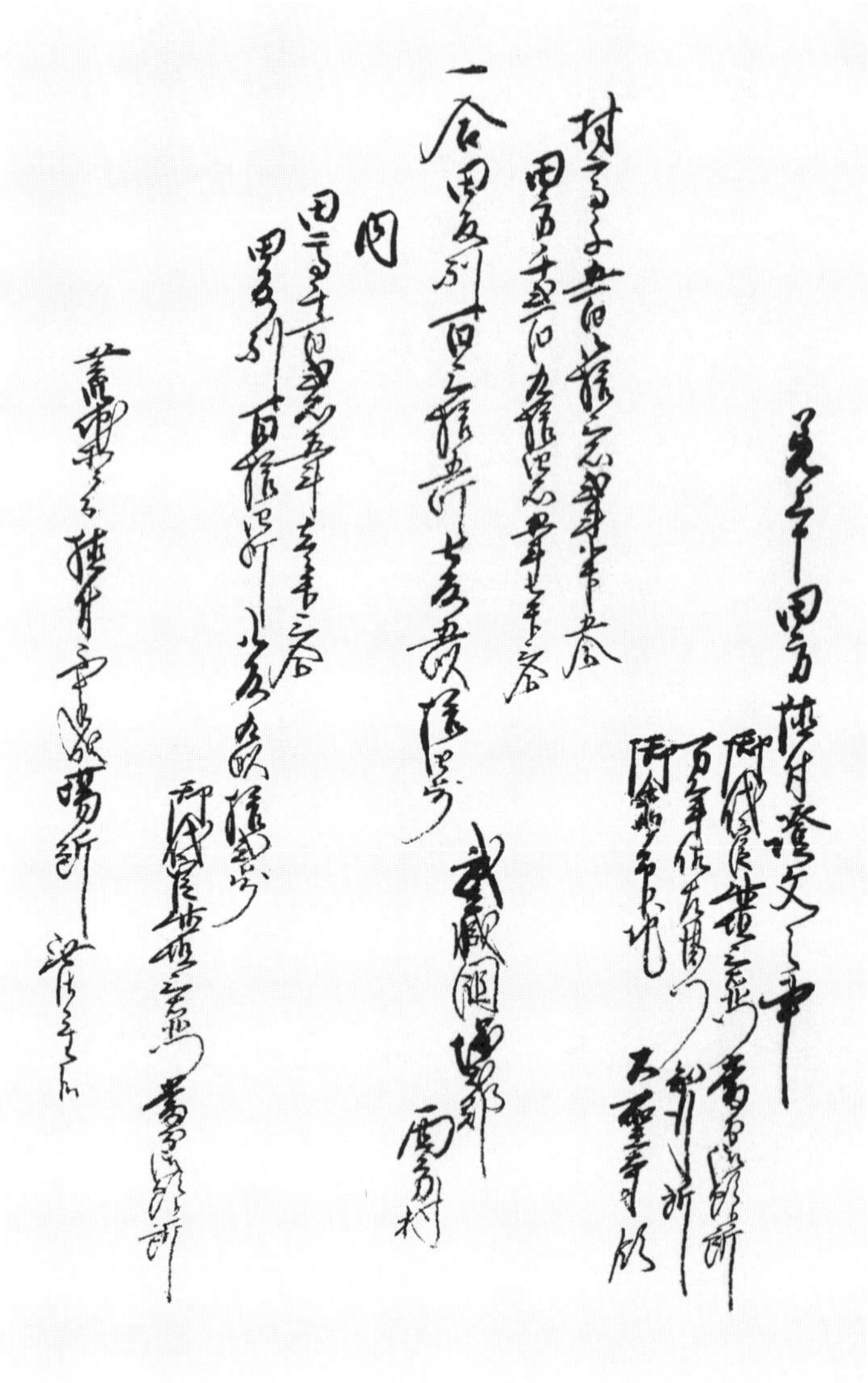

（中略）

⑬ ⑭ ⑮ ⑯ ⑰ ⑱ ⑲ ⑳ ㉑ ㉒ ㉓

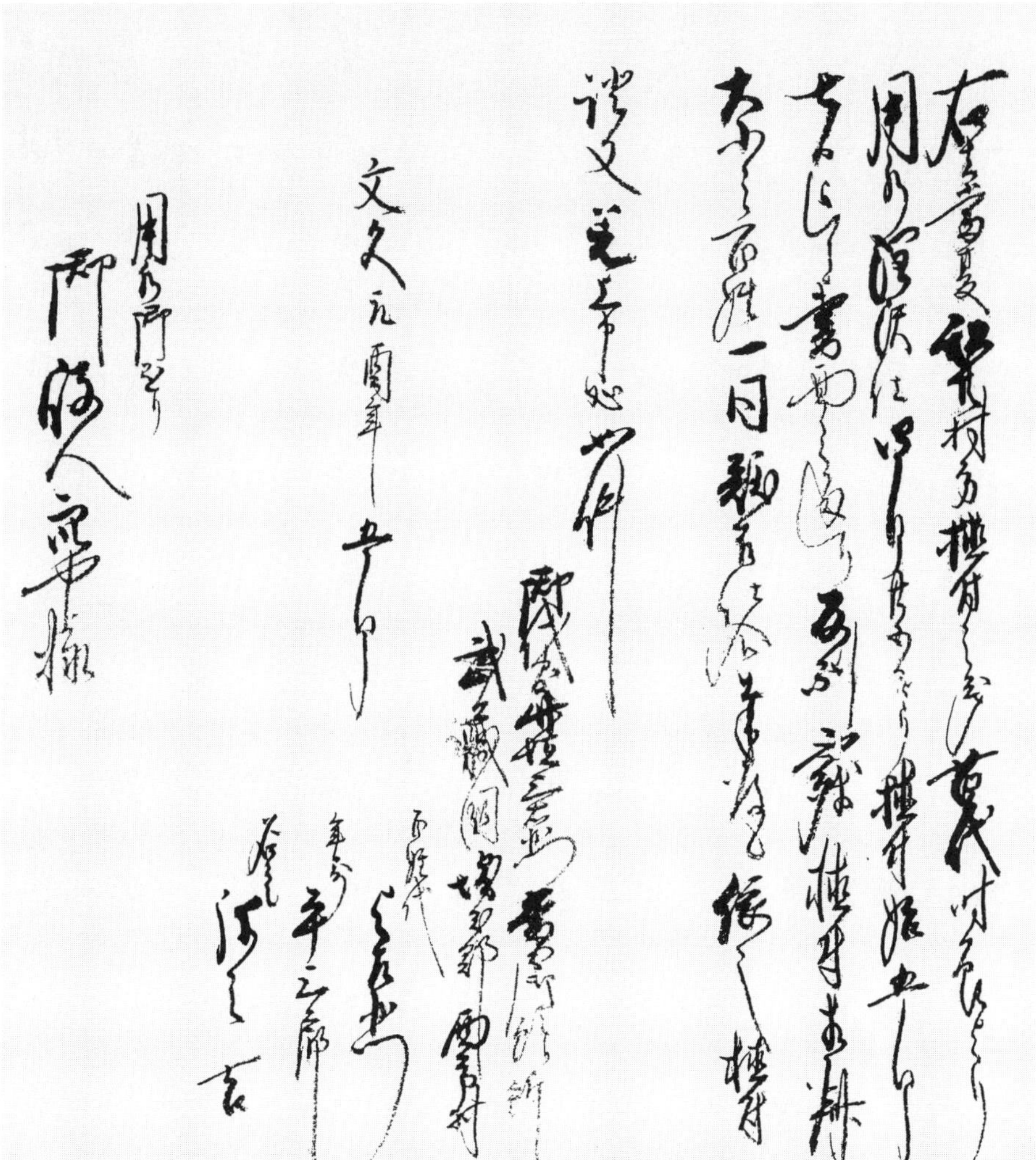

(個人蔵)

【解読のヒント】

①は「植付」です。の偏（へん）は「木（きへん）」か「扌（てへん）」なのですが、この字はわかりづらいです。旁（つくり）は「直」の典型的なくずしです。②は「竹垣」で幕府代官の人名です。（竹）は特徴のあるくずしです。「竹」の右側の「ノ」は省略され、また筆の終わりが二本目の縦棒の横に点を打ったようなくずしになります。⑤には村高（むらだか）が記されています。石高（こくだか）（体積）の単位の順番「石（こく）・斗（と）・升（しょう）・合（ごう）」を覚えておくと、その間に数字が入る形になりますので、まず単位とその順番を覚えてください。同様に、⑦では反別（たんべつ）（面積）の単位の順番「町（ちょう）・反（たん）・畝（せ）・歩（ぶ）」を覚えてください。数字のくずしがわからないときは、壱から九までの数字を当てはめてみてください。また計算で数字を確かめることもできます。⑫（ホ）は「等」の異体字で「など」と読みます。は「不二相成一（あいならず）」です。文字自体は難しくはありませんが、どこに切れ目があるかを判別しながら読んでみてください。字がわからない時は、その字をなぞって書いてみるとわかることもあります。また、一字目の「不（ず）」を「あいならず」と後に読みますが、このような文字を「返読文字（へんどく）」といいます。⑬は「當叓」。は「夏」の異体字「叓」です。のは「日（ひへん）」に「寸」で、「時」の異体字「时」です。二字目は「節」ですが「竹（たけかんむり）」がかなり省略されています。また下部の「即」も「良」のようにくずされています。「〜候節（そうろうせつ）」などと頻出しますので、ぜひ覚えてください。⑭は「用水」です。とくに（水）のくずしは難解です。このまま覚えてください。は「亻（にんべん）」に「士」で「仕」です。読みは「つかまつる」で、「〜する」の謙譲語です。⑮は「相済（あいすみ）」です。（済）のように「氵（さんずい）」は縦棒一本か、その左側に点が打たれる形が多い偏です。

【解読文】

① 差上申田方植付證(証)文之事
② 御代官竹垣三右衛門當(当)(1)分御預り所
③ 万年佐左衛門知行所(2)
④ 御朱印地(3)　大聖寺領
⑤ 村高(4)千五百八拾三石弐斗弐升五合
⑥ 田方千弐百九拾四石五斗七升三合　武蔵國(国)埼玉郡
⑦ 一合田反別(5)百三拾五町七反五畝(畝)拾四歩　西方村
⑧ 内
⑨ 田高千百弐石五斗壱升三合
⑩ 田反別百拾四町八反九畝拾弐歩
⑪ 御代官竹垣三右衛門當分御預り所
⑫ 荒地ホ(等)ニ而植付不相成場所無御座候、

（中略）

⑬ 右者、當夓(夏)私共村方植付之義、苗代(6)时(時)節より
⑭ 用水潤(7)沢仕、四月廿五日より植付始、五月
⑮ 七日迠(迄)ニ、書面之通り反別不残植付相済、
⑯ 大小之百姓一同難有仕合奉存候、依之、植付

【用語説明】

（1）**当分**（とうぶん）①今。現在。この時期。②一時。暫時。ここでは②の意。

（2）**知行所**（ちぎょうしょ）旗本に与えられた領地。

（3）**朱印地**（しゅいんち）将軍の朱印状により認められた寺社領。

（4）**村高**（むらだか）一村全体の田畑・屋敷地の総石高。

（5）**田反別**（たたんべつ）田の面積。

（6）**苗代**（なわしろ）稲の苗を育てるところ。苗床。

（7）**潤沢**（じゅんたく）豊富であること。

（8）**如件**（くだんのごとし）文書の書止（かきとめ）に用いられる慣用句で、右に述べたとおりである、の意。

證文差上申処、(8)如件

文久元酉年五月

御代官竹垣三右衛門當分御預り所
武蔵國埼玉郡西方村
(9)百姓代　与左衛門
年寄　平三郎
名主　弥之吉

用水御懸り
御役人衆中様

【読み下し文】

①差し上げ申す田方植付証文の事

（中略）

⑬右は、当夏私ども村方植え付けの義、苗代時節より用水⑭潤沢仕り、四月二十五日より植え付け始め、五月⑮七日までに、書面の通り反別残らず植え付け相済み、⑯大小の百姓一同ありがたき仕合に存じ奉り候。これにより、植付⑰証文差し上げ申すところ、件のごとし。

【現代語訳】

①差し上げます田方の植付証文のこと

（9）**百姓代**（ひゃくしょうだい）村方三役の一つ。小前百姓の代表者として、名主・組頭などの職務を監視し、村政に関与した。

（中略）

右[13]について、今年夏の西方村の田方の植え付けは、苗代をこしらえた時期より用水[14]が豊富であったため、四月二十五日から田植えを始め、五月七日[15]までに、書面通りにすべての田んぼの植え付けが済み、百[16]姓たち全員がありがたく思っております。このため、植付証文[17]を差し上げますところ、このとおりです。

【解説】

この史料は、文久(ぶんきゅう)元年（一八六一）五月、武蔵国埼玉(むさしのくにさいたま)郡西方(にしかた)村（現埼玉県越谷市）の名主らが葛西(かさい)用水の用水掛(かかり)（堰番(せきばん)）である幕府役人へあてた証文で、合計一三五町余の田へ用水を入れたことが記されています。西方村の村高は一五八三石余と、全国の村の石高の平均がおよそ四〇〇石ですから、かなり大規模な村であったことがわかります。そして、村高のうち一二九四石余（八二%）が田方であり、関東平野に位置する水田の割合が非常に高い村です。また、一つの村に代官の支配所や大名・旗本・寺社など複数の領主の所領が設定されることを相給(あいきゅう)といいますが、当時西方村は、幕府代官竹垣(たけがき)直道(なおみち)・小性組番士(こしょうぐみばんし)万年(まんねん)佐左衛門・大聖寺らがそれぞれ支配所や所領を持つ相給村落でした。

葛西用水は、享保(きょうほう)四年（一七一九）幕府代官の伊奈忠逵(いなただみち)が、利根川右岸の上川俣(かみかわまた)（現埼玉県羽生(はにゅう)市）に取水口を設置し、古利根川へ水を落としました。古利根川からこの西方村付近の堰で再び下流の村々への水を取り入れました。四月の末から田植えを始めたとありますが、これは旧暦ですから、今の暦に直すと六月の初旬ころにあたり、当時の田植えの時期が今と異なり遅かった事実もうかがえます。

4 堤防、決壊す

堤防修復請書（嘉永元年〈一八四八〉六月）

⑥ ⑤ ④ ③ ② ①

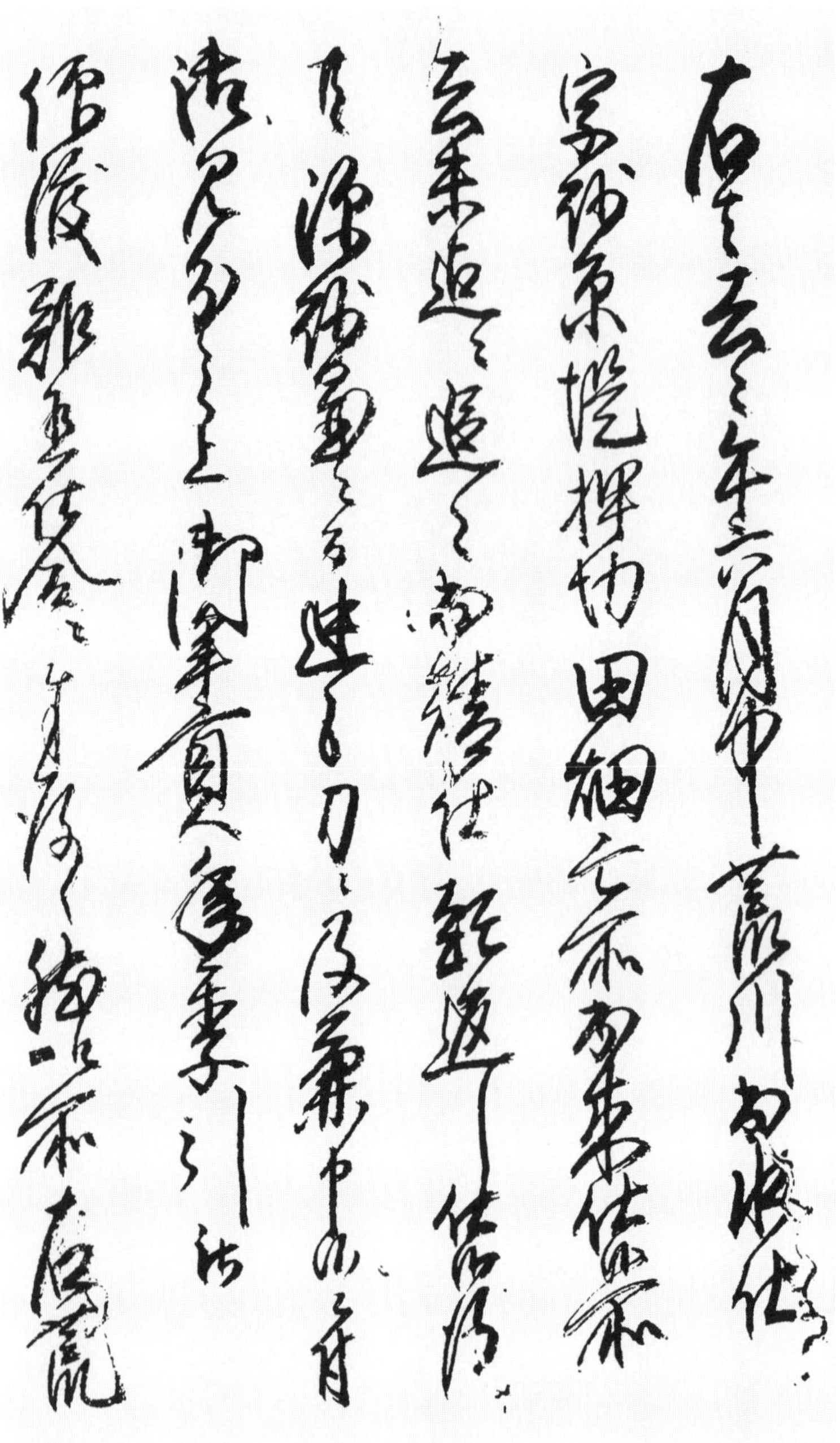

⑦ ⑧ ⑨ ⑩ ⑪ ⑫

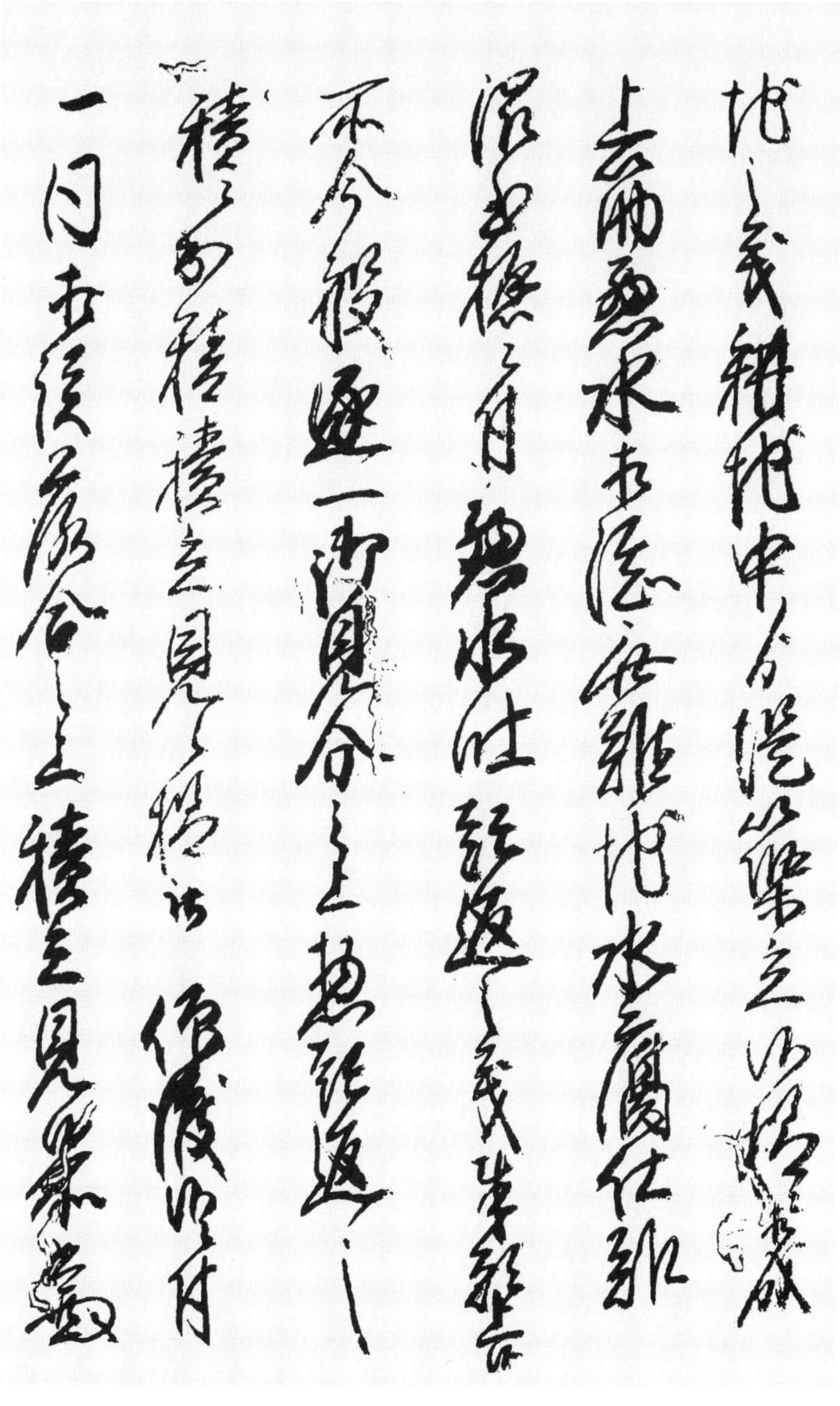

（大澤誠氏蔵・富士見市立難波田城資料館保管「大澤家文書」近世２７）

【解読のヒント】

①は「出水」。「出」という字が特徴的なくずしになります。「出」は②にもあります。③は「迠」で「迄」の異体字。ここの「迠」は易しいくずしですが、やなど、一見するとわかりづらいものも多くあります。独特なくずしかたを覚えてください。は「追ゝ(々)」です。④は「深」ですが、酷似しているくずしに(源)があります。「源」は比較的人名に用いられますが、文章の前後関係から判断しましょう。⑤は「見分(けんぶん)」です。は「分」と判別しづらいですね。これは楷書と筆順が異なり、二順目に「刀」の部分を書くためです。省略が進むとのようになります。合わせて覚えてください。⑥は「難レ有(ありがたき)」。は「難」の異体字「雉」です。偏はよく使われる字体で、他に(歎)などがあります。次の(有)は難しいですね。が「ナ」の部分で、が「月」になります。「月」の左側の縦棒を省略し、右側の縦棒を丸く書き、本来なかに書く横棒二本を「く」のような筆の運びにしています。(明)などの「月」も同じくずしです。字が読めない場合、用例などをのせる古文書の字典で、上に「難」という字のつく熟語を探すという方法もあります。⑦は「様」です。「様」は実に多くのくずしがあります。この字は「検」のくずしに似ていますね。字典でくずしを確認してください。⑧は上下に分けて考えます。上部は「西」のくずしで、下部は「灬(れんが・れっか)」のようにも見えますが、「心(したごころ)」の典型的な書き方です。したがって「悪」の異体字「惡」となります。⑨は「渋」。本来は「澁」で、「氵(さんずい)」に「止」と書き、その下は「⺌」と略しています。「州」の異体字「刕」も「刄⺌」、「攝」も「摂」と、同様な略体になります。合わせて覚えましょう。は「極」の異体字「極」です。

【解読文】

（前略）

① 右者、去ゝ（々）午六月中荒川出水(1)仕、
② 字砂原堤押切(2)、田畑亡所(3)出来(4)仕候所、
③ 去未迠（迄）ニ追ゝ出精仕、起返し(5)仕候得
④ 共、深砂置ニ而迚も力ニ及兼申候ニ付、
⑤ 御見分之上御年貢年季引被
⑥ 仰渡、難有仕合ニ奉存候、然ル所、右荒
⑦ 地之義、耕地中ゟ堤築立候様ニ相成、
⑧ 上筋悪（悪）水(6)相湛、無難地水腐(7)仕難
⑨ 渋至極（極）ニ付、悪水吐、起返之義奉願上候
⑩ 所、今般逐一御見分之上、惣起返之
⑪ 積ニ、出精積立見候様被　仰渡候ニ付、
⑫ 一同相談落合(8)之上積立見候所、書面

（後略）

【用語説明】

(1) **出水**（でみず・しゅっすい）洪水のこと。
(2) **押切**（おしきる）堤防などが決壊する。
(3) **亡所**（ぼうしょ）荒廃した土地。耕作者がいない田畑。
(4) **出来**（しゅったい）事が起こること。
(5) **起返し**（おきかえし・おこしかえし）荒地を農地に戻すこと。
(6) **悪水**（あくすい）排水。田に入れる水は用水で、田から出す水は悪水になる。
(7) **水腐**（みずぐされ・すいふ）排水の便が悪く、稲などが育たないこと。
(8) **落合**（おちあう）意見や意思を合わせる。

【読み下し文】

①右は、去る去る午（うま）六月中荒川出水仕（つかまつ）り、②字砂原堤（あざすなはらつつみ）押し切れ、田畑亡所出来（ぼうしょしゅったい）仕り候ところ、③去る

未までに追々出精仕り、起こし返し仕り候えども、④深く砂置きにてとても力に及びかね申し候につき、⑤ご見分のうえお年貢年季引き⑥仰せ渡され、ありがたき仕合に存じ奉り候。しかるところ、右荒地⑦の義耕地中より堤築き立て候ように相なり、⑧上筋悪水相湛え、無難地水腐れ仕り難渋⑨至極につき、悪水吐き、起こし返しの義願い上げ奉り候⑩ところ、今般逐一ご見分のうえ、すべて起こし返しの⑪つもりに、出精積み立て見候よう仰せ渡され候につき、⑫一同相談落ち合いのうえ積み立て見候ところ、書面…

【現代語訳】

①右について、一昨年の午（弘化三）年の六月に荒川が増水し、②大久保村の字砂原の堤防が決壊し、田畑に被害が出ましたので、③去年までに段々と精を出して復興してきましたが、④場所によっては大量の土砂が入りとても復興は難しいため、（領主である川越藩に申し上げ）⑤被害の場所を検査していただき、一年分の年貢を減免して⑥くださり、誠にありがたいことと存じます。しかし、この荒地には、⑦あたかも耕地の中に堤防を築いたかのように土砂がうず高く積み上がっており、⑧そのため上流からの排水が溜まり、被害を受けていない耕地までも作物が育たず非常に困って、⑨今度溜まった水の排水と被害を受けた耕地の復興を（川越藩に）お願いしました⑩ところ、詳しく検査していただき、すべて耕地を復興する⑪つもりで、しっかりと費用を見積もるよう命じられましたので、⑫村全体で相談して意見を合わせ見積もったところ、書面（のとおりになりました。）

【解説】

弘化三年（一八四六）六月、武蔵国入間郡大久保村（現埼玉県富士見市）の近くを流れる荒川の堤防が決壊しました。その二年後の嘉永元年（一八四八）、耕地の復興のために領主である川越藩から金四〇〇両の下付をうけて、被害の状況や復興にかかる人足の費用を書き上げた請書がこの史料です。大久保村は、荒川と新河岸川にはさまれた低地の村でした。荒川右岸には川越藩が築いた大きな堤防がありましたが、現代と異なり大雨が続くとしばしば決壊しました。

この史料の前略部分には被害の状況が克明に記されています（絵図参照）。この洪水でおよそ八町歩（八ヘクタール）の田畑が被害を受けました。この復興工事にはのべ三万八千人の人足が必要で、工事の費用はおよそ六四〇両かかると見積っています。被害を受けた大久保村は二〇〇両を出し、近隣の村からの義援金は四〇両、残りの四〇〇両は川越藩からの下付となっています。当時の川越藩は相模国の三浦半島で異国船の動向を監視する海防役を任されていました。そうした財政状況によるためか、下付金四〇〇両は毎年一〇〇両を四年かけて下付することが、後略部分に記されています。上掲の絵図はこの請書とともに提出されたもので、左側を流れる荒川の堤防が決壊し、大久保村の耕地が被害を受けた様子がよくわかります。

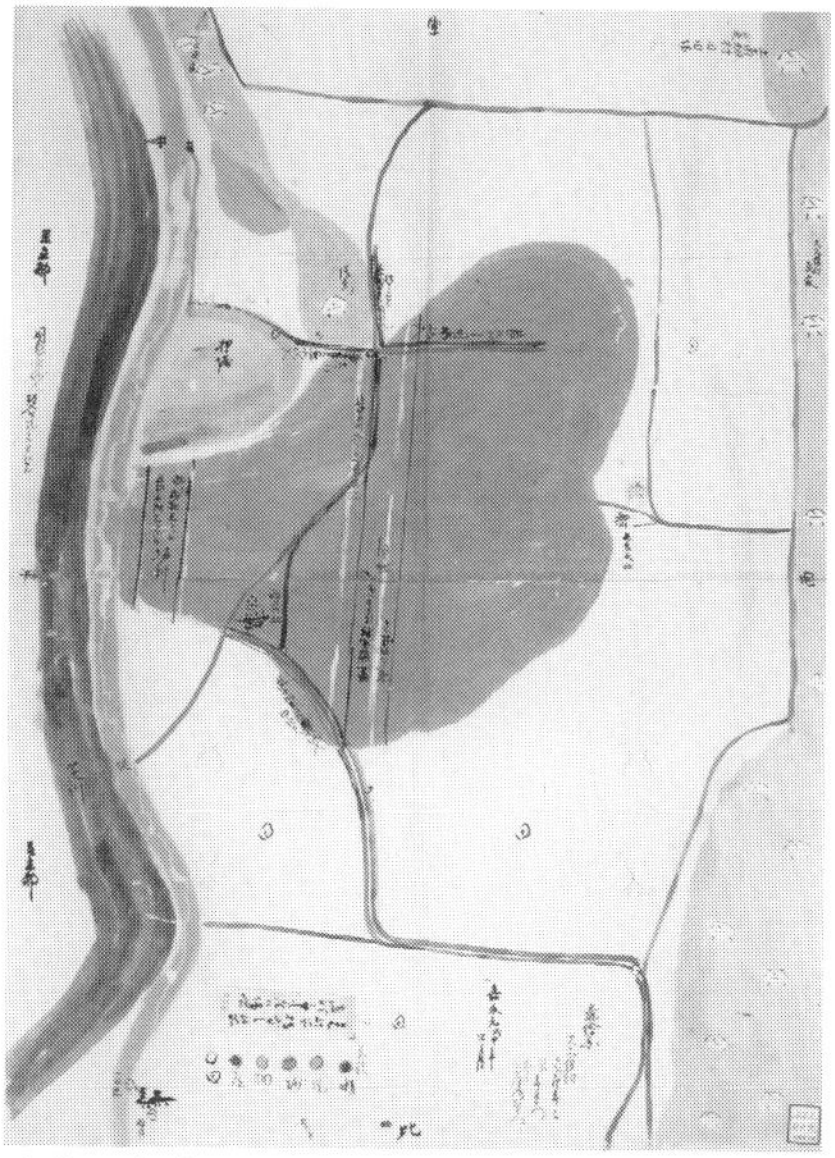

嘉永元年（1848）４月「大久保村荒川堤切所絵図」（大澤誠氏蔵・富士見市立難波田城資料館保管「大澤家文書」近世 273）

5 跡取りを決める

百姓相続証文（宝暦三年〈一七五三〉四月）

①　②　③　④　⑤　⑥　⑦

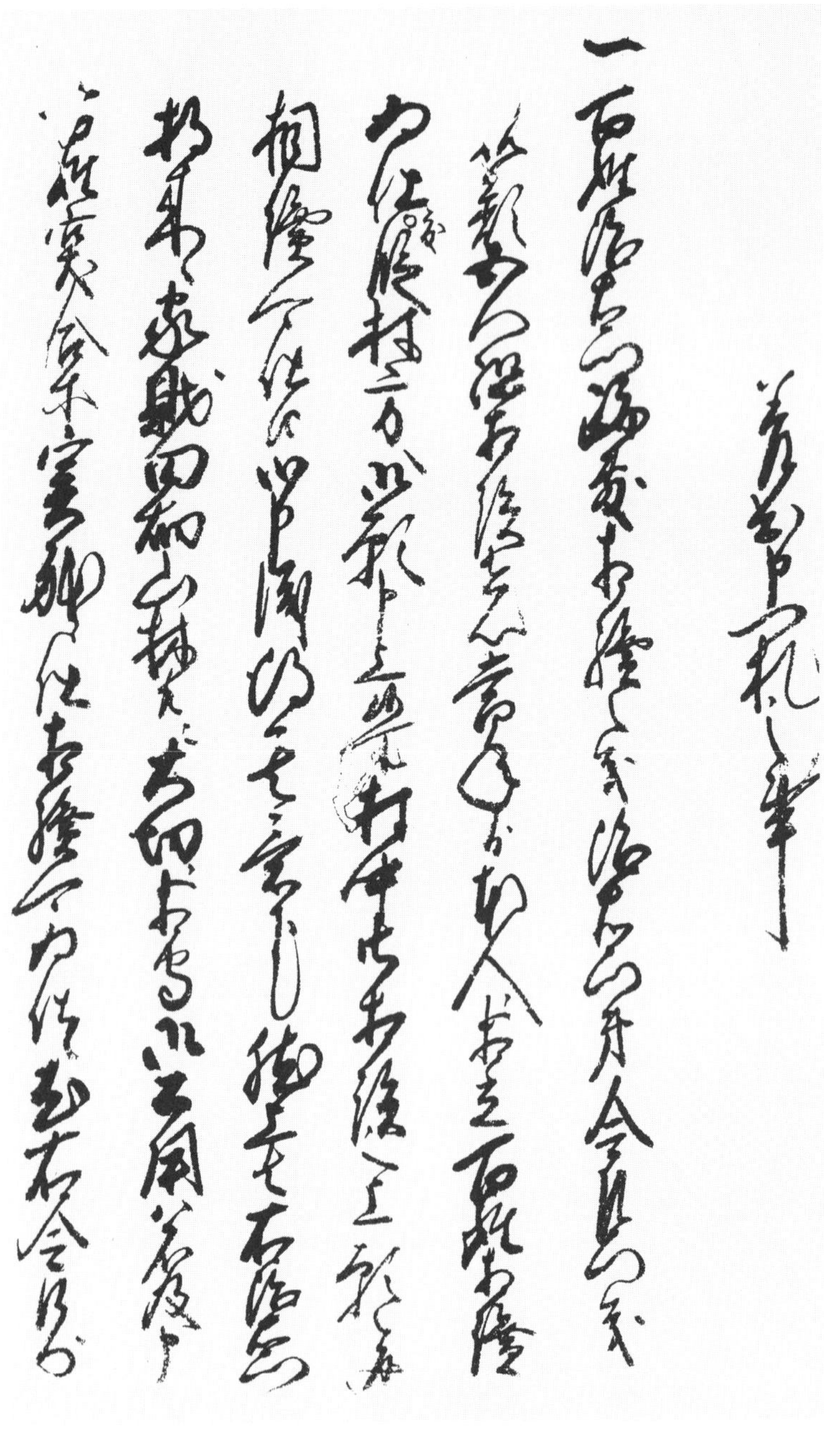

⑯ ⑮ ⑭ ⑬ ⑫ ⑪ ⑩ ⑨ ⑧

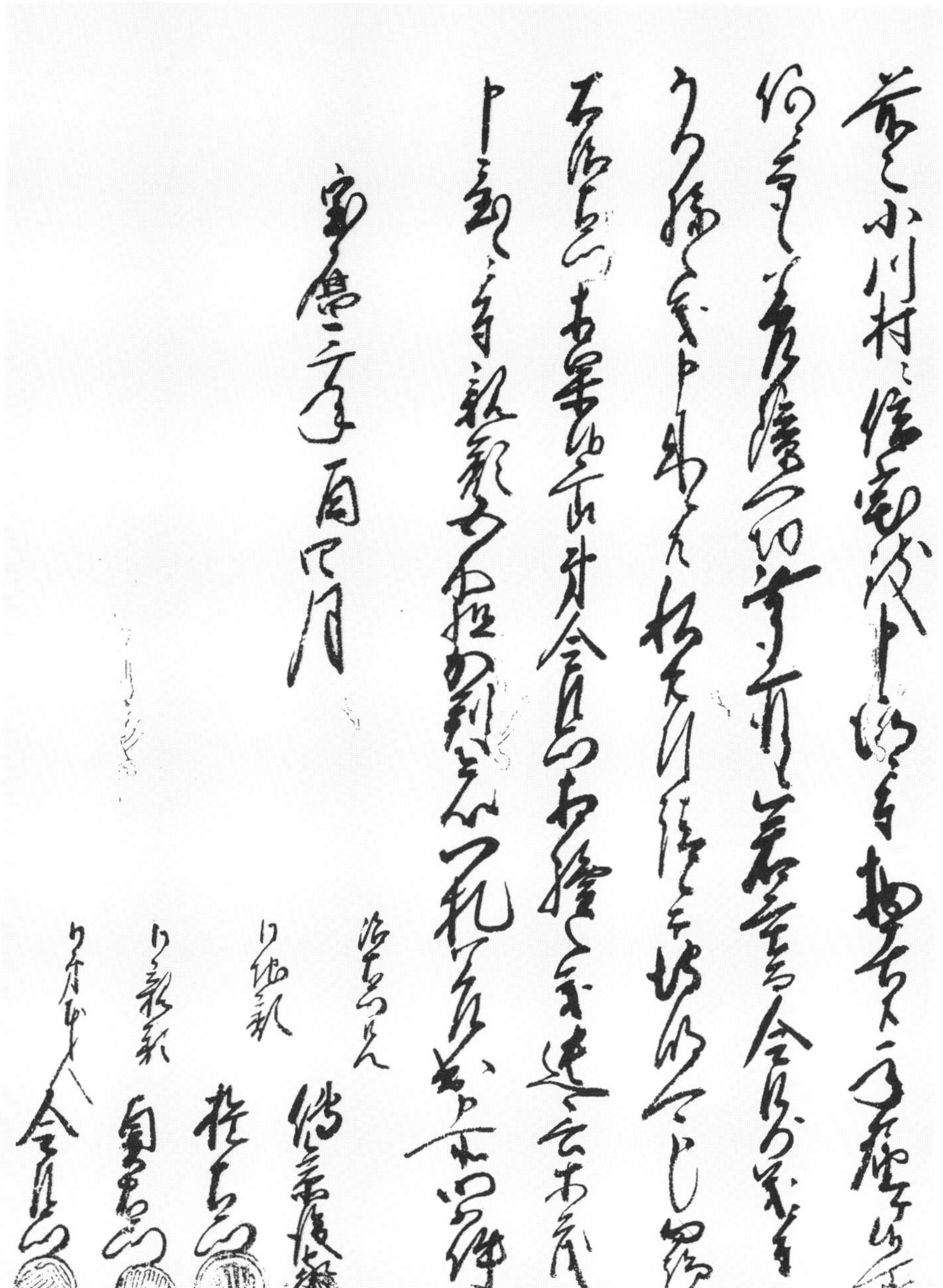

（埼玉県立文書館寄託「森田家文書」2586）

【解読のヒント】

②は「跡敷」（跡式）。同じ「跡」の字でも、たとえばやなど、「⻊」が「言」と同じようなくずしになることがあります。同じのは「相」、は「糸」に「売」の旧字「賣」で「續」（続）です。偏は典型的な「糸」のくずしです。③は「相談」で、「談」の旁のくずし方に注意してください。その下のは「當年」で、「當」は「当」の旧字体。「年」は「ノ」の次に縦画が半円のように書かれ、これに横画が波のように三つ書かれます。この横画の波が二つのもありますが、こちらは「手」のくずしですので注意してください。④は「為仕」。「為」は使役の助動詞「せ」。下から「つかまつらせ」と読みます。または平仮名の「ゐ」としても用います。⑤は「得二其意一申候」。とくに（申候）の部分が読みづらいと思います。⑩にも同じ形がありますが、最後に右側に跳ね上がると「候」と読みます。⑥は「相守」です。は（寺）と似たくずしになります。違いを確認し覚えてください。⑨は「無二御座一候」。（御）がとくに、点と縦棒だけで書かれていてわかりづらいようです。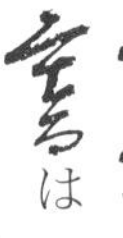は「重而」です。はかなりくずしてあり、「而」の字と合わせて一つの字のようになっています。「而」の字を読めるかが、この字を判読する一つのポイントになります。⑩は「如何様」で「いかよう」と読みます。とくに（如）のくずしはかなり省略されています。最後の行⑫のも「如」で、かなり異なっているように見えますが、同じくずしです。⑩（埒明）の「埒」は「埒」の異体字です。⑫は「申置候」。（置）は「罒」が大きく省略されています。

【解読文】

① 差出申一札之事
② 一百姓治右衛門跡敷(1)相續(続)之義、治右衛門才(弟)金左衛門義、
③ □(親)類・五人組相談を以、當(当)年ゟ本人ニ相立、百姓相續
④ 為仕○(度)段、村方へ御願申上候所、村中御相談之上、願之通
⑤ 相續可仕由御申渡し、得其意(2)申候、然上者、右治右衛門
⑥ 持来候家財・田畑・山林共ニ大切ニ相守、御公用(3)ハ不及申(4)、
⑦ 百姓突合(付)ホ(等)実躰(体)ニ仕、相續可為仕候、尤、右金左衛門
⑧ 前ゝ(々)小川村ニ借宅致申候得ニ(ママ)付、拙者共承届ヶ(5)候所、
⑨ 何ニ而も差障(6)一切無御座候、若重而金左衛門義ニ付、
⑩ 如何様之義申来候共、私共引請候而垺(埒)明(7)可申候、勿論、
⑪ 右治右衛門相果(8)候節、才金左衛門相續之義遺言ホ茂
⑫ 申置候ニ付、親類・五人組加判を以一札差出申所、仍如件
⑬ 宝暦三年酉四月　治右衛門兄　傳(伝)兵衛後家㊞
⑭ 同地類　権右衛門㊞
⑮ 同親類　貞右衛門㊞
⑯ 同才本人　金左衛門㊞

(後略)

【用語説明】

(1) **跡敷**（あとしき）「跡式」とも。先代の家督・財産を相続すること。また、その家督・財産。跡目。

(2) **得其意**（そのいをえ）承知し。納得して。

(3) **公用**（くよう・こうよう）公の用件。公の用事。ここでは幕府の御用。

(4) **不及申**（もうすにおよばず）いうまでもなく。

(5) **承届ヶ**（うけとどけ）承諾する。聞き入れる。

(6) **差障**（さしさわり）支障。さしつかえ。

(7) **埒明**（らちあけ）きちんと物事を処理する。解決する。

(8) **果**（はつ）死ぬ。

【読み下し文】

①差し出し申す一札(いっさつ)の事

②一(ひとつ)百姓治右衛門跡敷相続(あとしきそうぞく)の義、治右衛門弟金左衛門義、③親類・五人組(ごにんぐみ)相談をもって、当年より本人に相立て、百姓相続④仕(つかまつ)らせたき段、村方(むらかた)へお願い申し上げ候ところ、村中ご相談のうえ、願いの通り⑤相続仕るべき由(よし)お申し渡し、その意(い)を得(え)申し候。然(しか)るうえは、右(みぎ)治右衛門⑥持ち来たり候家財・田畑・山林ともに大切に相守り、ご公用(こうよう)は申すに及ばず、⑦百姓付合(つきあい)等実体(じってい)に仕り、相続仕らすべく候。もっとも、右金左衛門前々⑧小川村に借宅いたし申し候えにつき、拙者(せっしゃ)ども承(う)け届け候ところ、⑨何にても差(さ)し障(さわ)り一切(いっさい)ござなく候。もし重ねて金左衛門義につき、⑩いかようの義申し来たり候とも、私どもも引き請け候て埒明(らちあ)け申すべく候。もちろん、⑪右治右衛門相果(あいは)て候せつ、弟金左衛門相続の義遺言(ゆいごん)等も⑫申し置き候につき、親類・五人組加判(かはん)をもって一札差し出し申すところ、よって件(くだん)のごとし。

【現代語訳】

①差し出します一札のこと

②一、百姓治右衛門家の跡目を、治右衛門の弟である金左衛門に相続させることについて、③親類や五人組で相談したうえで、今年より金左衛門に④相続させたいと、村方へお願いしたところ、村全体で相談の結果、私たちがお願いしたとおりに⑤相続するようにとのご決定を、承知しました。このうえは、治右衛門が今まで⑥所持していた家財や田畑・山林を大切に守り、幕府の御用は言うまでもなく、⑦村内の百姓同士の付き合いなども実直に行い、相続させます。ただし、金左衛門は⑧以前より小川村で

家を借りていたので、私たちが事情を聞いたところ、とくに問題はありませんでした。もし今後、金左衛門のことで、誰かがどのような事を言ってきたとしても、私たちが責任をもって処理いたします。もちろん、治右衛門が亡くなったさいに、弟の金左衛門に跡目を継ぐように遺言していますので、親類・五人組が捺印して一札を差し出しますところ、このとおりです。

【解説】

この史料は、宝暦三年（一七五三）、武蔵国秩父郡大野村（現埼玉県比企郡ときがわ町）の百姓治右衛門が亡くなったあと、弟の金左衛門に家を継がせることを親類や五人組で相談して決め、村方の承認を得て村役人へ提出した証文です。相続に村役人の承認をうけていることが読みとれ、家の相続が村にとっても重要な問題（年貢の負担などのため）であったことがうかがえます。弟金左衛門は、家を出て小川村（現埼玉県比企郡小川町）で家を借りていたようですが、兄の遺言により治右衛門家を相続したことがわかります。

この証文で一つ興味深いものは、遺言により相続が決められている点にあります。幕府の法令でも、あとで揉めないように「遺状」を書き残すことが求められています。その遺言状も、当人だけでなく、名主や五人組などの捺印も求められています。この証文では「遺言」とあり、文書ではなく口頭という形で、故人の意思が伝えられたようです。

6 寺子屋で学ぶ

『御家流諸状用文章』（文政十三年〈一八三〇〉）

⑥ ⑤ ④ ③ ② ①

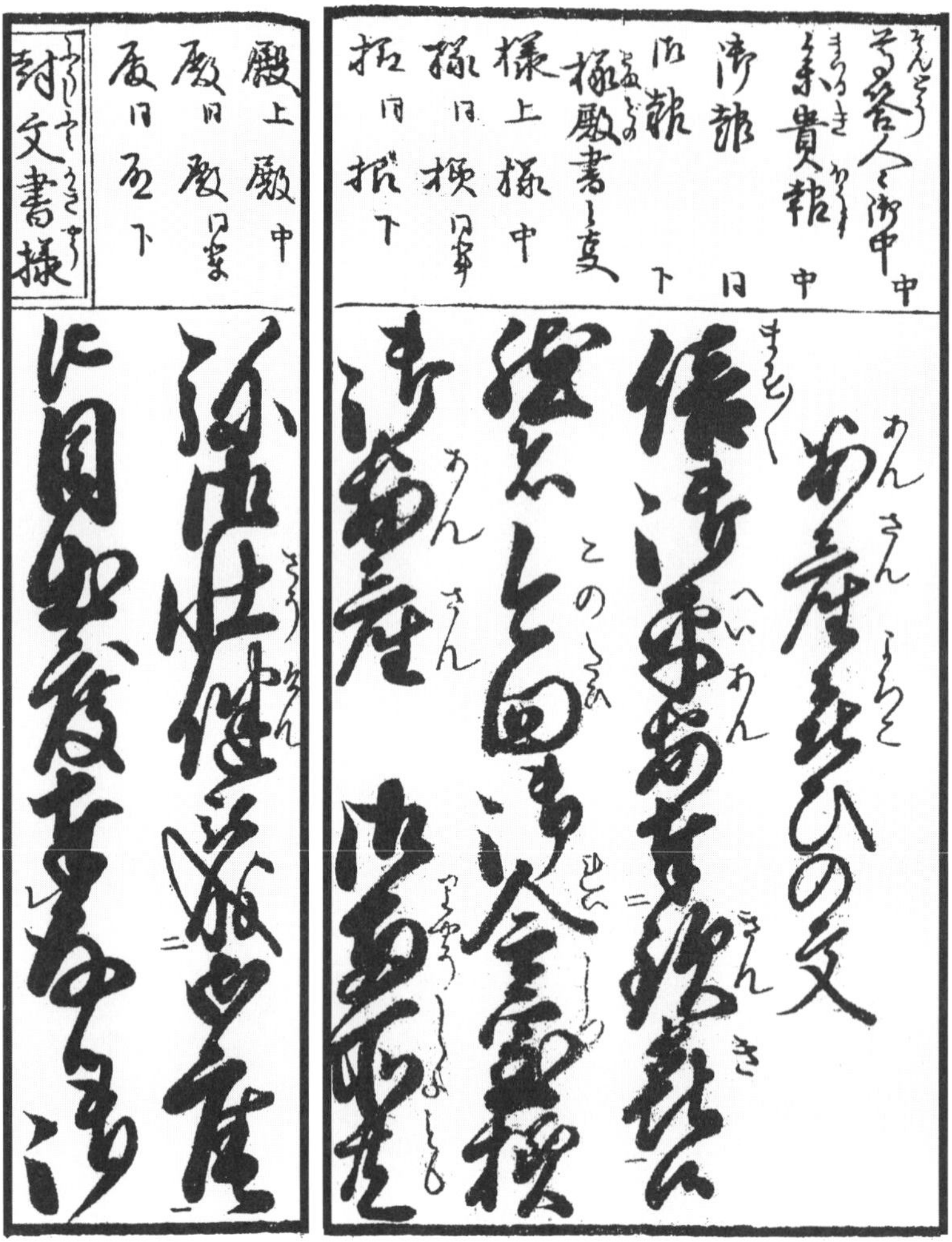

⑫　⑪　⑩　⑨　⑧　⑦

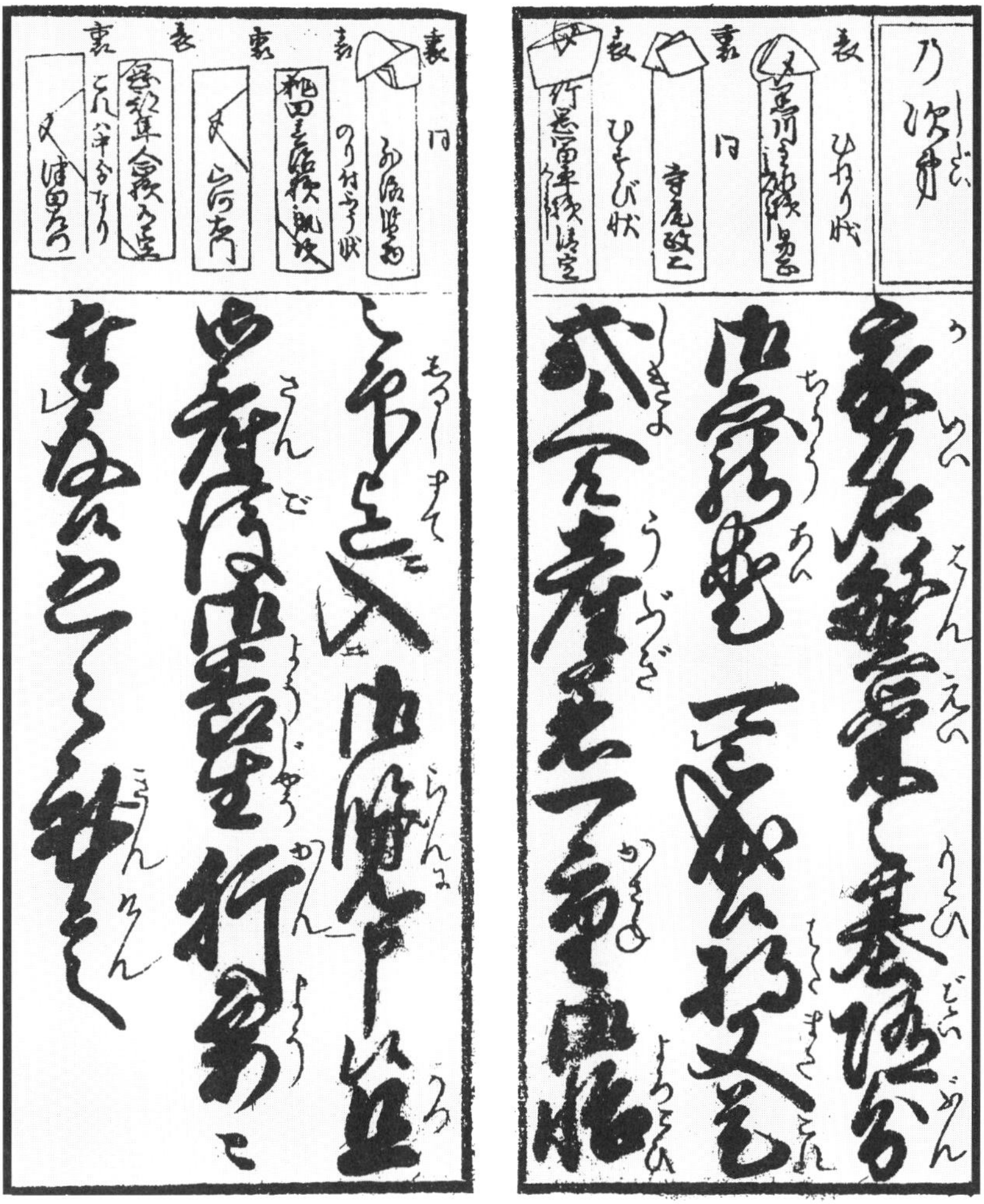

（富士見市立難波田城資料館所蔵「内田家文書」欄外1）

【解読のヒント】

①は「喜」の異体字「㐂」で、「七十七」を一字に書いた字体になります。七十七歳を喜寿というのはこれに由来しています。②は「平安」。「平」のくずしは楷書と筆順が異なり、草書では二本目の横棒を最後に書くため、このようなくずしになります。③は「様」で、「木（きへん）」に「美」をくずしたような字が組み合わさっています。「様」という字は「殿」と同様に、相手の身分や格式に応じてくずし方が変わる字です。上の欄の「様殿書之事（さまどの）」に種々の字体例が出ていますので参考にしてください。④は「両所」です。（所）は他に・・などのくずしがあります。また横にある振り仮名は「りやうしよ」とあります。このように、振り仮名が付けられていれば、そこから字が推定できる場合があります。⑦は「随分」です。（随）は「阝（こざとへん）」に「有」をくずした字が入っています。本来の字から「辶（しんにょう）」を省略しているようです。⑧は「寵愛（ちょうあい）」。とくに（愛）の字は難しいくずしです。（登）とくずしが似ています。合わせて覚えてください。⑪は「肝要（かんよう）」です。（肝）の偏は「彳（ぎょうにんべん）」に似ていますが、典型的な「月（にくづき）」のくずしです。⑫最後のは「恐々（々）謹言」で、はわかりにくいくずしになっています。振り仮名の（きんけん）の三文字目は「个」（または「介」）で「け」の変体仮名となっています。

【解読文】

① 安産㐂（あんさんよろこ）ひの文

② 倍（ますく）御平安（へいあん）奉ニ欽㐂（きんき）(1)（欣喜）一候、

③ 然者、今回御令室(2)様
④ 御安産、御両所共
⑤ 弥御壮健被成ニ御座一候
⑥ 由、目出度奉レ存候、御
⑦ 家名繁栄之基、随分
⑧ 御寵愛可レ被成候、将又是(3)
⑨ 式候へ共、産着一重御怡
⑩ 之印迄ニ入ニ御覧一申候、且、
⑪ 御産後御養生(4)肝要(5)ニ
⑫ 奉レ存候、恐ゝ(6)謹言

【用語説明】

(1) **欣喜**（きんき）大喜びすること。
(2) **令室**（れいしつ）妻のこと。
(3) **是式**（これしき）たかが。このくらい。
(4) **養生**（ようじょう）保養すること。
(5) **肝要**（かんよう）非常に大切であること。
(6) **恐々謹言**（きょうきょうきんげん）恐れながら謹んで申し上げます、の意。手紙文の末尾につけて敬意を表す慣用句。

【読み下し文】

①安産喜びの文

②倍ご平安欣喜奉り候。③然ば、このたびご令室様ご④安産、ご両所とも⑤いよいよご壮健ござなされ⑥候由、目出たく存じ奉り候。ご⑦家名繁栄の基、随分⑧ご寵愛なさるべく候。はたまたこれ⑨しきに候えども、産着一重お怡びの⑩印までにご覧に入れ申し候。かつ、⑪お産後ご養生肝要に⑫存じ奉り候。恐々謹言。

【現代語訳】

①安産を祝う手紙

②貴家のますますの平安を大変喜んでおります。さて、③このたびは奥様が④無事に出産をされ、母子ともに⑤いっそう健康でおられる⑥とのこと、喜ばしいことと存じます。御⑦家の繁栄する元ですから、お子さんを精いっぱい⑧かわいがってください。⑨わずかではありますが、産着一着を出産のお祝い⑩として進呈いたします。さらに、⑪産後の静養が大事だと⑫存じます。恐れながら謹んで申し上げます。

【解説】

これは、文政(ぶんせい)十三年(一八三〇)に、江戸下谷(したや)の青雲堂英(はなぶさ)文蔵などを版元にして出版された『御家(おいえ)流諸状用文章(りゅうしょじょうようぶんしょう)』の表題をもつ冊子に載せられた一文です。年始の挨拶文や病気などの見舞文、金子借用証文や養子一札などの証文類を含む、合計三七通の書状や証文の雛形(ひながた)が載せられています。一四番目がここに紹介した「安産喜ひの文」になります。読みの覚束(おぼつか)ない人に対しても困らないように、多くの漢字に読み仮名や漢文の返り点(一二点(いちにてん)・レ点(れてん)など)が付されています。文章だけでなく、上欄には相手の身分や格式に応じた「様」「殿」の書きわけ、封文と封のしかたなど、書札礼(しょさつれい)的な事柄も書かれています。このようなものを往来物(おうらいもの)と呼び、寺子屋などでも使われた教科書になります。

往来物の出版は実に多く行われ、それだけ需要の高い出版物であったことがうかがえます。江戸時代の識字率についてはさまざまな議論がありますが、文字の使用を前提として多くの文書類を作成するような高い文書社会であったことがうかがえます。

第2章● 山の暮らしとなりわい

この章では、山あいの村における生活と生業の様子についてうかがえる史料をあげました。現在山あいの村は、過疎やそこに住む人々の高齢化など、どちらかというとマイナスなイメージで語られがちです。しかし、江戸時代は山の豊かな恵みをうけ、多くの人々が生活を営む場でした。

戦国時代に日本に渡来した火縄銃（ひなわじゅう）は、織田信長による長篠（ながしの）の合戦の例からも明らかなように、戦国大名の覇権を助けました。しかし、豊臣秀吉によるいわゆる刀狩り以降、江戸時代を通じて、武器となる鉄砲の所持は制限されました。そのような中で、山あいの村々では猪や鹿などによる獣害の防止や狩猟のために、許可を得て所持する者が多くいました。№.1では、宝暦（ほうれき）九年（一七五九）、武蔵国（むさしのくに）秩父（ちちぶ）郡大野（おおの）村（現埼玉県比企（ひき）郡ときがわ町）において、猟師鉄砲を持ち徘徊する百姓に困り果てた村役人が、幕府代官へ提出した願書を載せました。猟師鉄砲は狩猟用の鉄砲ですが、他にも山あいの村々では、威鉄砲（おどしでっぽう）といって猪や鹿による獣害を防ぐために所持を認められた鉄砲もありました。山あいの村には、狩猟や鳥獣駆除用として意外に多くの鉄砲があったのです。

江戸時代の前期にあたる十七世紀は、まさに開発の時代と呼ぶほど、それまで人の手の加えられていない土地が多くの耕地が切り開かれた時代でした。それにともない村境や山野の利用をめぐる争いも多く起こったとされています。№.2では、正徳（しょうとく）四年（一七一四）、武蔵国高麗（こま）郡横手（よこて）村（現埼玉県日高市）の瀧泉寺（りゅうせんじ）と高麗郷（現同市）の百姓たちによる、山の利用方法をめぐる訴訟の審理をうけて、幕府評定所に提出された証文を選びました。この史料によると、係争地の山に出る松茸の収入によって、瀧泉寺は修繕や生計を立てていたようです。このような山から採れる収穫も、山あいの村を成り立たせていたことがうかがえます。

山あいの村の主な生業として炭焼きがあります。№3では、天明五年（一七八五）、武蔵国秩父郡大野村で行われていた、江戸城へ献上する御用炭の生産の請負証文をあげました。通常、炭はクヌギやナラなどの雑木を用いて焼かれますが、大野村には幕府の直轄林である御林があり、そこに自生する柏の木を用いて御用炭が焼かれていました。御用炭のみならず、江戸などの町場で使用される燃料を供給する場として、山あいの村々での炭焼きは重要でした。

江戸幕府はその目的に応じて、多くの御林を設置していました。通常は堤防工事などの材木を確保するために置かれたものが多いのですが、御用炭を上納した大野村の御林のように、また鷹の雛を取るために設定された御巣鷹山のように、特別な目的をもった御林もありました。№4では、天保四年（一八三三）、上野国甘楽郡乙父村（現群馬県多野郡上野村）にある御巣鷹山の管理をめぐる証文をあげました。江戸時代は将軍権威を示す一つの象徴として江戸周辺の地で鷹狩りが行われていました。その雛の供給地としてこの地域に御巣鷹山が設定されていたのですが、これにより村々の山野を利用した生業が規制されることにもなりました。また、このような江戸から遠く離れた山あいの村々が、将軍権威を支えていたことがうかがえます。

山あいの村では、林産物の生産・販売、すなわち山稼ぎが主要な生業でした。前述の炭焼きもその一つですが、№5では、文化十年（一八一三）に、上野国甘楽郡乙父村枝郷中村の百姓が檜の材木を売却した時の証文を掲げました。乙父村やその周辺の村々では、材木以外にも笹板や木履木（下駄木）・桶木なども生産され売り出されていました。

1 鉄砲を持ち歩く

猟師鉄砲御免願書（宝暦九年〈一七五九〉五月）

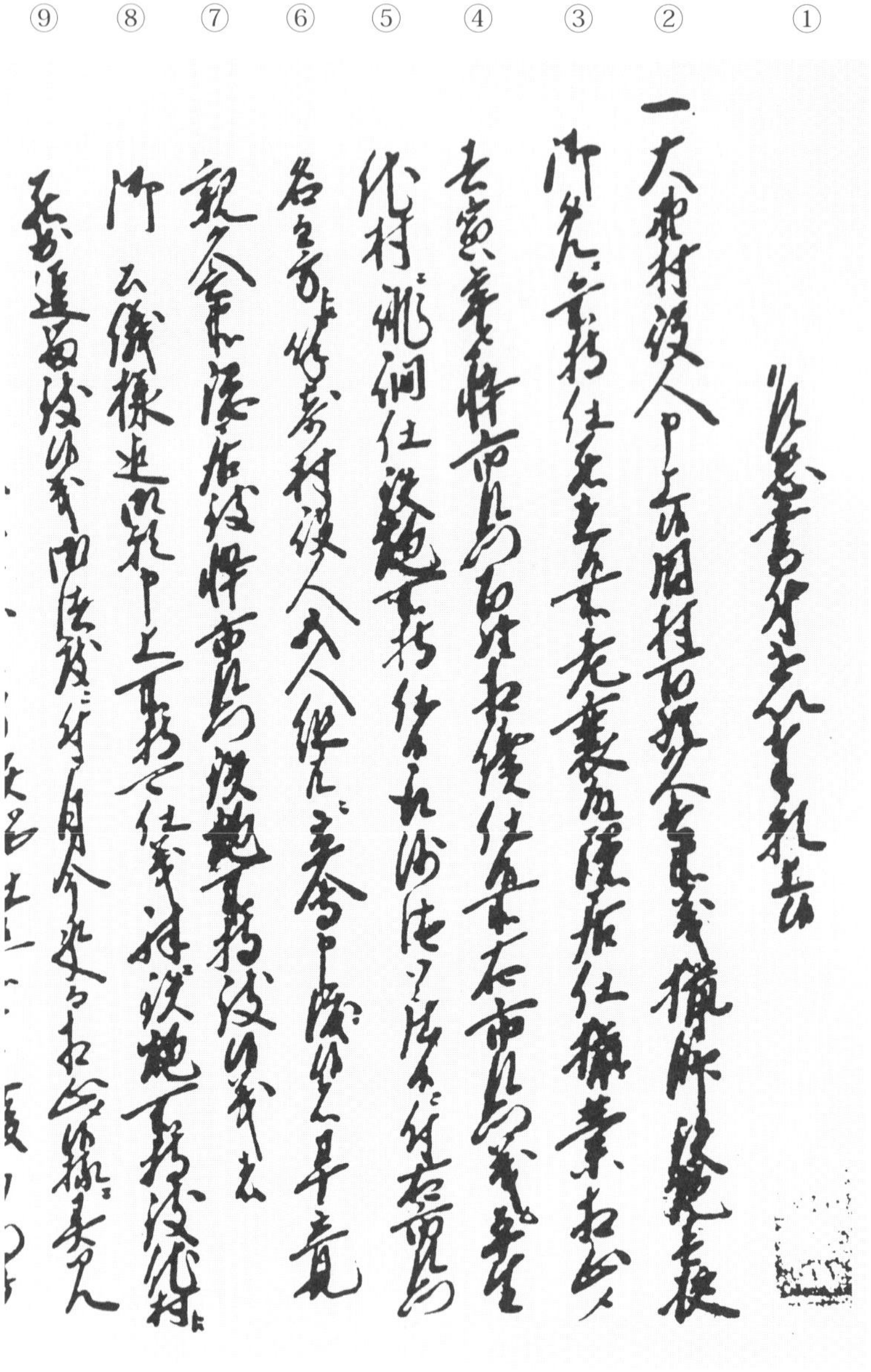

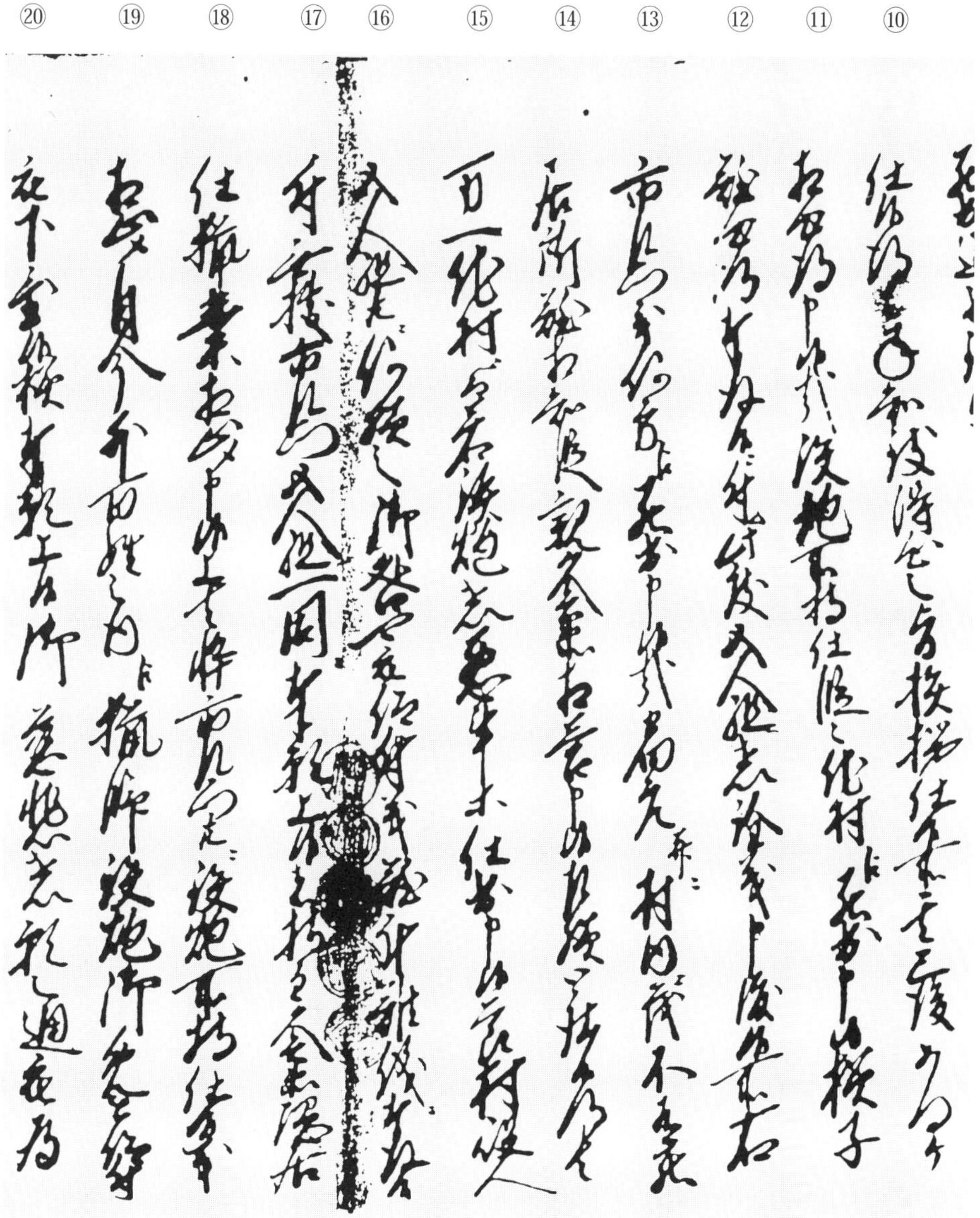
⑳ ⑲ ⑱ ⑰ ⑯ ⑮ ⑭ ⑬ ⑫ ⑪ ⑩

㉑ ㉒ ㉓ ㉔ ㉕ ㉖ ㉗

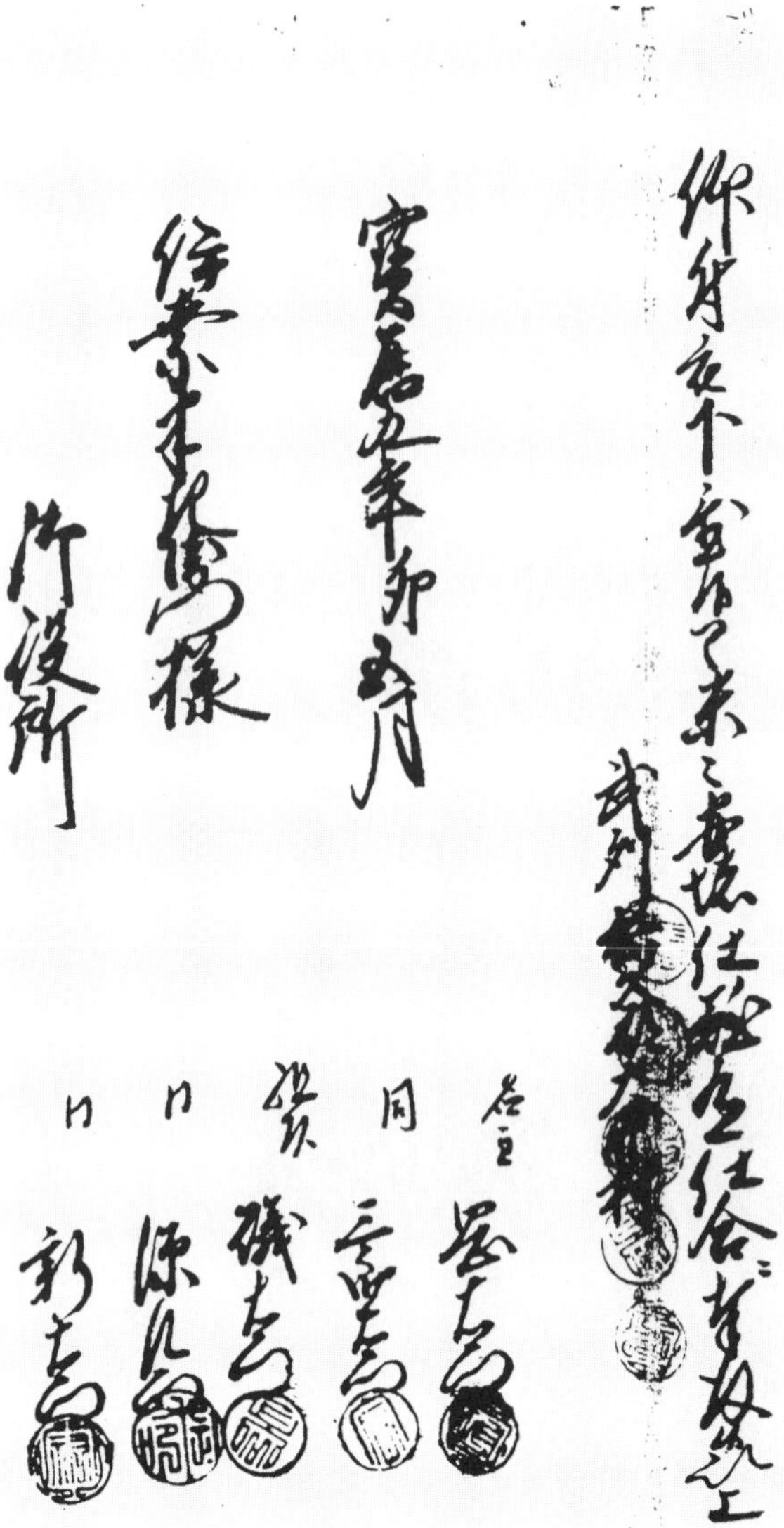

（埼玉県立文書館寄託「森田家文書」２７７５）

【解読のヒント】

②は「大埜」です。はかなりくずしていますが、「野」の異体字で、「田」を書いてから、次に「予」「土」を書いています。は「鉄炮」。江戸時代は「砲」より「炮」と書くことが多いようです。③は読みづらいのですが「候所」です。一文字に見えますが注意して読んでくだ

さい。この（所）は、横棒を一本書いた下に、「耳」と「斤」を書く頻出するくずしです。（罷(まかり)）は、接頭語的に用い、動詞に冠して語勢を強めたり、語調を調えたりします。⑥は「卑竟(ひっきょう)」。「卑」は「畢」の異体字です。⑨は「決而(けっして)」です。（決）は「氵(さんずい)」の部分を小さく「冫(にすい)」に書くのが特徴的で、一見すると（聞）に似ています。合わせて覚えて下さい。行末のは「吴見(いけん)」で、「吴」は「異」の異体字です。⑩は「如何ヶ」で、読みは「いかが」です。（如）の字だけで判読するには難しいくずしです。前後の関係や文意を取りながら判読してください。⑪は「相心得」。「得」は「彳(ぎょうにんべん)」に「月」をくずしたような字になっています。「候得者(そうらえば)」や「候得共(そうらえども)」と頻出する字なので覚えて下さい。⑯（難計難儀）では「難」が二回出ます。「難」の旁(つくり)は「隹(ふるとり)」ですが、一字目の「隹」は「至」のようなくずしになっています。くずしの種類が多い字なので、合わせて覚えて下さい。

【解読文】

① 乍恐書付を以奉願上候

② 一大壄(野)村役人申上候、同村百姓久兵衛義、猟師鉄炮壱挺

③ 御免(1)ニ而所持仕罷在候所、老衰故隠居仕猟業(2)相止メ、

④ 去寅年ゟ悴(倅)市左衛門百姓相續(続)仕候所、右市左衛門義平生

⑤ 他村ニ徘徊(3)仕、鉄炮所持仕候取沙汰(4)御座候ニ付、右市左衛門

⑥ 名主方江呼寄、村役人・五人組共ニ立會(会)申渡候者、卑(畢)竟(5)

【用語説明】

（1）**御免**（ごめん）許可すること。

（2）**猟業**（りょうぎょう）狩猟をなりわいとすること。

（3）**徘徊**（はいかい）うろつくこと。

（4）**取沙汰**（とりざた）世上の評判やうわさ。

親久兵衛隠居致、悴市左衛門鉄炮所持致候義者、
御　公儀様迠(迄)御願申上所持可仕義、殊ニ鉄炮所持致他村江
罷出逗留(6)致候義御法度ニ付、自今決而相止メ候様ニ呉(異)見(7)
仕候得者、承知致得心(8)之旨挨拶仕候所、其已後如何ケ
相心得申候哉、鉄炮所持仕段ゝ(々)(9)他村江罷出申候様子、
難心得奉存候ニ付、此度五人組を以詮義(10)申渡候所、右
市左衛門義何方江罷出申候哉、宿元幷ニ村内ニ茂不有罷、
居所難相知段、親久兵衛相答申候、左様御座候得者、
万一他村ニ而若鉄炮を以悪(悪)事ホ(等)仕出申候節、村役人・
五人組共ニ何様之御咎可被仰付義難計、難儀ニ奉存候
ニ付、無據(11)(拠)市左衛門五人組一同ニ奉願上候者、持主久兵衛隠居
仕、猟業相止メ申候上者、悴市左衛門共ニ鉄炮所持仕候義
相止メ、自今(12)外百姓之内江猟師鉄炮御免被仰付
被下置候様奉願上候、御　慈悲を以願之通被為
仰付被下置候ハヽ、末ゝ安堵(13)仕、難有仕合ニ奉存候、以上

武州秩父郡大野村
名主　岡右衛門㊞
寳(宝)暦九年夘(卯)五月
同　三郎右衛門㊞

---

(5) **畢竟**（ひっきょう）つまるところ。つまり。
(6) **逗留**（とうりゅう）用務先などに滞在すること。
(7) **異見**（いけん）「意見」に同じ。忠告。見解。
(8) **得心**（とくしん）納得すること。
(9) **段々**（だんだん）次第に。
(10) **詮義**（せんぎ）ただしくは「詮議」と書く。評議して物事を明らかにすること。
(11) **無拠**（よんどころなく）やむを得ず。
(12) **自今**（じこん）今後。以後。
(13) **安堵**（あんど）安心すること。

㉕ 伊奈半左衛門様

㉖ 御役所

㉗

組頭　礒(磯)右衛門㊞

同　源左衛門㊞

同　新右衛門㊞

（以下八名略）

【読み下し文】

①恐れながら書付をもって願い上げ奉り候

②一、大野村役人申し上げ候。同村百姓久兵衛義、猟師鉄炮壱挺③御免にて所持仕り罷りあり候ところ、老衰ゆえ隠居仕り猟業相止め、去る④寅年より悴市左衛門百姓相続仕り候ところ、右市左衛門義⑤平生他村に徘徊仕り、鉄炮所持仕り候取沙汰ござ候につき、右市左衛門⑥名主方へ呼び寄せ、村役人・五人組ともに立ち会い申し渡し候は、⑦畢竟親久兵衛隠居いたし、悴市左衛門鉄炮所持いたし候義は、ご⑧公儀様までお願い申し上げ所持仕るべき義、殊に鉄炮所持いたし他村へ罷り出で⑨逗留いたし候義ご法度につき、自今決して相止め候ように⑩異見仕り候えば、承知いたし得心の旨挨拶仕り候ところ、それ已後いかが⑪相心得申し候哉、鉄炮所持仕り段々他村へ罷り出で申し候様子、⑫心得がたく存じ奉り候につき、この度五人組をもって詮議申し渡し候ところ、⑬右市左衛門義何方へ罷り出で申し候哉、宿元ならびに村内にも罷りあらず、⑭居所相知れがたき段、親久兵衛相答え申し候。左様ござ候えば、⑮万一他村にてもし鉄炮をもって悪事など仕出し申し候節、村役人・⑯五人組ともに何様の御咎仰せ付けらるべき義計り難く、⑰難儀に存じ奉り候につき、よんどころなく市左衛門五人組一同に願い上げ奉り候は、持主久兵衛⑱隠居仕り、猟業相止め申し候うえは、悴市左衛門ともに鉄

炮所持仕り候義[19]相止め、自今外(ほか)百姓の内へ猟師鉄炮御免仰せ付けられ[20]下し置かれ候よう願い上げ奉り候。ご慈悲(じひ)をもって願いの通り[21]仰せ付けさせられ下し置かれ候わば末々安堵(すえずえあんど)仕り、ありがたき仕合(しあわせ)に存じ奉り候。以上。

【現代語訳】

[1]恐れ多いことですが書面にて願い上げます

一、[2]大野村の村役人が申し上げます。当村の百姓久兵衛は、今まで猟師鉄砲一挺を[3]許可を受けて所持していましたが、年老いたため隠居して狩猟をやめ、[4]昨年より息子市左衛門が家を相続しました。ところが、市左衛門はいつも[5]他村を歩き回り、そのさいに鉄砲を持っているとの噂が立ったので、市左衛門を[6]名主方へ呼び寄せて、村役人・五人組が一緒に立ち会って申し渡したことは「[7]結局親の久兵衛が隠居し、息子の市左衛門が鉄砲を所持するには、[8]ご公儀（幕府）へ願い出ることが必要で、とくに鉄砲を所持し他村へ[9]出かけ泊まるのは禁じられているので、今後は必ず止めるように」と意見[10]したところ、市左衛門も承知し納得したとの挨拶でした。しかし、それからどのように[11]心変わりしたのだろうか、市左衛門は鉄砲を持って、次第に他村へも出かけているらしく、[12]実に納得できないので、今回五人組に対して取り調べるように指示したところ、「[13]市左衛門はどこへ出かけたのか、自分の家や村内にもおらず、[14]どこにいるかわからない」との親の久兵衛の返答でした。そうならば、[15]万が一他村で鉄砲を使って何か悪事を仕出かした時には、村役人や[16]五人組がどのような処罰を命じられるか想像がつかず、困惑しておりますので、[17]仕方なく市左衛門の五人組とともにお願いするのは、鉄砲の持主の久兵衛が隠居して⑱狩猟を止めたからには、息子の市左衛門も鉄砲を持つことはせず⑲、今後は他の百姓へ猟師鉄砲の許可を命じて⑳くださるようお願いいたします。ご慈悲をもって私たちの願いどおり㉑命じてくださるのであれば、村内の百姓は安心して、実にありがたいことだと思います。以上です。

【解説】

これは宝暦（ほうれき）九年（一七五九）五月、武蔵国秩父郡大野村（むさしのくにちちぶぐんおおのむら）（現埼玉県比企郡（ひきぐん）ときがわ町）において、猟師鉄砲を持ち徘徊する百姓から鉄砲所持の許可を取り消すよう、大野村の村役人等が幕府代官伊奈忠宥（ただおき）の役所へ提出した願書になります。ここでは猟師鉄砲の許可を得ている久兵衛が隠居し、相続した息子の市左衛門が鉄砲を持って村外を徘徊した様子と、それに対して村では、徘徊をやめるよう説得をくりかえした様子がうかがえます。

山あいの村々では、この大野村の例のように、猟師鉄砲の所持が認められていました。猟師鉄砲は、玉込（たまごめ）鉄砲ともいって実弾を放つ狩猟用の鉄砲ですが、猪や鹿による獣害を防ぐためにも使われました。威（おどし）鉄砲といって空砲の鉄砲も害獣駆除に使用されましたが、このような鉄砲の使用からは、猪や鹿が出るような場所をも農地として切り開いていた状況がうかがえます。

なお、⑯と⑰の行間、および㉒に印影がみられますが、料紙の裏側の継目に捺印したものです。これは、料紙を貼り継いだ場合に、貼り継ぎに間違いないことを証するためです。この史料では差出人の五名が捺印しています。

2 松茸山の争い

松茸山出入裁許証文（正徳四年〈一七一四〉三月）

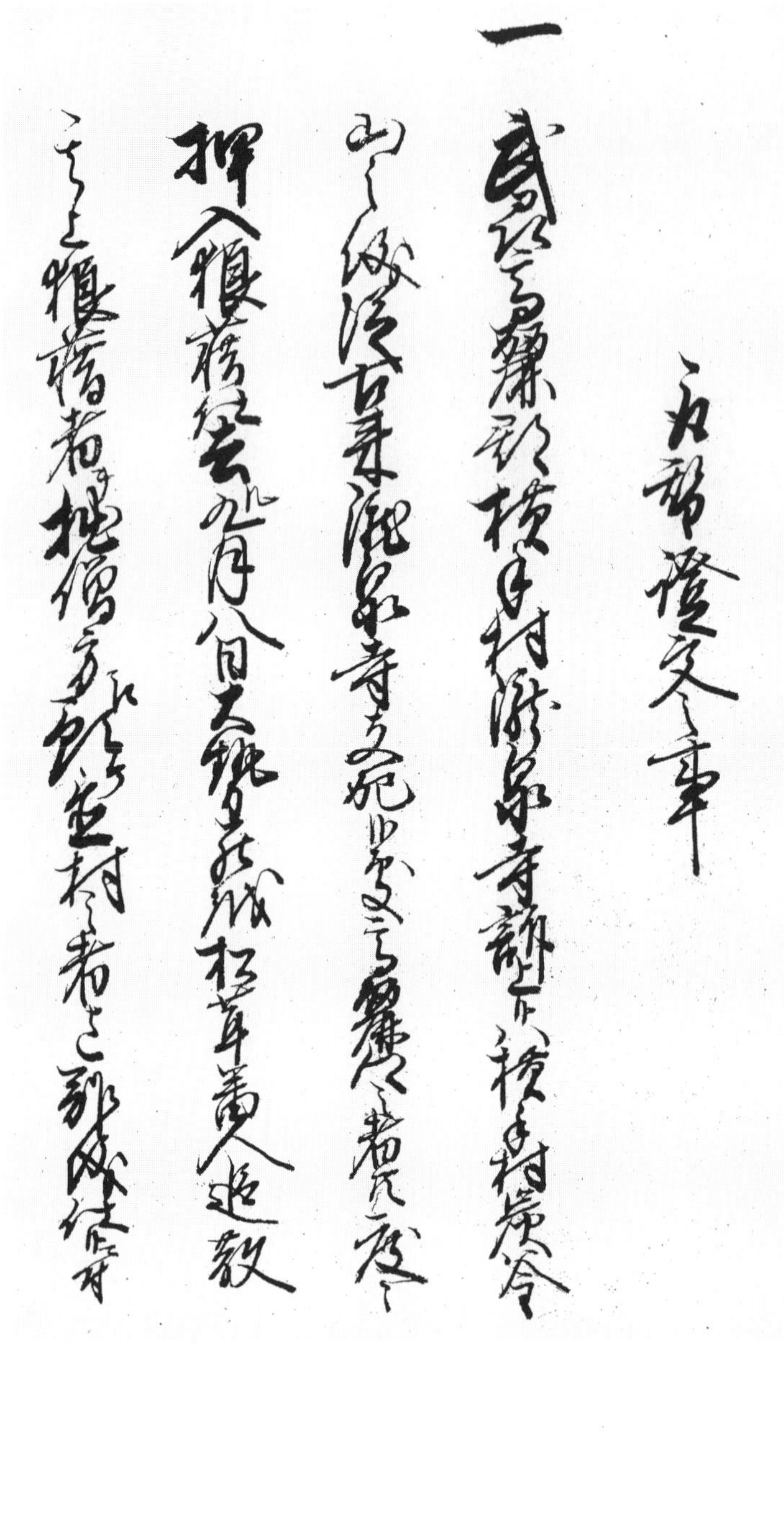

（埼玉県立文書館寄託「堀口家文書」1445）

【解読のヒント】

①は「取替」。(取)は特徴があり頻出する字ですので、このまま覚えてください。②は「武刕」。は「州」の異体字「刕(刕)」のくずしです。③は「高麗郷(こまごう)」という地名です。(郷)のくずしは、「乡」と「阝(おおざと)」以外の部分を省略しています。これも頻出する字ですので、覚えてください。④は「罷越(まかりこし)」です。は(能)とくずしが似ています。⑥は「相着(あいつけ)」。このは「差」のくずしにも似ていますので要注意です。⑦は「先年」です。(先)は、最初の「ノ」が省略されるくずしもあります。は「年」ですが、「手」のくずしのと似ています。その下のは一文字に見えますが、「茂高」と二文字です。古文書の難しさは、このように一字の大きさが同じでないことも一つの理由ですね。⑧は「出」。「出」の下の「山」部分にある左側の縦棒を省略するくずしです。「出」には、他にも・などのくずしがあります。⑨は「落葉」。とくに(葉)は、「義」と「不」をそれぞれくずした字が合わさったような書き方をしています。この字は先ほど見た⑦の(茂高)と少し似ていますね。その下のは「可申旨」です。(可)は他にも・のようにもくずします。同じ行のは「候」です。通常は次の行にもあるとおりとくずします。⑪は「渡世(とせい)」。は「世」の異体字「丗」をくずした字になります。

【解読文】

① 取替證(証)文之事

② 一武刕(州)高麗郡横手村瀧(滝)泉寺訴上候ハ、横手村炭釜
③ 山之儀、従古来瀧泉寺支配候處(処)、高麗郷之者共度ゝ(々)
④ 押入狼藉(1)仕、去ル九月八日、大勢(勢)罷越松茸番人追散、
⑤ 其上狼藉者ヲ拙僧方江預ケ置、村之者迄難儀仕候ニ付、
⑥ 御訴申上御裏判(2)頂戴仕、相着申候所、隣郷之寺院・
⑦ 名主取扱、證文為仕相済候、右之山、先年茂高麗郷と
⑧ 出入之節、御評定所(3)ニ而松茸出候場所江ハ一切入不申、
⑨ 不出場所ニ而落葉・下草取可申旨被　仰付候處ニ、
⑩ 相背猥入込候、瀧泉寺儀ハ松茸山ヲ以堂宮修覆仕、
⑪ 渡(4)丗(世)送リ来候間、松茸出候表山江高麗郷之者一切
⑫ 入不申候様ニ、被　仰付可被下旨申之

（後略）

【用語説明】

(1) **狼藉**（ろうぜき）乱暴。暴行。不法。非道。

(2) **裏判**（うらはん）目安裏書のこと。訴状（目安）の裏に、奉行や代官が相手方（被告）の召喚日を記し署名・捺印したもの。

(3) **評定所**（ひょうじょうしょ）幕府最高の裁判機関。三奉行（寺社奉行・町奉行・勘定奉行）が中心になり、評議を行った。

(4) **渡世**（とせい）くらし。生業。

【読み下し文】

① 取り替わし証文の事

② 一武州高麗郡横手村瀧泉寺訴え上げ候は、横手村炭釜山③の儀、古来より瀧泉寺支配候ところ、高麗郷の者ども度々④押し入り狼藉仕り、去る九月八日、大勢罷り越し松茸番人追い散らし、⑤そのうえ狼藉者を拙僧方へ預け置き、村の者まで難儀仕り候につき、⑥お訴え申し上げお裏判頂戴仕り、相

着け申し候ところ、隣郷の寺院・⑦名主取り扱い、証文仕らせ相済み候。右の山、先年も高麗郷と⑧出入りの節、ご評定所にて松茸出で候場所へは一切入り申さず、⑨出でざる場所にて落葉・下草取り申すべき旨仰せ付けられ候ところに、⑩相背き猥りに入り込み候。瀧泉寺儀は松茸山をもって堂宮修復仕り、⑪渡世送り来り候あいだ、松茸出で候表山へ高麗郷の者⑫一切入り申さず候ように、仰せ付けられ下さるべき旨これを申す。

【現代語訳】

①取り替わします証文のこと

②一、武州高麗郡横手村の瀧泉寺が訴え上げることには、横手村炭釜山③について、古来より瀧泉寺が管理してきましたが、高麗郷の者たちが何度も④押し入ってきて草木を刈るなどの不法な行為を繰り返し、昨年の九月八日には、大勢でやって来て松茸番人を追いはらい、⑤それだけでなく狼藉した者をこちらへ預け置いて、横手村の者までも困っているので、⑥勘定奉行へ訴え目安裏書を頂戴し、高麗郷の者へ届けたところ、近隣の寺院や⑦名主が仲裁に入り、内済証文を作成させて解決しました。この山については、以前も高麗郷と⑧訴訟になった時に、幕府の評定所で炭釜山の松茸が出る場所へは一切入らず、⑨松茸の出ない場所で落葉や下草を取るようにと命じられたにもかかわらず、それに⑩背いて無作法に山へ入り込みました。瀧泉寺は松茸山からあがる収益で堂や宮を修繕し、⑪生活しているので、松茸が出ている表山へ高麗郷の者が⑫一切入らないように命じてくださるように、と瀧泉寺は主張しました。

【解説】

この史料は、正徳四年（一七一四）武蔵国高麗郡横手村（現埼玉県日高市）の瀧泉寺と高麗郷（現同市）の百姓たちが、横手村にある炭釜山の利用方法をめぐり争い訴訟となり、幕府の評定所から出された裁許（判決）の内容を、訴訟方（原告）と相手方（被告）の双方が互いに確認して、評定所に差し出した証文です。このような証文では、最初に訴訟方が訴えた主張が記され、次に相手方の主張、最後に評定所で下された裁許が書かれます。ここでは長文のため、訴訟方瀧泉寺の主張を記した部分のみを載せました。

瀧泉寺の主張は、論所炭釜山から出る松茸の収入で以前から寺を修繕し生計を立てており、昨年も争いの結果、近隣の寺院などが仲裁した証文もあり、幕府評定所で松茸の出る場所に入らないようにと命じられたのに、それを高麗郷の百姓達が守らないとの内容です。自ら訴え出た瀧泉寺でしたが、評定所での吟味の結果、瀧泉寺の主張はことごとく却下され、それだけでなく同寺は「心得違」だったとして最終的には評定所へ詫びを入れています。

ところで、この史料は表題から、一見すると当事者たちが取り交わした内済証文のように見えます。しかし、宛所は「御評定所」で、その内容も評定所で命じられた裁許を承諾する形式で、裁許状といえるものです。このような形式の裁許状は、管見の限り、江戸時代を通じて元禄～享保期（一六八八～一七三六）のみにしか見られません。なぜ特定の時期にしか見られないのかその理由は不明です。当事者の合意をそのまま裁許とするような文書の形式が、幕府の裁許状としてふさわしくないと認識されたため、享保期を境に見られなくなったと思われます。

3 江戸城に炭を上納

御用炭上納請書（天明五年〈一七八五〉十月）

①　②　③　④　⑤　⑥　⑦

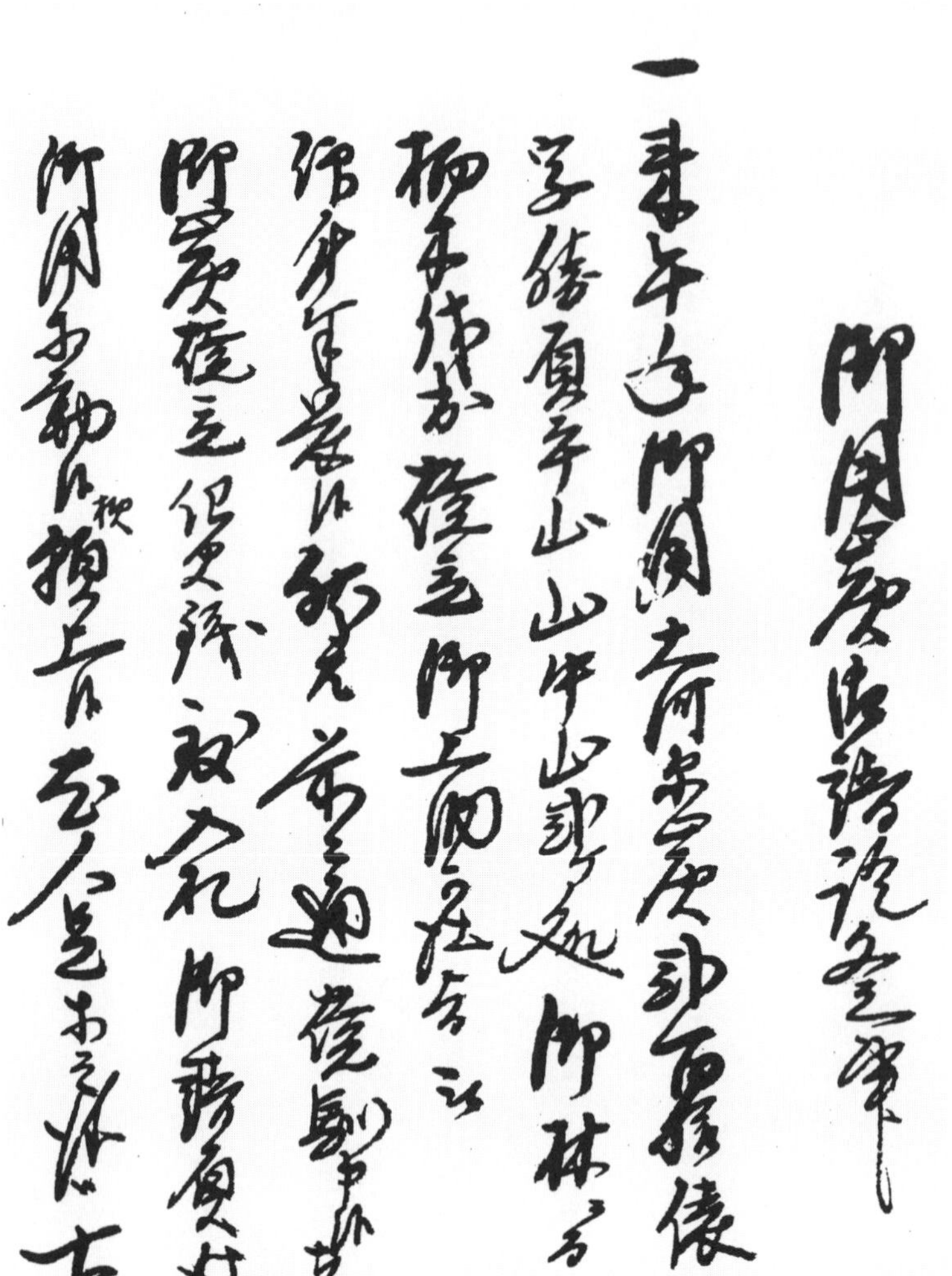

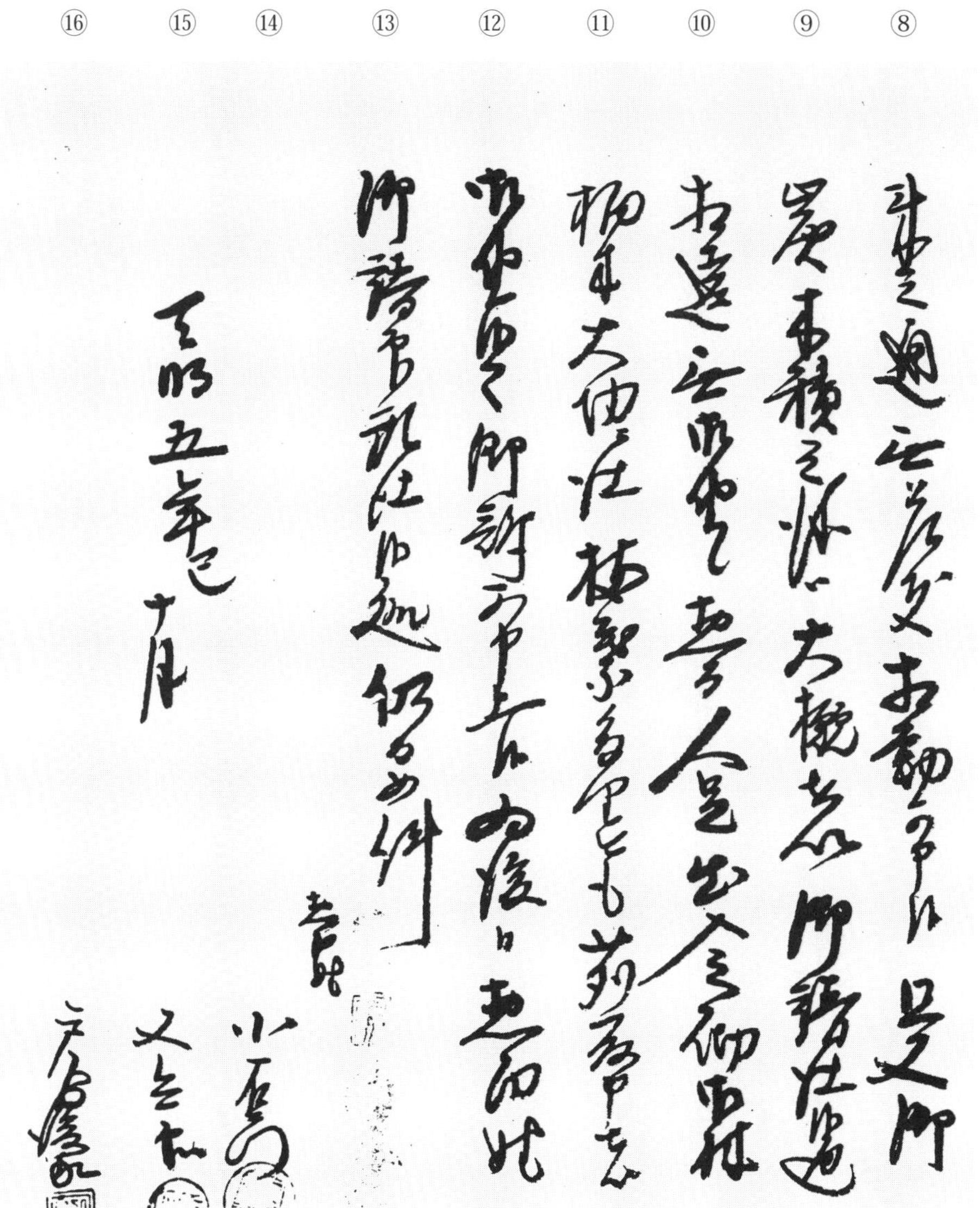

（埼玉県立文書館寄託「森田家文書」2841）

【解読のヒント】

①は「御請（おうけ）」です。（請）は旁（つくり）の「月」の部分が「日」を書くようなくずしになっています。②は「来午年（きたるうまのとし）」。は真ん中の二つの点を横棒一本に省略して「三」を書くような筆の運びになっています。③は「勝屓平（しょうぶだいら）」で地名です。（勝）の「月（にくづき）」の独特なくずし方は覚えて下さい。旁は「寿」のくずしに近い字です。④はが「火（ひへん）」で旁は「尭」となり「焼」です。は「可仕旨　被」です。（可）は横棒に平仮名の「の」を書くようなくずしになっています。また、「被」の下はまだ書く余地があるにもかかわらず改行されていますが、これは平出（へいしゅつ）といい、ある行為をした人に対する敬意表現です。ここでは炭の上納を命じた代官を敬う形になっています。⑤は「然共（しかれども）」。（然）の下の「灬（れんが・れっか）」を省略したくずしになっていてわかりづらいですね。⑥は「請屓（うけおい）」です。は③にも出てきましたが、「負」の異体字「屓」をくずしたもの。⑦は「相勤（あいつとめ）」。はわかりづらい字ですが、旁が「力」だと判別できれば字典などで探し出せます。⑧にも同じ字が出ています。こちらの方が「相」は読みやすいですね。このように後で出てくる字の方が読みやすい場合もあります。⑩は「相違（そうい）」です。は「違」の異体字「遠」をくずした字体です。その下は「無二御坐一候（ござなくそうろう）」。は「广（まだれ）」のない「坐」です。最後のは「候」です。⑪は「たりとも」です。は「たり」で漢字の「多里」を変体仮名にあてています。⑬は「印形（いんぎょう）」です。は「仰」の旁と同じようにくずします。⑮は年号の「天明（てんめい）」です。は仮名の「て」にもなります。

【解読文】

① 御用炭御請(1)證(証)文之事
② 一 来午年(2)御用大河原炭弐百拾俵、
③ 字勝肩(負)平山・山中山弐ヶ処御林(3)ニ而、
④ 柏木伐出焼立御上納可仕旨被
⑤ 仰付、奉畏候、然共(4)、(者カ)前ゝ(々)通焼馴申候者、
⑥ 御炭焼立賃銭致入札御請肩仕、
⑦ 御用相勤候様願上候、尤、人足ホ(等)之儀ハ古
⑧ 来之通無差支相勤可申候、且又、御
⑨ 炭木積之儀ハ大概(5)を以御請仕候通
⑩ 相逵(違)無御坐候、惣而、人足出入(6)之砌、御林
⑪ 柏木大切ニ仕、枝葉たりとも苅(刈)取申者
⑫ 御坐候ハヽ、御訴可申上候、為後日惣百姓
⑬ 御請印形仕候処、仍而如件
⑭ 惣百姓 小右衛門㊞
⑮ 天明五年巳十月 又兵衛㊞
⑯ 戸右衛門後家㊞
(以下一〇八名略)

【用語説明】

(1) **御請証文**(おうけしょうもん) 請書のこと。領主から命じられたことを承諾したときに提出する文書。

(2) **御用炭**(ごようずみ) 江戸城で使用された炭。

(3) **御林**(おはやし) 幕府や藩の直轄林。

(4) **然共**(しかれども) しかし。

(5) **大概**(たいがい) おおよそ。

(6) **出入**(でいり) 「ではいり」とも。出ること入ること。民事事件の訴訟も「出入」(でいり)という。

【読み下し文】

①御用炭お請け証文の事

②一 来る午の年御用大河原炭二百十俵、③字勝負平山・山中山二か処御林にて、④柏木伐り出し焼き立てご上納仕るべき旨⑤仰せ付けられ、畏み奉り候。然れども（然れば）、前々通り焼き馴れ申し候者、⑥お炭焼き立て賃銭入札いたしお請け負い仕り、⑦御用相勤め候よう願い上げ候。もっとも、人足などの儀は古来⑧の通り差し支えなく相勤め申すべく候。かつまた、お炭木⑨積もりの儀は大概をもってお請け仕り候通り⑩相違ござなく候。惣じて、人足出入りの砌、御林柏木⑪大切に仕り、枝葉たりとも苅り取り申す者⑫ござ候わば、お訴え申し上ぐべく候。後日のため惣百姓⑬お請け印形仕り候ところ、よって件のごとし。

【現代語訳】

①御用炭の請負承諾証文のこと

②一、来る午の年（天明六年）に御用（幕府公用）の大河原炭二一〇俵を、③字勝負平山と山中山二か所の御林から、④柏の木を伐り出し焼いて上納するよう⑤命じられ、承知いたしました。そこで、以前のとおり炭を焼き馴れている者が、⑥御用炭焼き立ての賃銭を入札して請け負い、⑦御用を勤めるようにお願いいたします。また、人足などについても以前⑧の通りに問題なく勤めます。加えて、⑨御用炭に焼く柏木の数の見積もりは、概算で引き請けた通り⑩で間違いありません。概して、木を切り出す人足が御林に出入りするときは、御林の柏木⑪を大切に扱い、たとえ枝葉であっても刈り取る者が⑫いました

ならば、ご報告いたします。後のため、惣百姓が承諾[13]の捺印をするところ、このとおりです。

【解説】

この史料は、天明五年（一七八五）十月に、武蔵国秩父郡大野村（現埼玉県比企郡ときがわ町）で行われていた、江戸城で使用する御用炭を焼く時に、村から代官へ提出された請負証文です。大野村には、御用炭の原木である柏の木が多く自生する御林が一四か所ありました。通常クヌギやナラなどの雑木を用いて炭を焼くことが多いのですが、柏を用いて江戸城で使用する炭を焼いていたようです。

このような証文は毎年の御用炭の請け負いごとに作られており、多くの証文が残されています。また実際に炭を焼く請負人だけでなく、惣百姓で請け負う形式であることから、村全体の役としてこの御用炭役が位置づけられていたこともうかがえます。

御用炭献上の歴史は、天正十八年（一五九〇）の徳川氏の関東入国より行われたと伝聞されており、以後柏木の枯渇のたびに中断するものの、文政十年（一八二七）まで継続されました。このような御用炭用の御林は大野村だけでなく、周辺の村々（白石・腰越・上古寺村など）にも置かれていました。御用炭の生産に対して代価が支払われていましたが、請け負った百姓にとって大きな負担でした。

なお、惣百姓の連名の三人目に「戸右衛門後家」とありますが、男性であるいわゆる戸主が亡くなった後、後継の息子などがおらず、その妻が家を相続した場合に、このように書かれます。

4 御林を見廻る

出府入用金負担約定証文（天保四年〈一八三三〉三月）

⑥ ⑤ ④ ③ ② ①

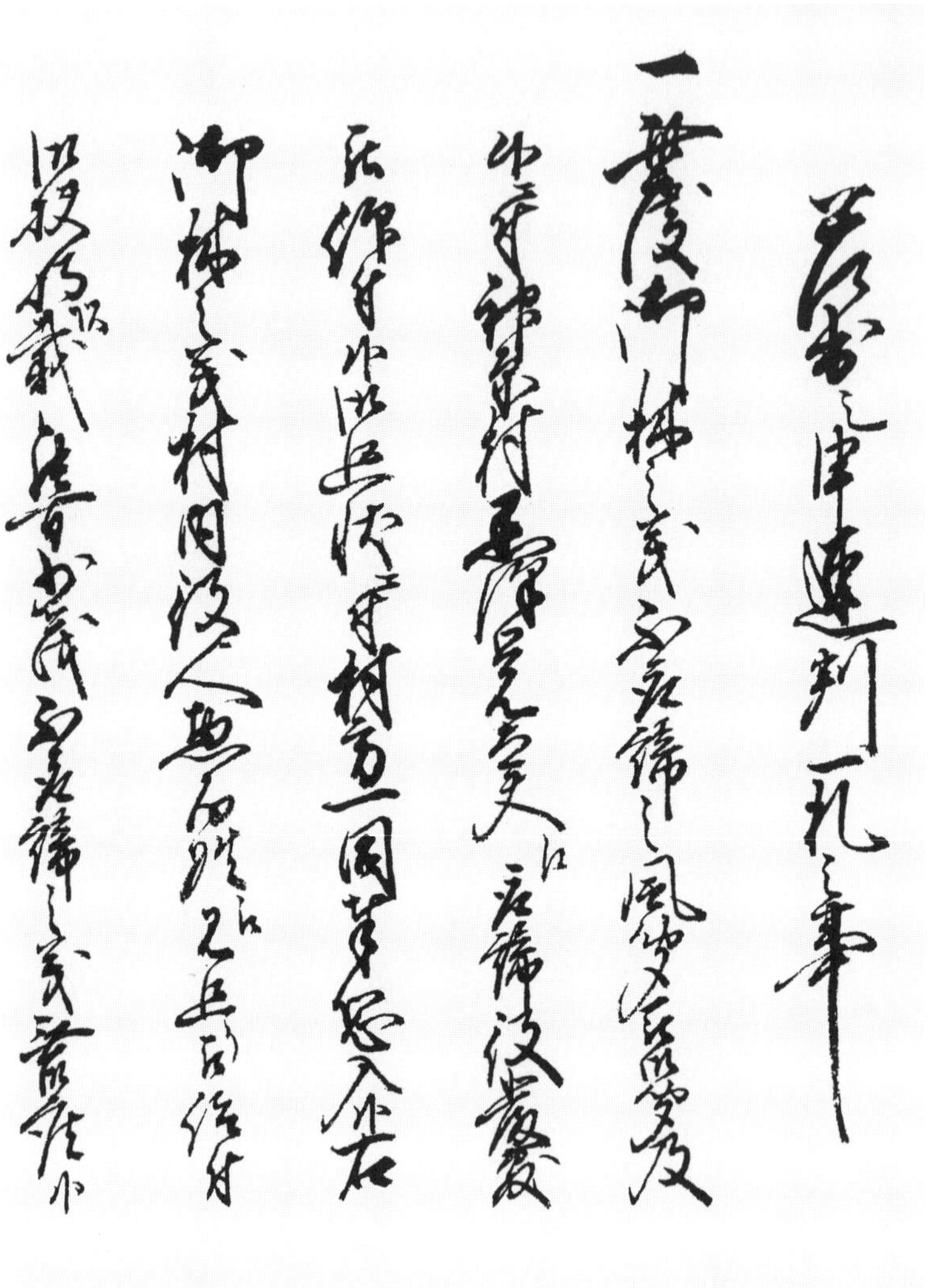

⑬　⑫　⑪　⑩　⑨　⑧　⑦

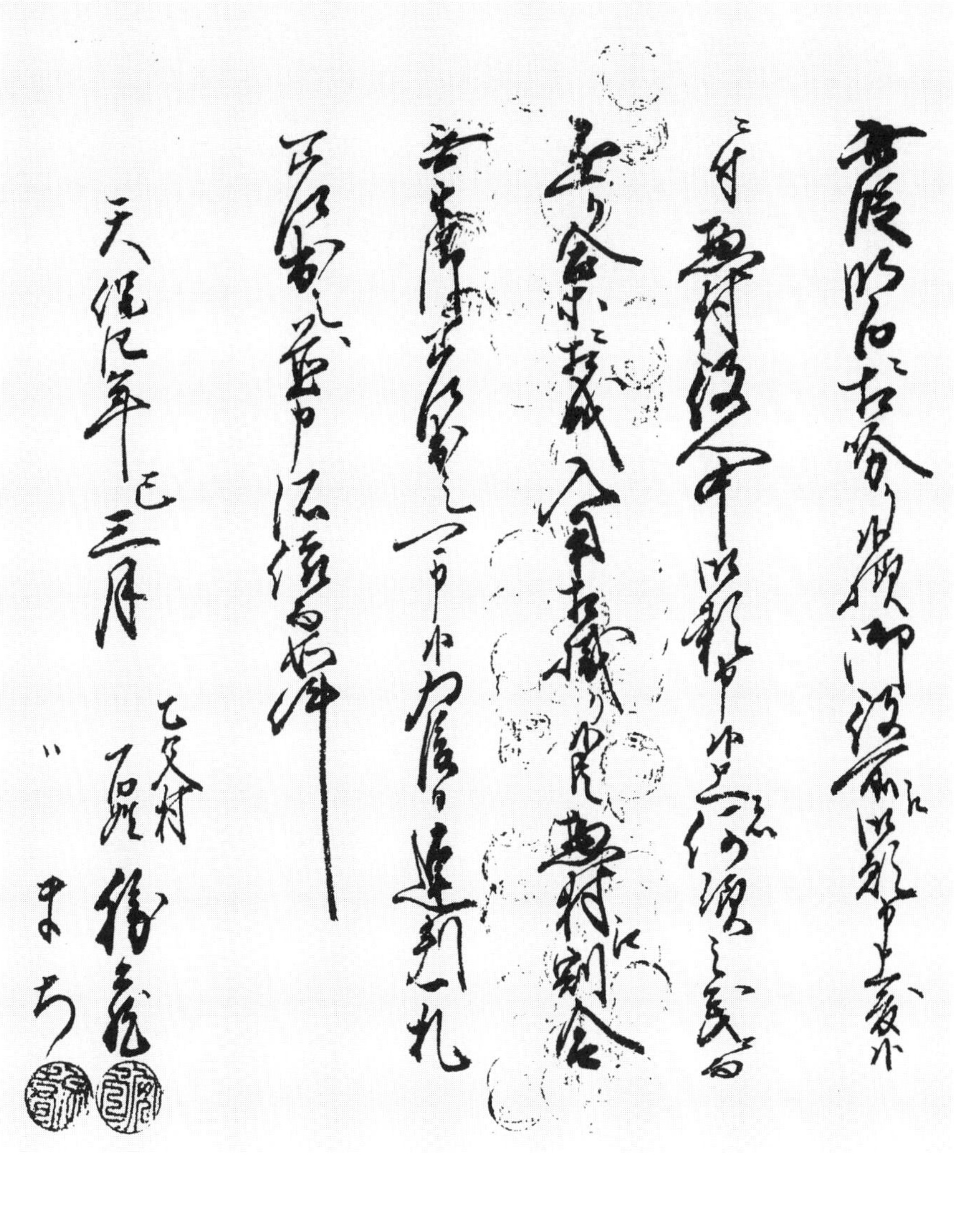

（群馬県立文書館寄託「黒澤丈夫家文書」4153）

【解読のヒント】

①は「差出（さしだし）」。とくに「差」という字は、縦で二文字分ほどの大きさを使って書かれる場合があり、時としてわかりづらい場合があります。②は「此度（このたび）」。（此）は他にも・など何種類か異なるくずしがありますので覚えてください。は「風聞」です。「聞」の「門（もんがまえ）」のくずしは覚えてください。③は「黒澤」で人名になります。（黒）は「早」に「心」を書くようなくずしになっています。は「厳敷（きびしく）」。（敷）の旁の「攵（ぼくにょう）」の部分が小さくなります。「敷」の用法として、否定を意味する「間敷」とは別に、このように「宜敷（よろしく）」や「六ケ敷（むつかしく）」など形容詞の一部として使われる場合があります。⑤は「見廻り被二仰付一（おおせつけられ）」です。が「り被」と二文字である点がポイントです。⑥は「無二御座一候（ござなくそうろう）」。（無）と、②の（此）はよく似ているくずしですが、最初の部分が少し異なります。合わせて覚えてください。⑦（相吩り）の「吩」は、「分」と同じでしょう。⑧は「御頼」です。「頼」と「願」のくずしの違いはわかりますか。偏（へん）の部分の縦棒が突き出ていれば「頼」になります。⑨は「懸り合」。（懸）は「系」の部分を省略したくずしで、特徴的な字です。「掛」と同じ意味で使われています。⑩は「無遅滞」で、二字目から「ちたいなく」と読みます。はかなりくずしており、「辶（しんにょう）」の部分が省略され、（互）と同じようなくずしになっています。⑪は「所」です。「戸」の部分が「氵（さんずい）」、「斤」の部分が「石」のようなくずしになっています。「所」には、他にも、（⑦）や・などのくずしがあります。⑫は「勝蔵」で人名です。（勝）のは典型的な「月（にくづき）」のくずしになります。（蔵）も人名などでよくみられるくずしです。

【解読文】

① 差出シ申連判一札之事
② 一此度、御林(1)之義、不取締(2)之風聞(3)被御聞及
③ 候ニ付、神原村黒澤(沢)覚太夫江取締役厳敷
④ 被　仰付候御廻状ニ付、村方一同奉恐入候、右
⑤ 御林之義、村内役人・惣百姓江見廻り被　仰付、
⑥ 御扶持(4)頂戴罷有、少茂不取締之義無御座候、
⑦ 此段明白ニ相吩(分)り候様御役所江御願申上度候
⑧ ニ付、惣村役人中御頼申候上者、何様之義ニ而
⑨ 懸(5)り合ホ(等)ニ相成入用(6)相掛り候共、惣村江割合
⑩ 無遅滞差出シ可申候、為後日連判一札
⑪ 差出シ置申所、依而如件
⑫ 天保四年巳三月　乙父村 百姓　勝蔵㊞
⑬ 同　まち㊞

(後略)

【用語説明】

(1) **御林**（おはやし）幕府や藩の直轄林。

(2) **不取締**（ふとりしまり）取り締まりの悪いこと。

(3) **風聞**（ふうぶん）うわさ。風評。

(4) **扶持**（ふち）扶持米のこと。俸禄として支給される米。

(5) **懸り合**（かかりあい）「掛り合」とも。関係すること。交渉。

(6) **入用**（にゅうよう）費用。経費。

【読み下し文】

①差し出し申す連判一札(れんぱんいっさつ)の事

一(ひとつ)② このたび、御林(おはやし)の義、不取締り(ふとりしま)の風聞(ふうぶん)お聞き及ばれ候につき、③神原(かがはら)村黒沢覚太夫へ取締役厳しく④仰せ付けられ候ご廻状(かいじょう)につき、村方一同恐れ(おそ)入り奉(たてまつ)り候。⑤右御林の義、村内役人・惣百姓へ見(み)廻(まわ)り仰せ付けられ、⑥ご扶持頂戴罷り(ふちちょうだいまか)あり、少しも不取締りの義ござなく候。⑦この段明白に相(あい)わかり候ようお役所へお願い申し上げたく候につき、⑧惣村役人中お頼み申し候うえは、何様(いかよう)の義にて懸(かか)⑨り合(あ)い等に相なり入用(にゅうよう)相掛り候とも、惣村へ割り合い⑩遅滞(ちたい)なく差し出し申すべく候。後日のため連判一札(れんぱんいっさつ)⑪差し出し置き申すところ、よって件(くだん)のごとし。

【現代語訳】

①差し出します連印一札のこと

一、②今回、御林のことについて、取り締まりが不行届きであるとの風聞をお聞きになられたので、③神原村黒沢覚太夫へ取締役を厳しく命じられたとの④廻状があり、村方一同恐縮しております。⑤この御林については、村内の村役人や惣百姓へ見廻りを命じられ、⑥扶持も頂戴しており、全く不取締りなことはありません。⑦このことを明確にわかって頂けるよう代官役所へお願い申し上げたく、⑧この件を村役人へ依頼したからには、どのような交渉⑨になり費用がいくらになっても、村全体で分担し遅⑩れずにその金額を支払います。後日のため村内すべての百姓が連印した一札を差し⑪出すところ、このとおりです。

【解説】

この史料は、天保四年（一八三三）三月に、上野国甘楽郡乙父村（現群馬県多野郡上野村）で、同村にある御林の管理が不行届きであると幕府代官から指摘を受けたため、その弁明のため村役人に江戸の代官役所への出張を依頼し、その費用については惣百姓で支払うことを約定した証文で、合わせて九〇名（八八名省略）が連印し、同村名主・惣村役人宛に提出されたものです。

乙父村には幕府の御林があり、御林のなかには五か所の御巣鷹山が点在していました。江戸時代は、将軍権威の一つの象徴として鷹狩りが行われ、鷹の雛の供給地としてこの地域に御巣鷹山が設置され、その周辺が広く御林とされて厳しく管理されていました。本章№3の大野村では、江戸城へ炭を献上するための御林（柏の木）が村内に置かれていましたが、それぞれ用途に応じた御林が各地にありました。村人は、林産物の採取や焼畑耕作・狩猟などを生業としていましたが、御林や御巣鷹山に入ることは禁止され、その周辺での山野利用も規制されていました。時には、それが破られることがあり「不取締」として咎められました。なお、黒沢覚太夫は甘楽郡神原村（現群馬県多野郡神流町）の世襲名主で、この当時はこの地域の御取締役および郡中取締役を務めていました。

ところで、この証文の表向きは、村役人の江戸への旅費や滞在費用を、惣百姓で支払うというものですが、実際は費用を村全体で支払うことを条件に、惣百姓から村役人へ代官との交渉を依頼する証文です。このような証文は「頼み証文」と呼ばれ、近年注目されている史料です。このような費用の負担をめぐるトラブルは多いため、村役人が事前に惣百姓から入用金負担の了解をとりつけ、それを文書という形にして残したと考えられます。

5　檜を売り渡す

立木売渡証文（文化十年〈一八一三〉八月）

①　②　③　④　⑤　⑥　⑦

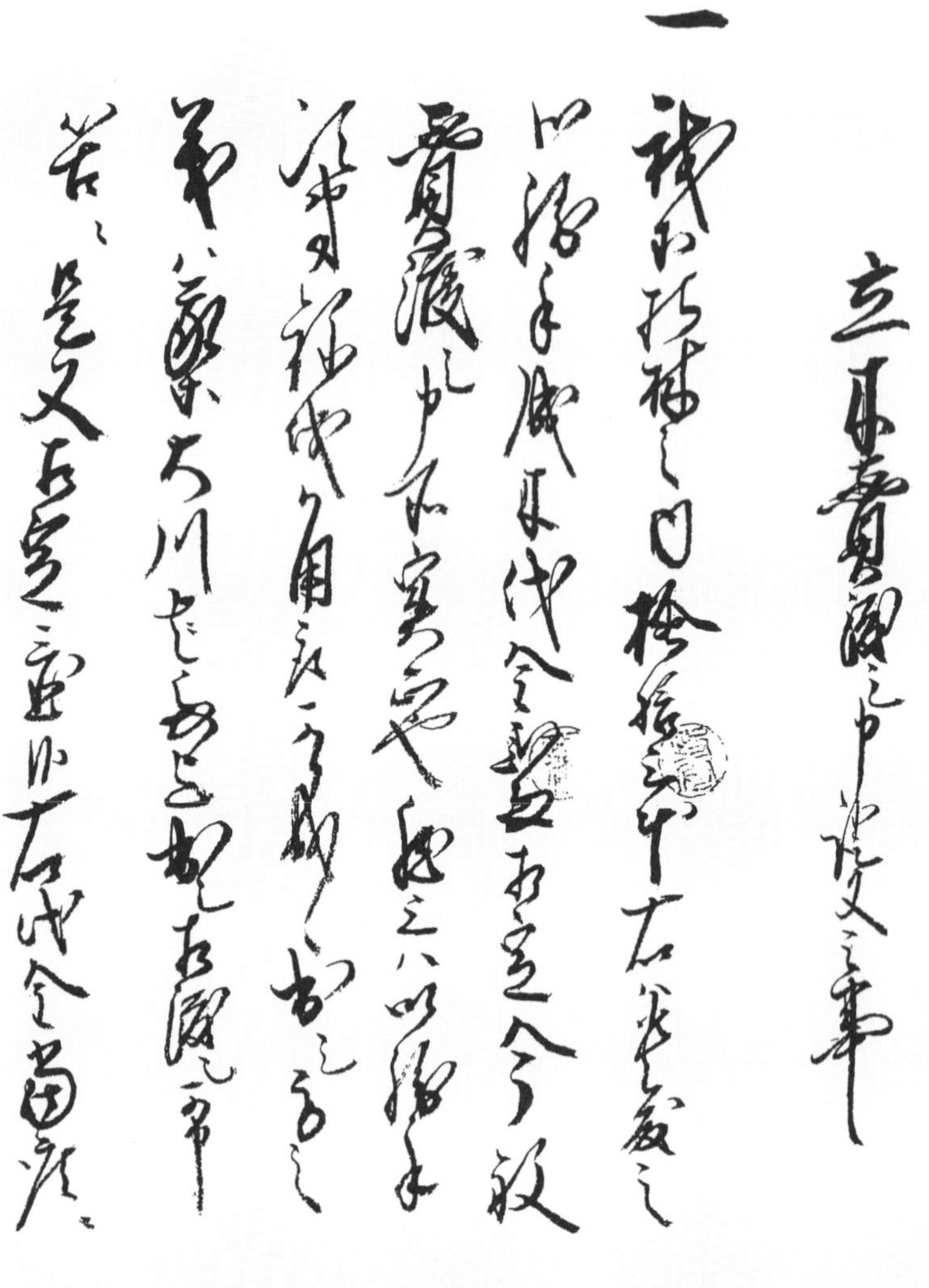

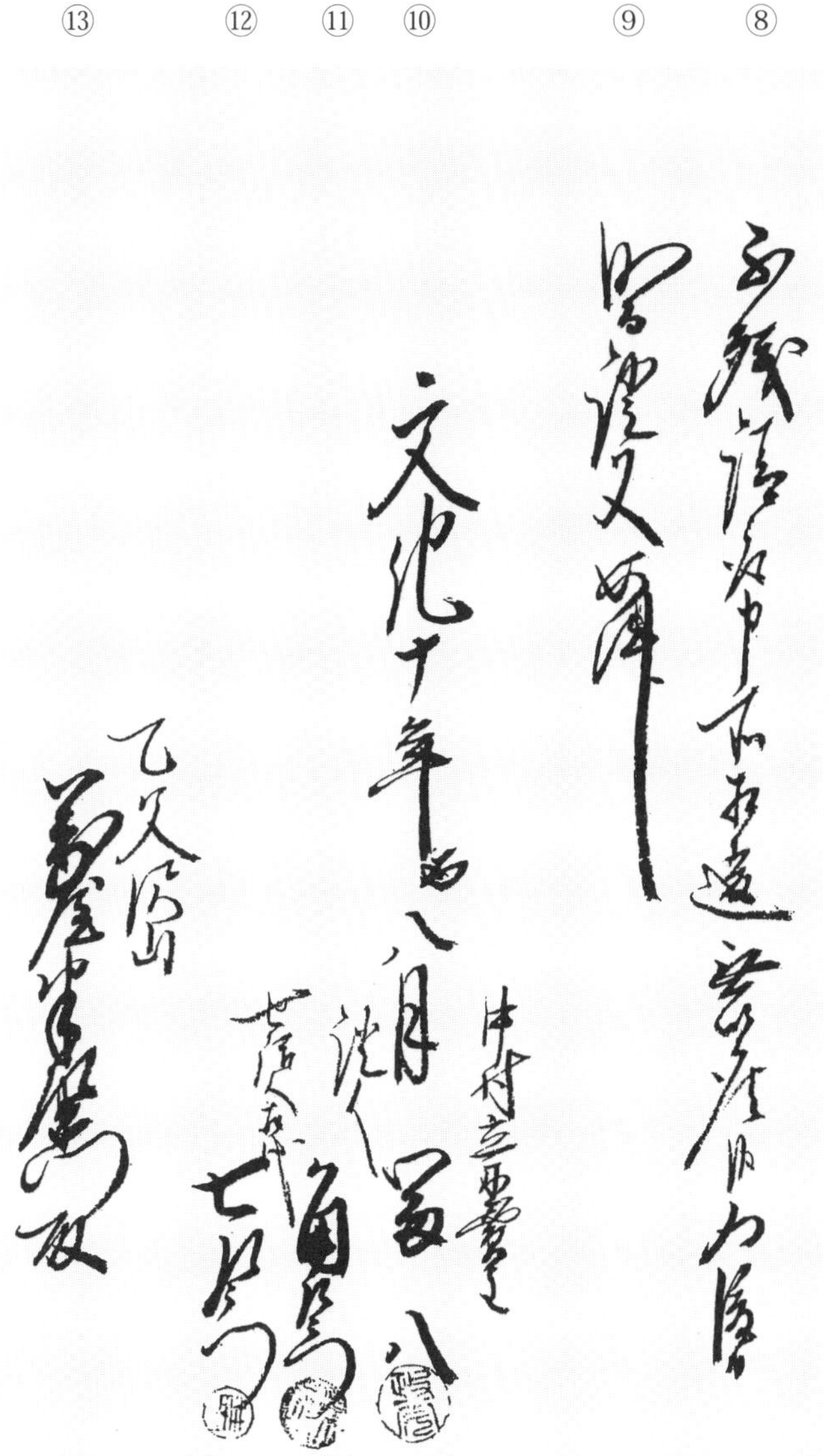

（群馬県立文書館寄託「黒澤丈夫家文書」999—2）

【解読のヒント】

①は「賣渡シ」です。は「売」の旧字「賣」をくずした字です。は「氵（さんずい）」に「度」です。このくずしは、最後に右上に点を付ける特徴のある字です。④にも（賣渡シ）と丁寧に書いたくずしが出ています。は「證文」。は「証」の旧字「證」をくずしたも

のです。典型的な「言（ごんべん）」のくずしになっています。②は「貴殿」です。一字上の「ハ」と、「貴」が一文字のようになっているので注意してください。（殿）は「度」に近いくずしになっています。③と④は、ちょっとわかりにくい字ですが、ともに「御」です。③は「今般（こんぱん）」。（般）は典型的な「舟（ふねへん）」のくずしです。④は「然上ハ（しかるうえは）」。最初の「夕」の部分を「月（にくづき）」のようにくずし、「犬」と「灬（れんが・れっか）」を合わせて、「尤」をくずしたような字になっています。⑤の（祢）は「ね」の変体仮名ですが、ここでは「根」の意味で使用しています。は「可レ被レ成候」で、「なさるべくそうろう」と読みます。「可」と「成」の間の何かひっかかりのような部分を「被（る）」と読ませています。最後の「、」になった部分が「候」です。⑥は「我木（われら）（等）」。は「我」の典型的なくずしで、「家」に近い形になっています。②の（我木）のくずし方と比較して下さい。また、「我等」は「私たち」という複数ではなく「私」という一人称単数を表します。は「ばた」。「は」と「た」は、それぞれ変体仮名「者」に濁点と「多」が字母になっています。⑫肩書きのは「相代」。本来は「惣代」ですが、このように書かれる場合もあります。最後⑬のは「萬屋（よろずや）」。は「万」の旧字「萬」です。

【解読文】

① 立木賣（売）渡シ申證（証）文之事

② 一我木（等）持林之内檜拾三本、右ハ貴殿之

③ 御勝手（1）成木、代金弐両相定、今般

【用語説明】

（1）**勝手**（かって）都合。ぐあい。

（2）**実正**（じっしょう）まちがいない。

賣(売)渡シ申所(2)実正也、(3)然上ハ、御(4)勝手
次才(第)(5)ね(根)伐・(6)角取可被成候、出シ方之
義ハ、我ホ(等)大川ばた(端)迄出シ相渡シ可申
筈ニ、是又相定置候、右代金(7)當(当)座ニ
不残請取申所、相逘(違)無御座候、為後日
仍而證(証)文如件
文化十年酉八月
中村立木賣主 冨(富)八㊞
證人 角左衛門㊞
世話人相(8)(惣)代 七左衛門㊞
乙父沢山
萬(万)屋半左衛門殿

(3) **然上ハ**（しかるうえは）そうであれば。
(4) **勝手次第**（かってしだい）自由に。思うままに。
(5) **根伐**（ねぎり）樹木を根もとから伐ること。
(6) **角取**（かくどり）木材などを削って方形にすること。
(7) **当座**（とうざ）すぐに。
(8) **惣代**（そうだい）代表。

【読み下し文】

①立ち木売り渡し申す証文の事

②一（ひとつ）我ら（われ）持ち林のうち檜（ひのき）十三本、右は貴殿のご③勝手（かって）なる木、代金二両に相（あい）定め、今般（こんぱん）④売り渡し申すところ実正（じっしょう）なり。然る（しか）うえは、ご勝手⑤次第（しだい）根伐（ねぎ）り・角取（かくど）りなさるべく候。出し方の⑥義（ぎ）は、我ら大川端（ばた）まで出し相渡し申すべき⑦筈（はず）に、これまた相定め置き候。右代金当座（とうざ）に⑧残らず請け取り申すところ、相違（そうい）ござなく候。後日のため⑨よって件（くだん）のごとし。

【現代語訳】

①立ち木を売り渡します証文のこと

一、②私が所持する林にある檜一三本について、そちらの都合③のよい木を代金二両で今回売り渡す④ことは確かです。そうであるからには、そちらのご自由⑤に根伐りや角取りをなさってください。材木の搬出について⑥は、私の方で大川の川端まで運んでお渡しすること⑦に、これも今回定めました。右の代金をいま全て⑧受け取ったことは、間違いありません。後日のために売渡証文⑨はこのとおりです。

【解説】

この史料は、文化(ぶんか)十年（一八一三）八月に、上野国甘楽郡乙父村(こうずけのくにかんらぐんおっち)（現群馬県多野郡上野村）枝郷中村の富八が、所持する山林から一三本の檜を、乙父沢山の万屋(よろずや)半左衛門へ金二両で売却したさいの証文です。証文の内容を見ると、どの檜を売却するかという選定は万屋の勝手とあり、購入者が実際に木を見て判断していたようです。その後、木を伐採したり、角材に加工した上で、売主がその材木を大川（神流(かんな)川）の川端まで運搬するという点も、契約が取り決められました。

史料を注意深くみると、二行目の「檜拾三本」と三行目の「金弐両」の部分に捺印がなされていますが、その印影から売主の富八のものとわかります。土地の売買や金銭の貸借などのような証文には、金額など数字の部分に捺印がみられますが、これは数字の改竄(かいざん)を防ぐ意味があります。それだけでなく、契約を必ず履行しますという当人の強い意志の表れとして、捺印する場合もあります。全ての人が字を読み書きできない社会の中で、現在とは異なる印形の使われ方として興味深いです。

第3章●

川の暮らしとなりわい

川は、人々の暮らしに多くの恵みをもたらします。水辺の自然、飲み水、農業用水、魚取りなど、人々が暮らしと生業を営むにあたって欠かすことはできません。また、川を利用した人や荷物の運漕は、離れた土地を結びつけ、経済を活性化し、人々の交流を促します。しかし一方で、ひとたび洪水が生じると、被害は人々の生活を一瞬にして破壊するぐらいの威力を持っています。川を制することは国を治めることであるといわれるように、治水は為政者にとっても重要な政策の一つでした。

本章では、川と人との関わりをめぐる史料を解読します。河川舟運(かせんしゅううん)、橋と渡し、川魚漁(かわうおりょう)についての史料を読み、江戸時代の人々がいかに河川と対峙し、河川をどのように利用してきたのか、その一こま一こまをみていきたいと思います。

№1と№2は、川の道、舟運についての史料です。江戸時代には、内陸部にあっても、河川を利用した舟運が盛んに行われました。大量の荷物を一度に運ぶ場合、人や馬に頼らざるを得ない陸上輸送にくらべると、水運の方が便利だったのです。徳川家康が江戸の町作りに着手したとき、堀を掘って水運の便を図ったことはよく知られています。水深の浅い河川でも利用できるように、船底が平たく喫水(きっすい)が浅い川船(かわぶね)が数多く建造され、河川舟運に活躍しました。№1は、利根川舟運で活躍した高瀬船(たかせぶね)についての史料です。今日ではちょっと想像がつきませんが、水路のような小さな河川まで川船が入り、川沿いには舟運や物流に関わる多くの人々が暮らし、各所に湊町である河岸(かし)が栄えていました。

こうした舟運をはじめに整備していったのは、江戸や城下町に暮らす領主(りょうしゅ)たちでした。彼らの収入は、所領(しょりょう)の村々から上納(じょうのう)される年貢米(ねんぐまい)によって支えられていたため、所領から江戸や城下へ年貢米を運び、換金して統治や生活にかかる経費に充てていました。したがって、運送ルートを確保する必要があったのです。№2は、そうした年貢米の廻漕を請け負った船問屋の証文です。舞台の上野国邑楽郡下早川田河岸（現群馬県館林市）は、渡良瀬川の河岸の一つで、利根川の川俣河岸（現群馬県邑楽郡明和町）とともに館林藩の御用河岸として栄えていました。

№3は、千曲川をどう渡るかという史料です。暴れ川であった千曲川は、たびたび氾濫し人々の往来を遮断する存在でもありました。史料の舞台である信濃国佐久郡岩尾村（現長野県佐久市）の橋のやや下流には、中山道塩名田宿があり千曲川を渡る橋を管理していましたが、そこもしばしば橋が流される難所として知られていました。

№4と№5は、川・沼での漁猟に関する史料です。一般に海での漁業にくらべ、河川や池沼での漁業は、献上品や御用品となる鮎や特産となる鮭などを除くと、商品としてよりも自給的に地元で消費されることが多かったようです。そのためか、古文書に記されることはあまり多くありません。しかし、今日でも漁協があったり養魚場や簗などがあるように、江戸時代においても漁業を生業にしたり、農業のかたわら漁を行う人々がいました。大きな池や沼があるところでは、川魚の運上金を領主に上納する村もありました。№4は、山間の渓流での毒流し漁を咎めためずらしい史料です。村の若者たちが禁漁の川で毒流し漁をしたため、名主へ詫びを入れたものです。№5は、多々良沼という沼の漁業を独占的に行う権利を持っていた上野国邑楽郡日向村（現群馬県館林市）が、同沼の干潟開発による漁業権侵害を訴え出た史料です。

1 殿様の船を買い上げ

武州忍藩御手舟買上証文（享保十年〈一七二五〉十月）

⑥ ⑤ ④ ③ ② ①

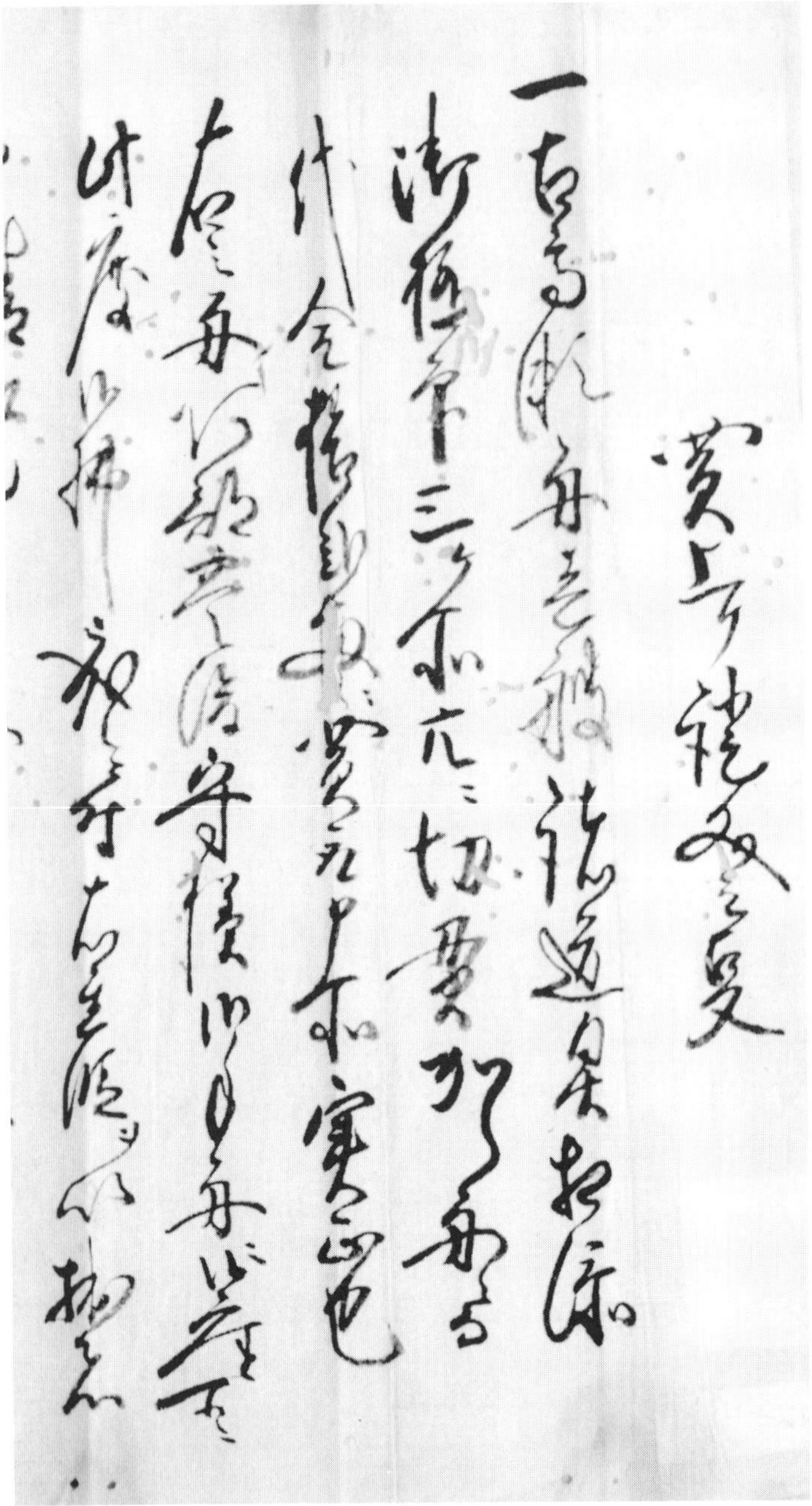

⑦ ⑧ ⑨ ⑩ ⑪ ⑫

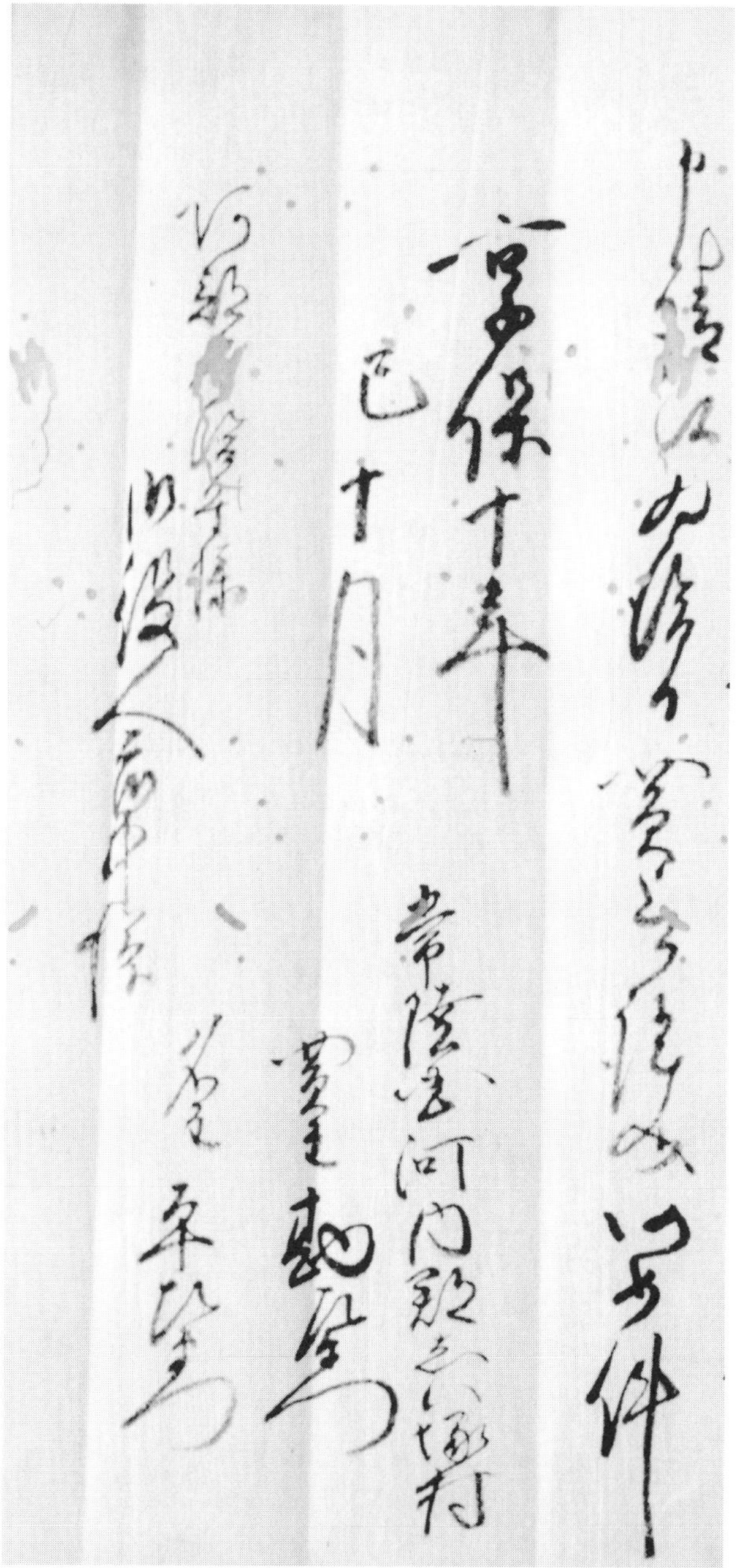

（埼玉県立文書館所蔵「正田家文書」22）

【解読のヒント】

①表題の（買上ケ）は、片仮名の「ケ」が入っています。送り仮名は、よくこのように小さく右に寄せて書かれます。は、「言」(ごんべん)に「登」で「證」の典型的なくずし字です。「証」の旧字ですが、江戸時代では「證」の方がよくみられます。（㕝）は「事」の異体字です。「事」のくずし字は、

もよく見られます。②は、一字目は「高」のくずし、二字目のは「氵（さんずい）」、旁（つくり）のは「頁（おおがい）」のくずしで「瀬」です。偏（へん）をとると「頼」のくずし字と同じです。は、「舟」で二画目の縦棒が省略される形。の偏は、①のと同じ形ですから「言（ごんべん）」。旁は「者」のくずしで「諸」となります。は「相」の、は少し難しいですが「添」の典型的なくずし字です。③の一字目は「御」、二字目は「木（きへん）」ですが、この形で「扌（てへん）」や「方（ほうへん）」の場合もあります。旁は難しいですが、わからないときは同じようになぞってみましょう。答えは「極」です。三字目は「印」でこれも典型。この形に「亻（にんべん）」がつくと「仰」のくずし字にもなります。は「所」のくずしで、次行にも出てきます。は、ちょっとわかりにくいですが、「共（とも）」です。は「から舟二而（にて）」となります。「か」は「加」がくずしてあり、「ら」の点は省略されています。「舟」は前行の通り。「二而」は頻出の表現です。④は、数字の「拾弐」に、お金の単位の「両」です。数字は一と壱、二と弐、十と拾、二十と廿どちらも使われます。「両」のくずしは「雨」にも似ているので注意。は「取」の典型。ちょっと「被」のくずし字にも似ています。は「正」です。⑤は苗字で「阿部」、は官職名で「豊後守（ぶんごのかみ）」。とくに「豆」の部分がかなりくずれた「豊」のくずしに注意です。（様）はこのほかにも多くのくずし方があります。は頻出の「御座候」ですが、「候」の部分が点でのみ書かれています。⑥（此度（このたび））は頻出語です。この形で覚えましょう。は「候」のようにも見えますがここでは「御」、は「払」の旧字「拂」です。は、「被（る・らる）」のかなりくずした形で返読文字です。は「成」の二画目の横棒が省略された形でよく見られます。「成」の下の点が「候」となりますので注意。は難しいですが、一字目は「直」、二字目は「段」

です。この「直」のくずし字の上に「一」や「丶」が加わると、頻出の「置」のくずし字にもなります。「段」の方はよく見られる形です。「直段」は「値段」と同意です。（ヲ以（もって））は頻出表現。「ヲ」は平仮名「を」も使われます。⑦は、④にも出てきましたが、「申」の典型です。続く文字は虫損で読みにくいのですが、「言（ごんべん）」に旁が「青」で「請」です。「青」の「月」のくずしの形に注意。最後の書留（かきとめ）の文言は、「仍（よって）」です。「何」と同じくずしなので注意。次のは「如」で返読文字です。⑨・⑩の人名、「左衛門」のくずしはぜひ覚えましょう。は「つ」のような形ですが「門」の典型的なくずし字になります。⑫（衆）は、宛先によく出てきます。

【解読文】

①　買上ヶ證（証）文之亊（事）
②　一古高瀬舟（1）壱艘、諸道具相添、
③　御極印（2）三ヶ所共ニ切貫、から（空）舟ニ而、
④　代金拾弐両ニ買取申所実正（3）也、
⑤　右之舟、阿部豊後守（4）様御手舟（5）ニ御座候所ニ、
⑥　此度御拂（払）被成候ニ付、右直（値）段ヲ以拙者
⑦　申請候、為後日買上ヶ證文、仍如件
⑧　享保十年
⑨　巳十月　常陸国河内郡しい（椎）塚村
買主　勘左衛門

【用語説明】

（1）**高瀬舟**（たかせぶね）河川用の運搬船。川船の一種。

（2）**極印**（ごくいん）ここでは、川船に打たれた登録証明の印形。

（3）**実正**（じっしょう）まちがいないこと。

（4）**阿部豊後守**（あべぶんごのかみ）武蔵国忍（おし）藩主阿部正喬（あべまさたか）。

（5）**御手船**（おてぶね）藩や藩主が所有したり、雇ったりしている船。「御船」とも。

⑩　名主　平左衛門

⑪　阿部（豊）後守様

⑫　御役人衆中様

【読み下し文】

①買い上げ証文（しょうもん）の事

②一（ひとつ）古高瀬舟（こたかせぶね）一艘（いっそう）、諸道具相添（あいそ）え、③ご極印（ごくいん）三か所ともに切り貫（ぬ）き、空舟（から）にて、④代金十二両に買い取り申すところ実正（じっしょう）なり。⑤右の舟、阿部豊後守（あべぶんごのかみ）様御手舟（おてぶね）にござ候ところに、⑥このたびお払いなされ候につき、右値段をもって拙者（せっしゃ）⑦申し請（う）け候。後日のため買い上げ証文、よって件（くだん）のごとし。

【現代語訳】

①買い上げ証文のこと

②一、中古の高瀬舟を一艘、付属の諸道具を添えて、③ご極印三か所を切り抜き、空舟の状態で、④代金一二両で買い取りますことに間違いありません。⑤右の舟は、忍（おし）藩主阿部豊後守様の御手舟でございましたが、⑥このたび民間に払い下げになりましたので、右の値段で私が⑦頂戴いたしました。後々のため買い上げ証文は、このとおりです。

【解説】

この史料は、利根川右岸、武蔵国埼玉郡酒巻河岸（現埼玉県行田市）にいた手船頭の家に伝わっていたものです。当地は武蔵国忍藩領で、享保十年（一七二五）当時の藩主は、幕府老中阿部正喬でした。手船頭とは、忍藩領で集められた年貢米などを江戸まで運ぶため、藩で所有していた御手船を管理・運営する長のことです。酒巻河岸は忍藩の御用河岸で、忍藩御手船を一～数艘保持していました。この御手船は、利根川・江戸川を下り、江戸の藩の米蔵まで運航したと思われます。元禄頃の記録では、酒巻河岸から江戸までの距離は三二里（約一二五キロメートル）、廻米運賃は一〇〇俵につき銀三分一厘と記されています。

史料の内容は、古くなった御手船一艘を払い下げるにあたり、常陸国河内郡椎塚村（現茨城県稲敷市）の買主が、忍藩の役人へ宛てて差し出した買い上げ証文です。署名者の印影がみえませんが、正文（原本）は忍藩へ提出されたと思われますので、手船頭が控えておいたものでしょう。中古船にもかかわらず、ずいぶん遠くの人が買い付けたものです。

この御手船は、高瀬船という種類でした。高瀬船は、艜船とともに利根川舟運で活躍した川船です。大きさはさまざまでしたが、長さ一八メートル、幅三メートル、深さ一メートル程度で、積載量は米一八〇〇石程が一般的でした（石井謙治著『図説　和船史話』）。著名な京都・伏見の高瀬船とは異なる船です。

なお、河川に就航した川船は、必ず幕府へ登録することになっていて、登録税（年貢長銭）を納めると引き替えに極印が船に打たれ、それが証明となって川の関所（番所）の通行が認められました。酒巻河岸から江戸へ下るときには、関宿番所（現千葉県野田市）、中川番所（現東京都江東区）などを通過しました。

2 年貢米を江戸へ

御城米江戸納め証文（元文元年〈一七三六〉五月）

⑧ ⑦ ⑥ ⑤ ④ ③ ② ①

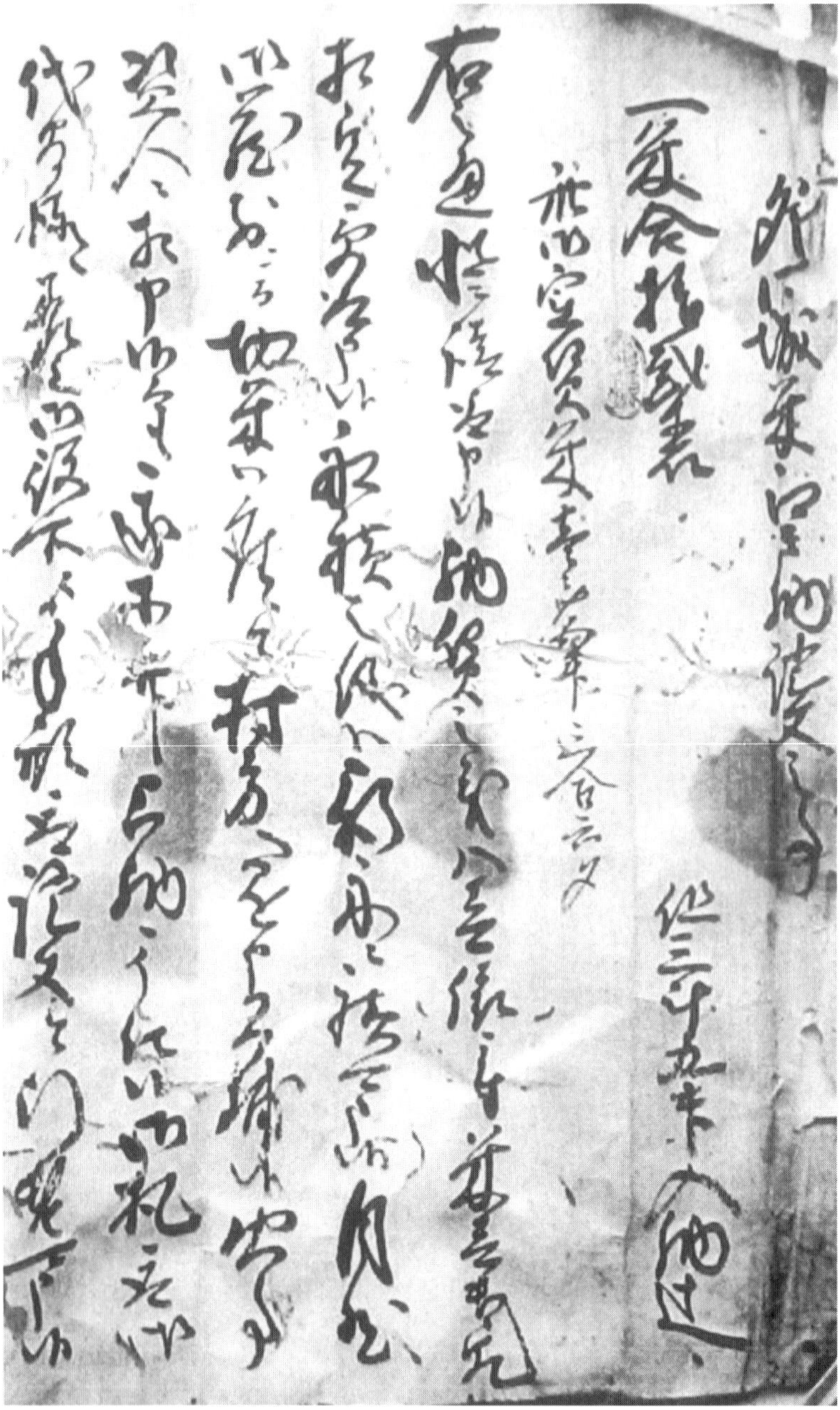

⑨ ⑩ ⑪ ⑫ ⑬ ⑭ ⑮ ⑯ ⑰

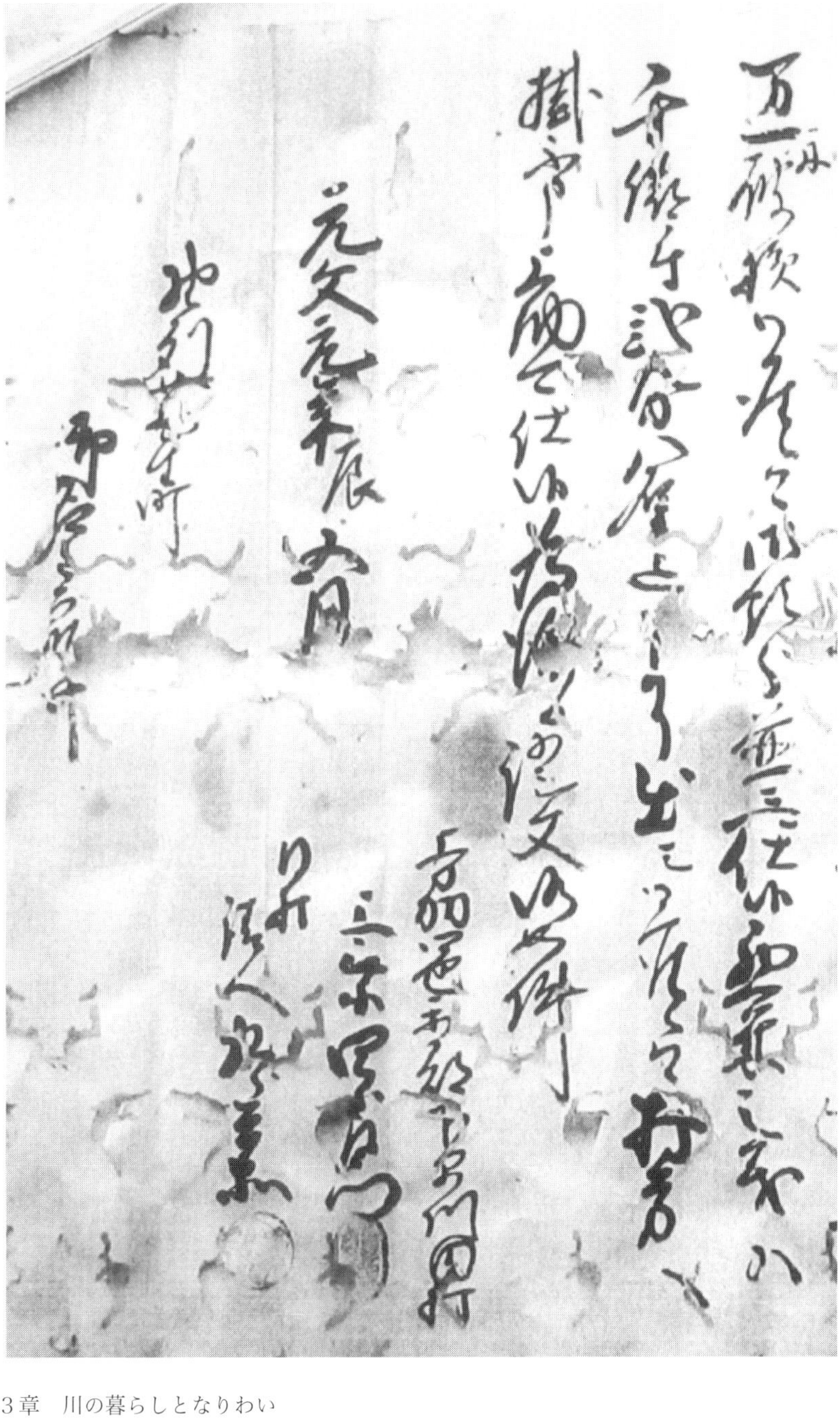

（群馬県館林市「原賢治家文書」53）

【解読のヒント】

①は、偏が「糸」（いとへん）で「納」（おさめ）です。②の最初の二字は数字で「拾弐」。「十二」と同様に使われます。は「表」ですが、ここでは米を数える単位ですから、「俵」の誤りでしょう。③は「此」（この）の典型二つのうちの一つ。のは「宀」（うかんむり）に見えますが、最初の点は余計で「冖」（わかんむり）です。下の横棒は「辶」（しんにょう）、中は「車」で、「運」となります。最初に点が付いているため「実」のくずしに似ています。は「任」に「貝」で「賃」です。（五升）の「五」にも注意。よく出てきます。④は「忄」（りっしんべん）に「送」と、これに「二」がついて「慥二」（たしかに）となります。偏が大きく、一字のようにみえるので要注意。「慥」は「慥」の異体字です。⑤は「定」の典型で、「足」にも似ています。は、「自」に「然」のくずし。「じねん」とも読みます。⑥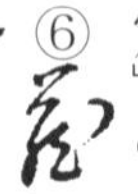は「蔵前」（くらまえ）です。「蔵」は人名でも頻出、「前」は「別」「則」などのくずしと類似。は「懸」で、「掛」と同じ意味で使われます。⑦の下の「ホ」に似た字は「等」の異体字「ホ」。上の「家」に似た字は「我」のくずしです。⑧は「代官」。「官」のくずしに注意。「館」の旁などにも見られます。の一字目は「行」にも見えますが、ここでは「引」。二字目は「替」ですが、二つ並ぶ「夫」の右側は省画されています。⑨の一字目の偏は「令」、旁は「頁」の典型的なくずしで「領」です。二字目は「分」ですが、「ら」や「郎」のくずしにも似ています。は上下に分解してみると上は「西」、下の横棒は「心」で「悪」となり、「悪」の異体字です。⑫のは「州」の異体字「刕」です。は「早」の典型。⑬人名のは、数字の「四」に、「ら」のような字は「郎」で、よく出てきます。⑯のは「野」の異体字「埜」、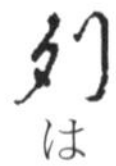は「列」に似ていますが「州」で、「埜州」となります。

【解読文】

夘(卯)御城米(1)江戸納證(証)文之事
一米合拾弐表(俵)　　但、三斗五升入、納辻(2)
　此御運賃米壱斗五升三合六夕(勺)
右之通、慥(慥)ニ請取申候、納賃之義ハ、壱俵ニ付米壱升宛
相定受取申候、舩(船)積之儀ハ、新舟ニ積可申候、自然
御蔵前(3)ニ而切米(4)御座候ハヽ、村方へ懸申間鋪候、火事・
盗人ニ相(遭)申候而も、我ホ(等)弁上納可仕候、御札取御
代官様へ差上、御役所ゟ手形取、證文と引替可申候、
万一舟破損御座候ハヽ、御領分(5)並ニ可仕候、悪(悪)米(6)之義ハ、
千俵ニ付弐分八厘迄より出シ御座候ハヽ、村方へ
掛不申上納可仕候、為後日證文、仍如件
　　　　　上刕(州)邑楽郡下早川田村
元文元年辰五月　　上乗(7)　四郎左衛門㊞
　　　　　同村
　　　　　請人(8)　八郎兵衛㊞
埜(野)州葛生町
　御名主衆中

【用語説明】

(1) **御城米**（ごじょうまい）本来は幕府や大名が城に蓄えておく米のことであるが、ここでは年貢米のこと。

(2) **納辻**（おさめつじ）収納の合計。

(3) **御蔵前**（おくらまえ）幕府の米蔵（浅草御蔵）の前（現東京都台東区）。札差が多く店を構えていた。

(4) **切米**（きりまい）一般的には、知行地を持たない旗本・御家人などの幕臣が、幕府米蔵から支給される米のことをいうが、ここでは文意から運送中の損失米のことか。

(5) **御領分**（ごりょうぶん）藩領のこと。

(6) **悪米**（あくまい）運航中などに水濡れしてしまった米。

(7) **上乗**（うわのり）船に乗り込み、積荷の管理などに当たった者。

(8) **請人**（うけにん）保証人のこと。

【読み下し文】

卯①のご城米江戸納め証文の事

一②、米合わせて十二俵　但し、三斗五升入、納め辻

このご運賃米③一斗五升三合六勺

右④の通り、慥かに請け取り申し候。納め賃の義は、一俵につき米一升ずつ相⑤定め受け取り申し候。船積みの儀は、新舟に積み申すべく候。自然⑥お蔵前にて切米ござ候わば、村方へ懸け申すまじく候。火事・盗人⑦に遭い申し候ても、我ら弁え上納仕るべく候。お札取りお代官様⑧へ差し上げ、お役所より手形取り、証文と引き替え申すべく候。万⑨一舟破損ござ候わば、ご領分並に仕るべく候。悪米の義は、千⑩俵につき二分八厘までより出しござ候わば、村方へ掛⑪け申さず上納仕るべく候。後日のため証文、よって件のごとし。

（中略）

【現代語訳】

卯①年（享保二十年、一七三五）の年貢米を江戸へ納める証文のこと

右④の通り、確かに年貢米と運賃分の米を受け取りました。納入運賃は、米一俵につき一升ずつと決め⑤、受け取りました。この年貢米の船積みには、新しい船を使います。もし蔵前⑥で米の不足があっても、年貢を納めた村方へ転嫁はしません。火事や盗難⑦にあっても、私が償って上納します。江戸の幕府米蔵に到着後、受領書を取り、それをお代官様⑧へ提出し、代官役所から年貢受取手形を発給してもらい、この証文と引き替えます。万⑨一船の破損がございましたら、藩領並みに取り扱います。水濡れ米が、

米[10]千俵につき二分八厘（二・八％）より多くなった場合、その分は年貢を納める村方へは[11]負担をかけず上納します。後日のために年貢米の江戸廻漕請け負い証文は、このとおりです。

【解説】

この時代、陸運よりも水運の方が大量の荷物の輸送には優れていたため、河川沿いには河岸が発達し、地域と江戸とを結ぶ物流の拠点となっていました。この史料の差出にみえる上野国邑楽郡下早川田村（現群馬県館林市）には、渡良瀬川舟運の拠点、下早川田河岸がありました。館林城下からほど近いこの河岸は、日光脇往還も通る交通の要衝であり、周辺村々の年貢米を積み出す津出し河岸となっていました。この下早川田河岸の問屋四郎左衛門が、下野国安蘇郡葛生町（現栃木県佐野市）の名主たちから依頼され、上乗として江戸までの年貢米一二俵の廻漕を請け負ったのです。一俵は三斗五升入で、これは幕府公定の詰め方でした。一二俵は、石高にして四石二斗ほどになります。実際には運送中の遺漏分を含めて一俵につき三斗七升くらいを詰めました。本文の大半は、年貢米を預かった以上、その納入手続きが終了するまで廻漕を請け負った上乗が責任を持って取り扱い、一切荷主の村方（ここでは葛生町）に迷惑をかけないことが、少しくどいくらいに書かれています。年貢米ですので、ささいな間違いがあってもいけないからでしょう。

なお、享保十九年（一七三四）九月、館林藩主太田資晴が大坂城代に就任し、同藩領は幕府領となり、館林城には城番が置かれていました。本文中に、船破損の時は「御領分並」に取り扱うとあるのは、藩領時代の基準や方法を踏襲するという意味でしょうか。

3 千曲川にかかる橋

渡船変更出訴につき議定書（文政六年〈一八二三〉十一月）

⑩ ⑨ ⑧ ⑦ ⑥ ⑤ ④ ③ ② ①

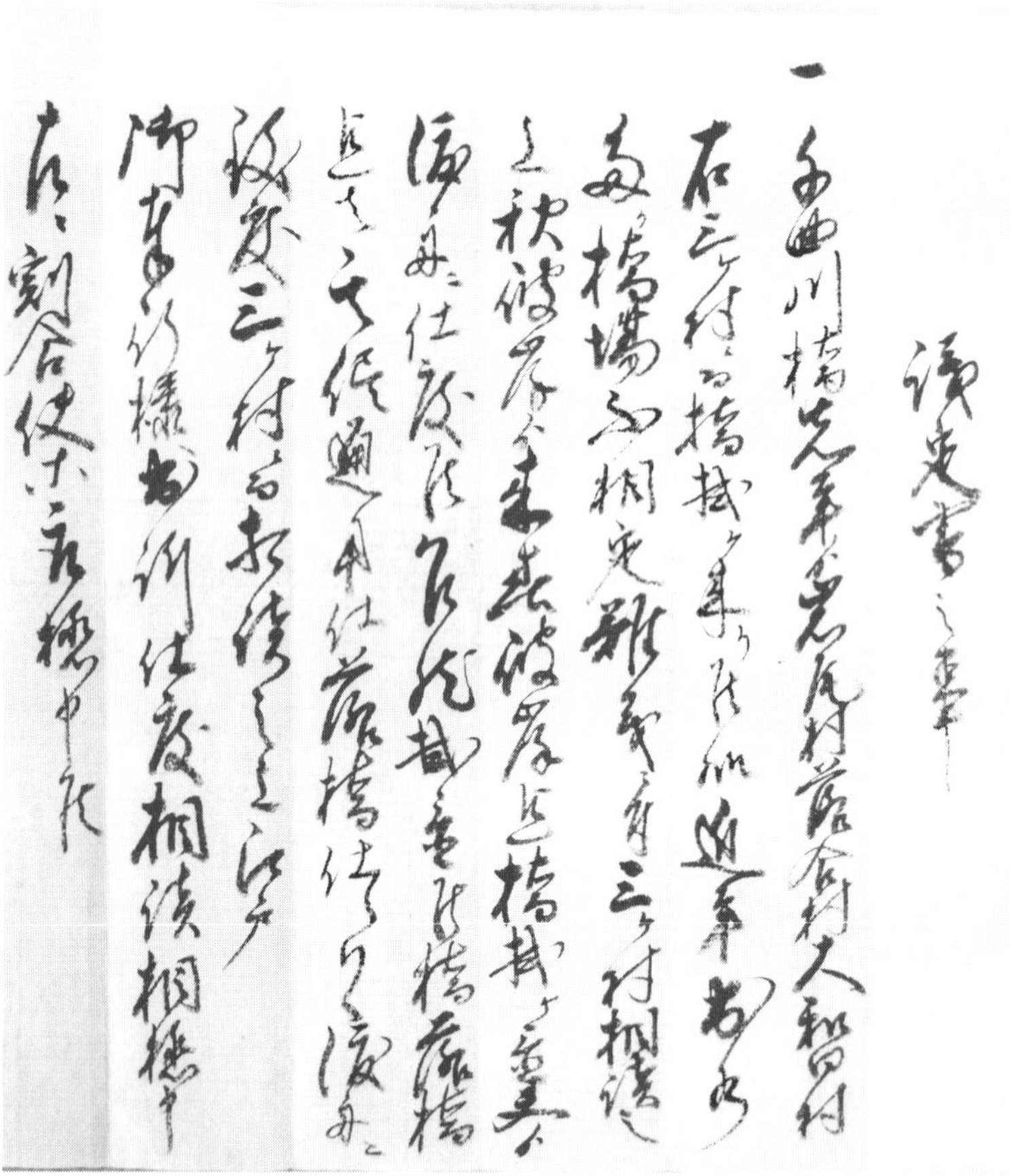

佐久橋（南岩尾―下県）から、千曲川と岩尾城址を望む

⑪ ⑫ ⑬ ⑭ ⑮ ⑯ ⑰ ⑱ ⑲ ⑳ ㉑ ㉒ ㉓ ㉔ ㉕ ㉖

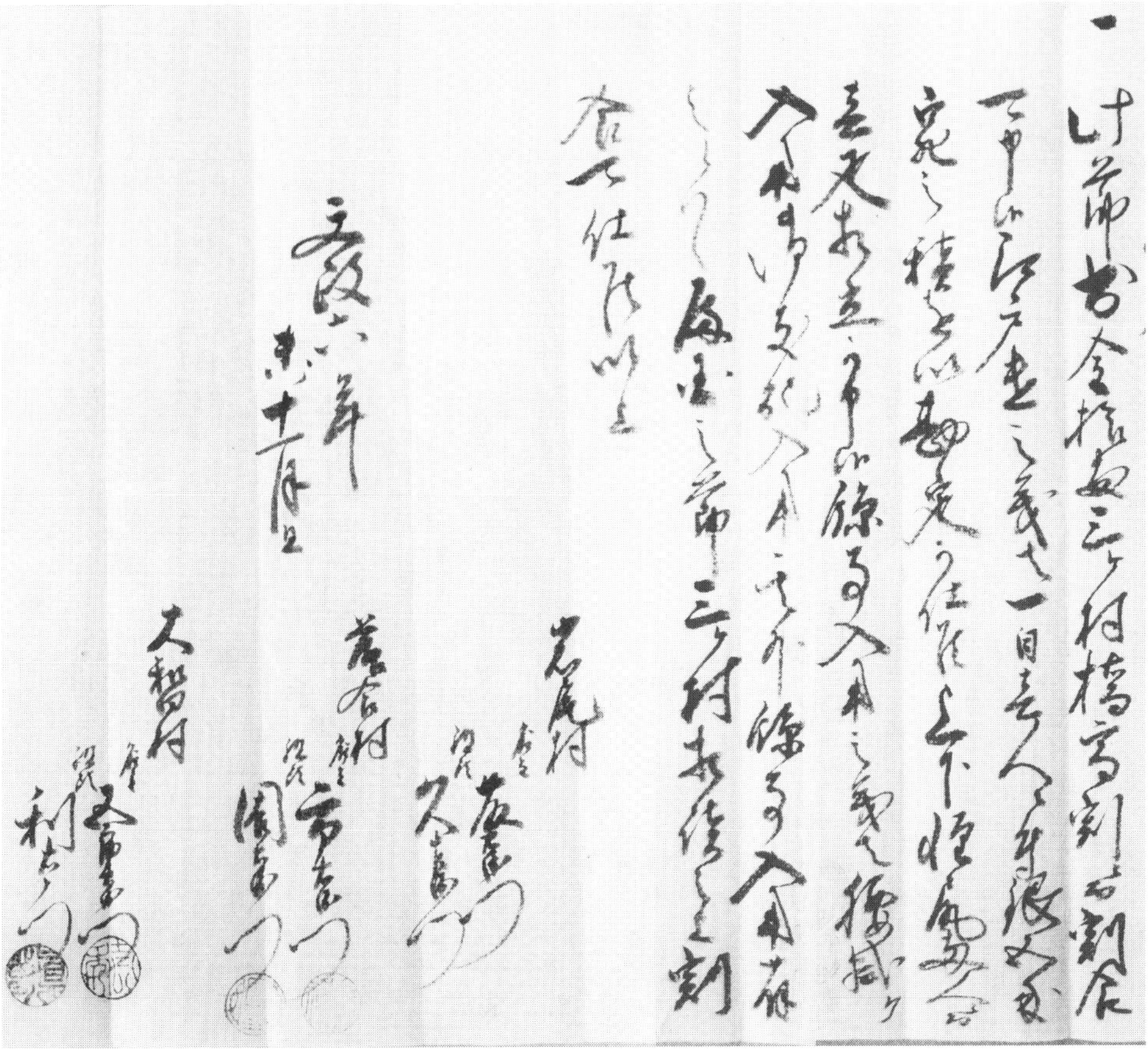

（埼玉県立文書館所蔵「長谷川（宏）氏収集文書」136）

琵琶島橋（落合—駒寄）から、湯川と千曲川合流点方面を望む

【解読のヒント】

③（くずし字）は「橋」の典型的なくずし字。とくに旁はこの形で覚えましょう。（くずし字）の一字目は「拭」のように見えますが、「掛」の典型。片仮名「ケ」の次の三字目は「来」の典型で、「り」が送ってあります。次の（くずし字）は、「罷」に似ていますが、ここは「候」です。（くずし字）（水）は形からは想像できませんが、なぞって覚えましょう。④（くずし字）（橋塲）の「塲」は「場」の異体字です。⑤（くずし字）は「春」のくずし字で、変体仮名「す」にも使われます。（くずし字）（迠）は「迄」の異体字。（くずし字）（置）も頻出語です。⑦（くずし字）（者・「は」の変体仮名）と（くずし字）（其）はもう覚えたでしょうか。（くずし字）（用）は一画目が省略される形。（くずし字）（仕候ハヽ）は、「仕」の次の右に寄った「ヽ」が「候」で、「～したならば」の意。⑧（くずし字）（江戸）で改行されているのは、⑨の（くずし字）（御奉行様）に対する敬意の表現（平出〔へいしゅつ〕）です。（くずし字）は「極」の異体字で「極」、旁に注意しましょう。「きめ」と読み、今日では「決」と書くところですが、江戸時代は「極」を使う方が一般的です。⑩（くずし字）（ホ）は「等」の異体字です。⑫（くずし字）は「遣」。「辶〔しんにょう〕」がかなり略されています。（くずし字）（匁）は銀（重さ）の単位です。⑬（くずし字）は「積」、（くずし字）は「輕尻」。「輕」（軽）の偏は、「車〔くるまへん〕」のほか「忄〔りっしんべん〕」・「丬〔しょうへん〕」のくずしになる時もあります。⑭（くずし字）は「臨事」で、もちろん「臨時」のことです。（くずし字）の偏は「月〔にくづき〕」の典型で「腰」。⑮（くずし字）は難しそうですが、一字目は「帰」です。「刂」の部分が斜めに大きく書かれているので要注意です。二字目は「国」の典型的なくずしで、左右の点が「囗〔くにがまえ〕」を表しています。

【解読文】

① 議定書之事(1)
② 一千曲川橋、先年ゟ岩尾村・落合村・大和田村
③ 右三ヶ村ニ而橋掛ヶ来り候処、近年出水
④ 多ク、橋塲(場)不相定難義ニ付、三ヶ村相談之

【用語解説】

（1）**議定書**（ぎじょうしょ）　合議により取り決めたことを書き記した文書。

（2）**秋彼岸**（あきひがん）　秋分の日前後。

上、秋(2)彼岸ゟ来春(3)彼岸迠（迄）橋掛ヶ置、夫ゟ
(4)渡舟ニ仕度候、乍然、掛置候橋落橋
迠者其侭（儘）通用仕、落橋仕候ハヽ、渡舟ニ
致度、三ヶ村ニ而相談之上、江戸
御奉行様へ出訴仕度相談相極（極）申、
左ニ割合・使ホ（等）取極申候、
一此節出金拾両、三ヶ村(5)橋高割ニ而割合
可申候、江戸遣之義者、一日壱人ニ付銀五匁
宛之積を以勘定可仕候、上下(6)軽（軽）尻両人ニ而
壱疋相立可申候、臨事（時）(7)入用之義者(8)腰掛ヶ
入用・(9)御支配入用、其外臨事入用有
之候ハヽ、帰国之節三ヶ村相談之上、割
合可仕候、以上

文政六年
未ノ十一月日

岩尾村
名主　藤右衛門
組頭　久左衛門

落合村
名主　市右衛門㊞
組頭　周右衛門㊞

大和田村
名主　五郎右衛門㊞
組頭　利右衛門㊞

---

(3) **春彼岸**（はるひがん）春分の日前後。

(4) **渡舟**（わたしぶね）橋を架けず、舟で川を渡ること。

(5) **橋高割**（はしたかわり）高は石高のこと。橋高割とは、村の規模や受益の割合に応じて村高の一部を橋高とし、費用分担の基準としたと思われる。今回の出府費用は、その比に応じて費用分担するということ。

(6) **軽尻**（からじり）交通用の馬の種類の一つ。旅人一人と手荷物（五貫目まで）を乗せることができた。ほかに本馬（ほんま）・乗掛（のりかけ）などがある。

(7) **入用**（にゅうよう）費用・経費の意味。

(8) **腰掛ヶ入用**（こしかけにゅうよう）裁判に要した費用。「腰掛」とは、幕府評定所（ひょうじょうしょ）や奉行所での訴訟人控え室をいい、転じて裁判役所を指すこともある。

(9) **御支配入用**（ごしはいにゅうよう）具体的には不明だが、所管の幕府役所や代官等についての費用のことか。

【読み下し文】

①議定書の事

一②、千曲川橋、先年より岩尾村・落合村・大和田村、右三か村③にて橋掛け来たり候ところ、近年出水多く④、橋場相定まらず難義につき、三か村相談のうえ⑤、秋彼岸より来る春彼岸まで橋掛け置き、それより⑥渡舟に仕りたく候。然しながら、掛け置き候橋落橋まで⑦はそのまま通用仕り、落橋仕り候わば渡舟に⑧いたしたく、三か村にて相談のうえ、江戸お奉行様⑨へ出訴仕りたく相談相極め申し、左⑩に割合・使い等取り極め申し候。

一⑪、この節出金十両、三か村橋高割にて割り合い申⑫すべく候。江戸遣いの義は、一日一人につき銀五匁⑬ずつの積りをもって勘定仕るべく候。上下軽尻両人にて⑭一疋相立て申すべく候。臨時入用の義は、腰掛け⑮入用・ご支配入用、その外臨時入用⑯これ有り候わば、帰国の節三か村相談のうえ、割り合い⑰仕るべく候。以上。

【現代語訳】

議定書①のこと

一②、千曲川の橋は、先年から岩尾村・落合村・大和田村の三③か村で架けてきましたが、近年洪水が多く④、橋の場所が定まらず困っているので、三か村で相談し⑤、秋の彼岸から来年の春の彼岸までは橋を架けておき、それ以後は渡⑥し舟にしたいと思います。しかしながら、今架かっている橋が落ちるまで⑦はそのまま使用し、落ちてしまったならば渡し舟に⑧したいと、三か村で相談した上で、江戸のお⑨奉行様へ出願しようと話しを決め、左[10]のように三か村の費用負担や経費などについて取り決めました。

一[11]、今回支出の金一〇両は、三か村で橋高割をもって分担[12]します。江戸での滞在費は、一日一人について銀五匁[13]ずつの見積もりで計算します。道中上り下りの軽尻は二人で[14]一疋の利用とします。その他の臨時の経費については、裁判[15]費用や支配関係の費用、そのほか臨時の出費があ[16]ったならば、帰国したときに三か村で相談して費用[17]を分担します。以上です。

【解説】

岩尾(いわお)村・落合(おちあい)村・大和田(おおわだ)村（いずれも現長野県佐久市）の三か村は、浅間(あさま)山麓から流れる湯川(ゆかわ)と千曲川(ちくまがわ)（筑摩川）が合流する付近にある村々で、湯川を挟んで岩尾村は南岸、落合村・大和田村は北岸にあります。この史料にある「千曲川橋」は、岩尾村と対岸の下県(しもがた)村（現佐久市）との間に架けられていました。湯川対岸の村々が関係しているのは、その橋を利用したからです。例えば大和田村では、田畑の肥料となる刈敷(かりしき)、薪(たきぎ)や炭などを調達するため、千曲川を渡り蓼科(たてしな)山北麓の原野まで出かけていたといいます。

千曲川は、暴れ川として有名でした。岩尾村等三か村は、洪水の度に重なる橋の流失により、橋を維持していく負担に耐えかねて、出訴に及んだのでしょう。史料の要点は、①洪水の度に橋が流失するので難儀しており、渡船に切り替えたい旨を幕府へ訴え出ること、②そのために三か村の代表が使者として江戸へ出張するが、その経費の負担については三か村で分担すること、の二点です。一条目に、さしあたって秋彼岸から春彼岸までは橋を架けておくとあるのは、夏季と異なりこの時期は水量が少なく、洪水が少ないためでしょう。結果、この願いは認められて、渡船場になったようです。

4 若者たちの禁断の魚とり

毒流し詫証文（文政十年〈一八二七〉七月）

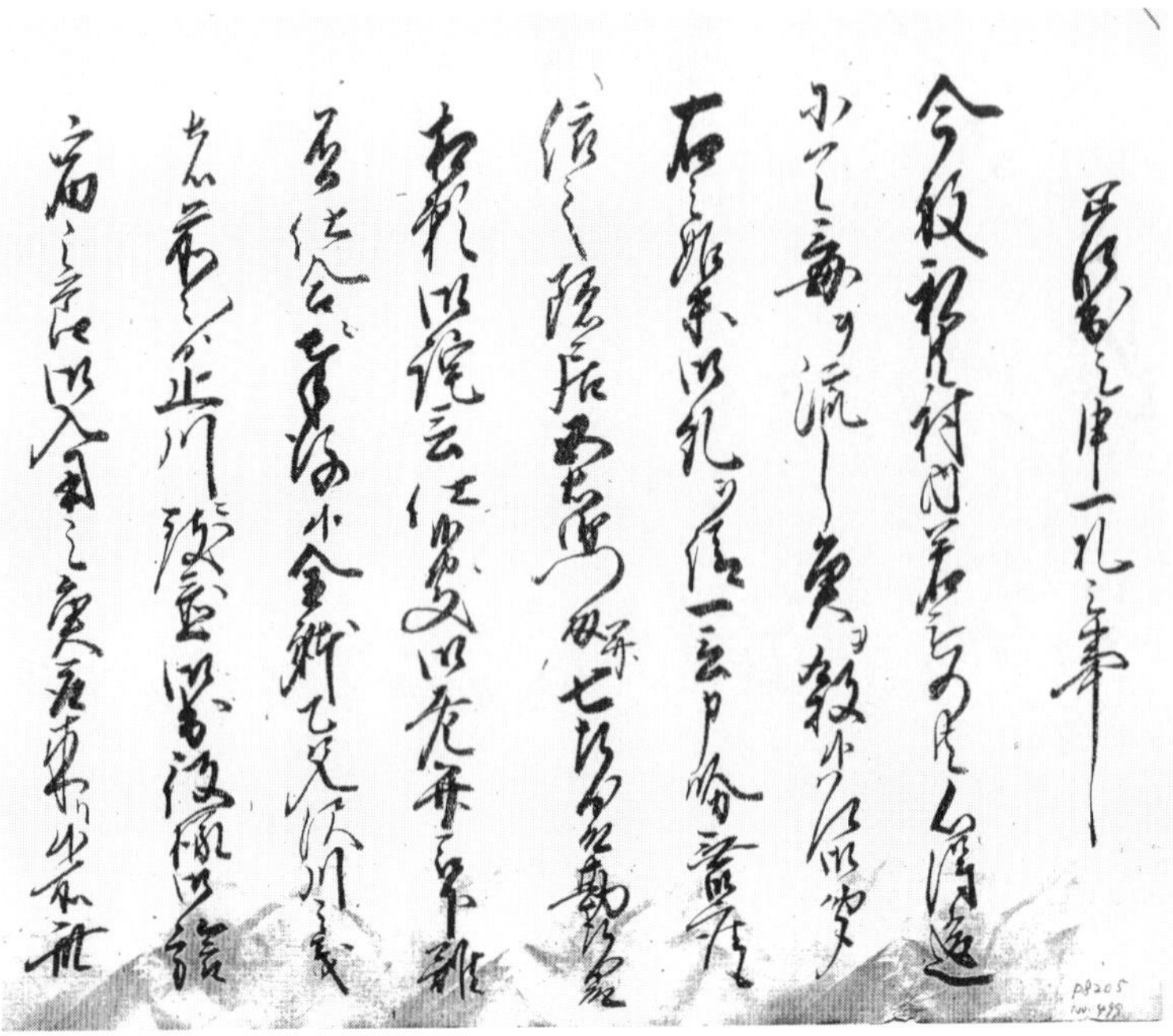

⑩ ⑪ ⑫ ⑬ ⑭ ⑮ ⑯ ⑰ ⑱ ⑲ ⑳ ㉑ ㉒ ㉓

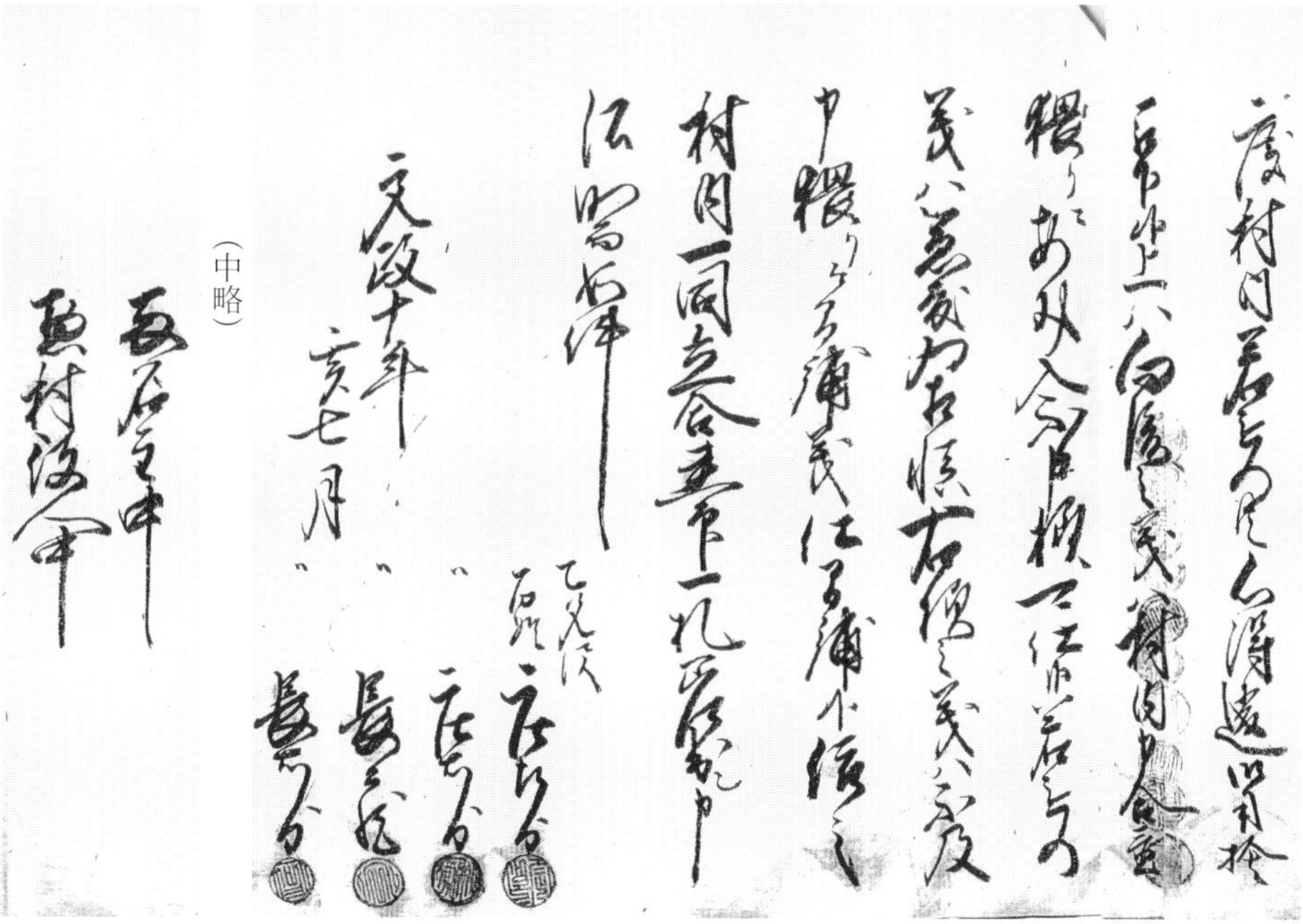

（中略）

（群馬県立文書館寄託「黒澤丈夫家文書」499）

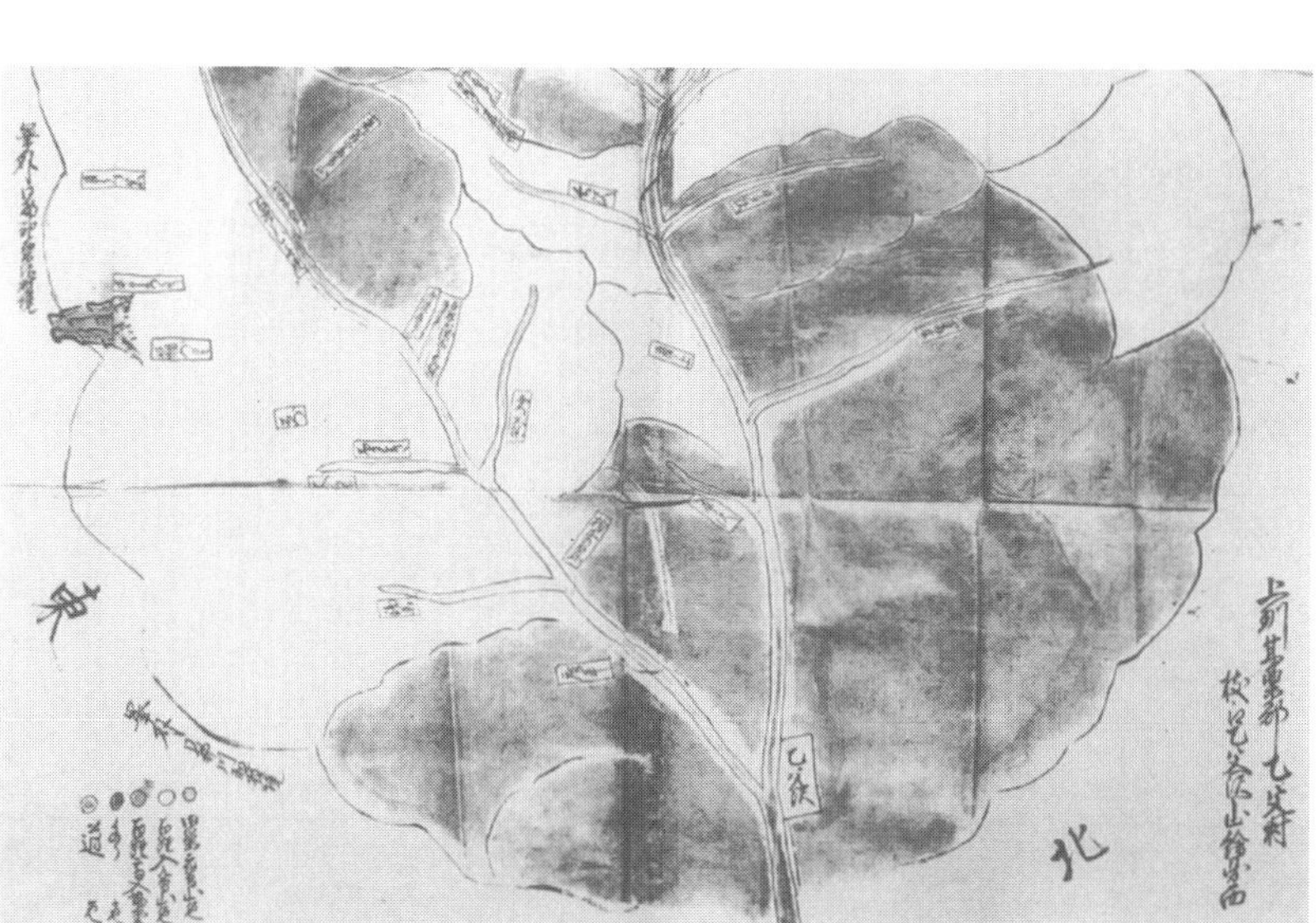

乙父村枝郷乙父沢絵図（部分）（群馬県立文書館寄託「黒澤丈夫家文書」2412-2）

【解読のヒント】

③は、仮名で「にて」。字母は「爾（尓）」と「天」。（奐）は「魚」の異体字で、「灬（れっか・れんが）」の部分が「大」になっています。④（二言）の「言」は典型です。続く（申吩）の「吩」は「分」と同意でしょう。⑤の一字目は「阝（こざとへん）」に旁は「急」に似た字で「隠」。二字目は「居」です。名前のあとの（殿）はかなりくずれているので注意。⑦（全躰（ぜんたい））の「躰」は、単独でも、「一躰（いってい）」などの語句としてもよく使われる「体」の異体字です。⑧は、偏の「方」はくずれていませんが、旁は少し複雑です。答えは「旅」ですが、この形で覚えましょう。続く⑨は「宿」です。⑩は、上の二文字は「御（ご）用」、最後は「扌（てへん）」に「舎」のくずしですので、合わせて「御用捨（ようしゃ）」となります。⑫（猥り（みだり））は江戸時代には頻出の表現です。⑭とはともに「間鋪」で、「間敷」と同じですが、前者は「ケ間鋪（がましく）」（～のような）という用法で、後者は否定の助詞「まじ」を示す用法です。⑯は、「氵（さんずい）」に「石」のように見えますが、実は「所」の典型的なくずし方の一つです。次のも、は「何」のように見えますが、「仍而（よって）」です。

【解読文】

① 差出シ申一札之事

② 今般、私共村内若もの（者）（1）共、心得逵（違）

③ にて毒ヲ流し奐（魚）ヲ殺候、乍御聞、

④ 右之始末御糺ヲ請、一言申吩（分）無御座候、

【用語説明】

（1）**若もの**　村の青年たち。労働や祭礼の中心であり、若者組の組織があった。多くは十五歳から壮年になるまで。

（2）**隠居**（いんきょ）家督を譲った元の戸主。

依之、隠（2）居五右衛門殿幷七左衛門殿・勘左衛門殿相頼、御詫（3）言仕候處（処）、御老（4）（勘カ）弁被下難有仕合ニ奉存候、全躰（体）乙父沢川之義者、前ゝ（々）ゟ止（5）川ニ致置、御出（6）役様御旅宿之節、御入用之臾取来り候所、此度村内若もの共心得違御用捨（7）被下候上ハ、向（8）後之義ハ村内申合置、猥りニあみ（網）入不申様可仕候、若もの義ハ急（9）度為相慎、右様之義ハ不及申、猥りケ間鋪義仕間鋪候、依之、村内一同立合連（10）印一札差出シ申所、仍而如件

乙父沢

百姓　庄左衛門㊞

同　庄右衛門㊞

文政十年　同　長　蔵㊞

亥七月　同　長右衛門㊞

（中略）

（3）**詫言**（わびごと）謝罪。

（4）**老弁**（ろうべん）一般的には「勘弁」の語が入るところであり、罪や過失を許す意味か。

（5）**止川**（とめかわ）「留川」とも。漁が禁止されている川。

（6）**御出役様**（ごしゅつやくさま）ここでは、公務で出張してきた役人のこと。

（7）**用捨**（ようしゃ）お許し。

（8）**向後**（こうご・きょうこう）これからのち。今後。

（9）**急度**（きっと）必ず。きつく・厳しくの意味で使われることもある。

（10）**連印**（れんいん）関係者が連名で署名し捺印すること。

㉒ 両名主中

㉓ 惣村役人中

【読み下し文】

差し出し申す一札(いっさつ)の事①

今般(こんぱん)②、私ども村内若者ども、心得違いにて毒③を流し魚を殺し候。たちまちお聞き、右の始末(しまつ)④お糺(ただ)しを請け、一言(いちごん)申し分けござなく候。これにより⑤、隠居(いんきょ)五右衛門殿ならびに七左衛門殿・勘左衛門殿相頼み⑥、お詫言(わびごと)仕(つかまつ)り候ところ、ご勘弁(かんべん)くだされありがたき⑦仕合(しあわせ)に存じ奉(たてまつ)り候。全体乙父沢(おっちざわ)川の義は、前々⑧より止川(とめかわ)に致し置き、ご出役(しゅつやく)様ご旅宿⑨の節、ご入用(にゅうよう)の魚取り来(きた)り候ところ、このたび⑩村内若者ども心得違いご用捨(ようしゃ)⑪くだされ候うえは、向後(こうご)の義は村内申し合わせ置き、猥(みだ)り⑫に網入れ申さざる様仕るべく候。若者義は急度(きっと)⑬相慎しませ、右(みぎ)ようの義は申すに及ばず⑭、猥りがましき義仕るまじく候。これにより、村内⑮一同立ち合い連印一札(れんいんいっさつ)差し出し申すところ⑯、よって件(くだん)のごとし。

【現代語訳】

提出します一札のこと①

今回②、私ども乙父沢の若者たちが、心得違いにも毒薬③を流して魚を殺してしまいました。すぐにお耳に入り、この顛末④の取調べを受け、一言の申し訳けもございません。このため⑤、隠居の五右衛門殿と七左衛門殿・勘左衛門殿に仲介⑥を頼み、謝罪をしましたところ、お赦しくだされとても⑦幸いに思っております。そもそも乙父沢川は[8]、以前から禁漁にしてあり、出張された役人が[9]宿泊したときに、必要な魚を捕って来たのであり、この[10]度の村内若者たちの不心得をお赦し[11]くだされましたからには、今後のことは村内でよく申し合わせておき、[12]勝手に網を入れて漁をしないようにします。若者たち[13]のことは必ず反省させ、今回のようなことは[14]言うまでもなく、勝手な行動はいたしません。これにより、[15]乙父沢の一同が立ち会って連印した一札を提出します[16]ところ、このとおりです。

【解説】

この史料は、上野国(こうずけのくに)甘楽(かんら)郡乙父(おっち)村(現群馬県多野郡上野村)の枝郷乙父沢を流れる乙父沢川での、乙父沢の若者たちによる「毒流し漁」が問題となり、同所の住民七名と年寄役一名、仲介者三名が、乙父村の「両名主」と「惣村役人」へ提出した詫証文です。

若者たちの不心得な毒流し漁について村役人から糾明を受け、村の長老たちに間に入ってもらい詫びを入れ許されました。ついては、若者たちには謹慎させ悪いことはさせないこと、乙父沢の全員が連署してこれを誓約する、という大意です。ここでは、乙父沢川が禁漁とされていた理由は分りませんが、あるいは網などを使って日常的に魚を捕ってしまうと、文中にあるように、役人へのもてなし用の魚が用意できなくなってしまうからでしょうか。毒流しが問題になったのも、川に魚がいなくなってしまうからかもしれません。

なお、エゴノキの実や皮、山椒の皮などから作った毒を川に流して魚を中毒させるというのが、「毒流し漁」の昔からの方法であったようです。現在でも禁止されている漁法です。

5 沼の開発と網漁

上州多々良沼出入訴状（貞享三年〈一六八六〉六月）

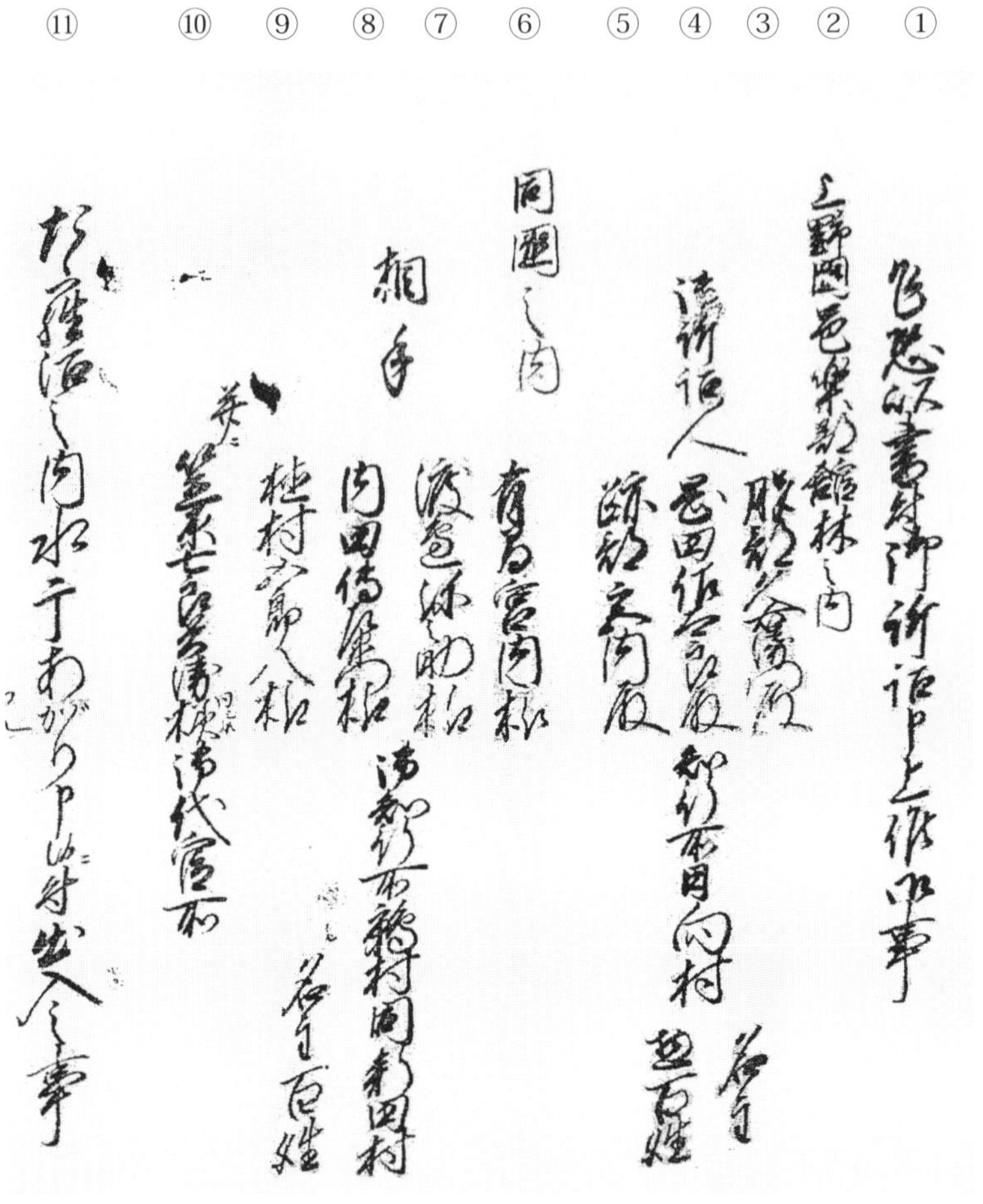

㉔ ㉓ ㉒ ㉑ ⑳ ⑲ ⑱ ⑰ ⑯ ⑮ ⑭ ⑬ ⑫

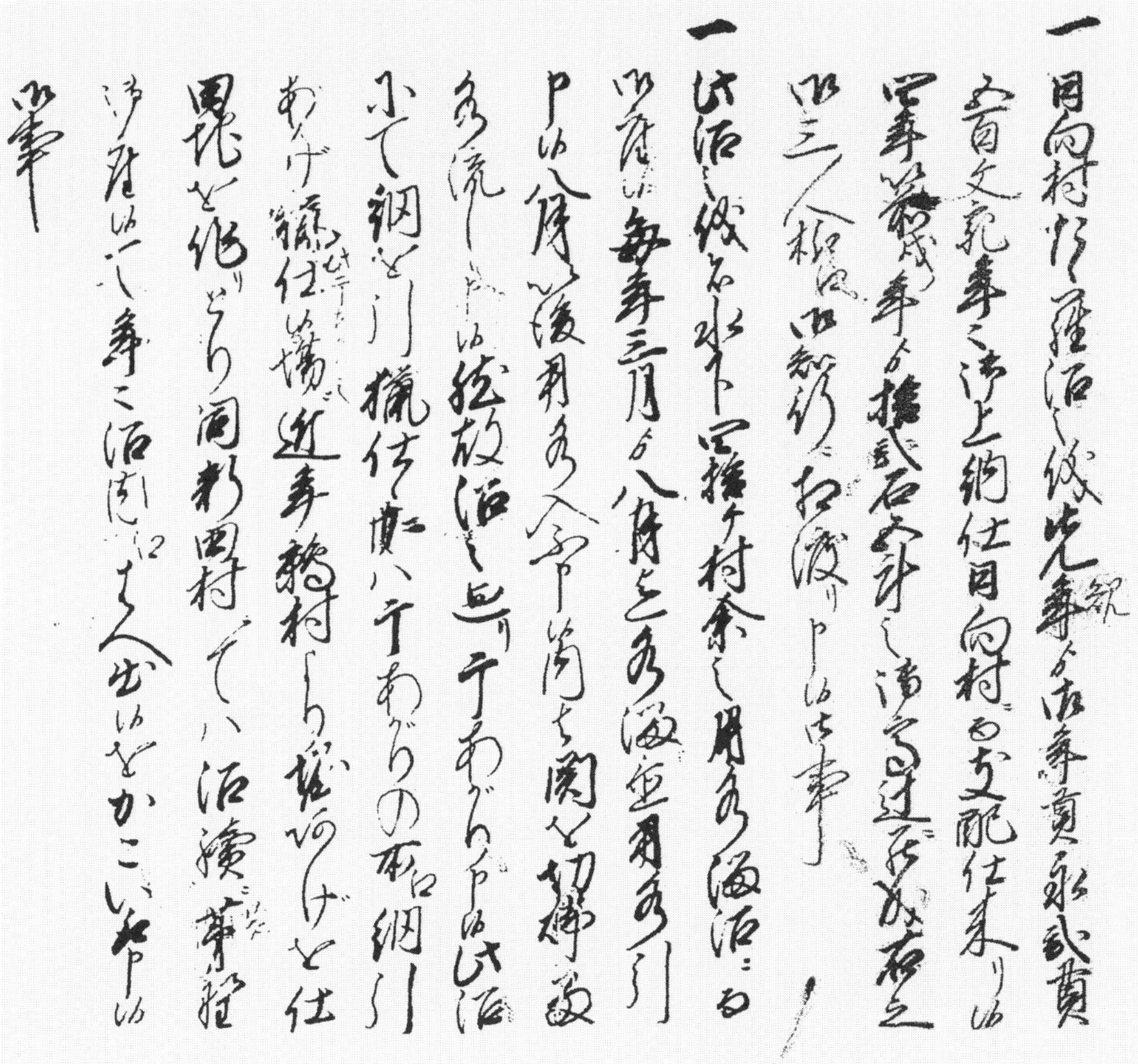

（群馬県館林市「原代吉家文書」）

多々良沼と浮島弁財天

【解読のヒント】

①（訴詔）は、今日では「訴訟」と書きます。④は、「岡」で、頻出です。は、上は「物」で下は「一」のように見えますが「心」のくずし。「灬」も同じくずしですので注意。あわせて「惣」になります。⑦は、苗字ですから想像はつくと思いますが、二字目は「辺」の旧字「邊」がくずれているのでちょっと複雑です。「鳥」に「辶」のような形をしていますが、典型ですので覚えましょう。は、ここでは地名ですが、旁は「鳥」の典型です。答えは「鶉」。⑨のは、「木」に旁は「直」の典型的なくずしで「植」です。⑩は「并ニ」で、「ならびに」と読み、頻出の表現です。⑪は仮名三文字＋「沼」。「た」に繰り返しの「〻」、三文字目は漢字では「羅」ですが、ここでは変体仮名「ら」です。⑫のは、「年」と書いて墨でいくつか縦線を引いて抹消し、横に訂正文字の「規」を書いています。㉒の（茅）も同じです。抹消線の色が薄いのは、朱色で直してあるからです。（貫）は銭の単位です。「〆」で「貫」となる場合があるので注意。⑬は「宛」で「ずつ」と読みます。⑯（水）は、元の文字からは想像できないくずしです。ぜひ覚えましょう。同じ「水」でも、⑪ののように楷書に近い形もあります。⑱のは読めましたか。「用」は最初の一画が略されている典型的なくずしです。⑲のは「か」の変体仮名の「可」に濁点がついています。⑳は、偏は「糸」の典型の一つ。旁は「田」みたいですが「冈」で、これは「網」の異体字「䋄」です。㉑の五文字目のあとに小さく「○」が記されています。これは、右側に小さく書かれた（此干あかり之）をこの位置に挿入するという意味です。こうした訂正があるということは、写か下書の文書である可能性が高くなります。

【解読文】

① 乍恐以書付御訴詔(訟)申上候御事
② 上野國(国)邑楽郡舘(館)林之内
③ 　服部久右衛門殿(1)
④ 御訴詔人　岡田佐太郎殿(2)知行所(3)日向村　名主
⑤ 　跡部宮内殿(4)　惣百姓
⑥ 同國之内　有間(馬)宮内様(5)
⑦ 　渡邊(辺)弥之助様(6)
相手　御知行所鶍村・同新田村
⑧ 　内田傳(伝)左衛門様(7)
名主・百姓
⑨ 　植村五郎八様(8)(同シ様)
⑩ 　并ニ笠原七郎兵衛様御代官所(9)
⑪ たゝら沼之内水干あがり申候ニ付出入(10)之事
⑫ 一日向村たゝら沼之儀、先年(規)ゟ御年貢永(11)弐貫
⑬ 五百文宛年ミ(々)御上納仕、日向村ニ而支配仕来り候、
⑭ 四年以前戌ノ年ゟ拾弐石五斗之御高辻(12)ニ罷成、右之
⑮ 御三人様江御知行ニ相渡り申候御事
⑯ 一此沼之儀者、水下四拾ヶ村余之用水溜沼ニ而
⑰ 御座候、毎年三月ゟ八月迄水溜置、用水引
⑱ 申候、八月以後用水入不申候内者、関(13)を切拂(払)留

【用語説明】

(1) **服部久右衛門**　服部貞治(さだはる)。旗本。
(2) **岡田佐太郎**　岡田善紀(よしのり)。旗本。
(3) **知行所**（ちぎょうしょ）旗本の所領のこと。
(4) **跡部宮内**　跡部良顕(よしあきら)。旗本。
(5) **有馬宮内**　有馬則故(のりふる)。旗本。
(6) **渡辺弥之助**　渡辺某（実名不詳）。旗本。
(7) **内田伝左衛門**　内田守政(もりまさ)。旗本。
(8) **植村五郎八**　植村正次(まさつぐ)。旗本。
(9) **笠原七郎兵衛**　笠原某（実名不詳）。当地の幕府代官。身分は旗本。
(10) **出入**（でいり）争論のこと。
(11) **永**（えい）永楽銭のこと。実際には通用していなかったが、銭貨の名目的な呼称として江戸期を通じて使われた。
(12) **高辻**（たかつじ）石高の合計。

⑲ 水流し申候、然故、沼之廻ﾘ干あがり申候、此沼
⑳ にて綱(網)を引猟仕候ニハ、干あがりの所江綱引
㉑ あげ猟仕候、○場(此干あかり之)ニ近年鶉村より堀(掘)あげを仕
㉒ 田地を作ﾘとり、同新田村ニてハ沼續(続)ニ茅(芦)野
㉓ 御座候て、年ゝ(々)沼内江はへ出候をかこい取申候
㉔ 御事

（後略）

【読み下し文】

①恐れながら書付をもってご訴訟申し上げ候おん事

（中略）

⑪たたら(多々良)沼のうち水干あがり申し候につき出入の事

⑫一日向村たたら沼の儀、先規よりお年貢永二貫五百文⑬ずつ年々ご上納仕り、日向村にて支配仕り来り候。⑭四年以前戌の年より十二石五斗のお高辻に罷りなり、右のお三人様⑮へご知行に相渡り申し候おん事。

⑯一この沼の儀は、水下四十か村余の用水溜沼にてござ候⑰。毎年三月より八月まで水溜め置き、用水引き申し候⑱。八月以後用水入り申さず候うちは、関を切り払い留め水流し申し候⑲。然るゆえ、沼の廻り干あがり申し候。この沼にて網⑳を引き猟仕り候には、干あがりの所へ網引きあげ猟仕り候㉑。この干あがりの場に近年鶉村より掘りあげを仕り田地㉒を作りとり、同新田村にては沼続きに芦野ご㉓

（13）関（せき）「堰」とも書く。用水をせき溜めるため水路を塞ぐ施設。

ざ候て、年々沼内へはえ出で候をかこい取り申し候おん事。[24]

【現代語訳】

恐れ多いことですが書面をもってご訴訟申し上げます[1]

（中略）

多々良沼のうち水が干上がりました場所についての争論のこと[11]

一、[12]日向村の多々良沼については、前からの決まりにより年貢永二貫五〇〇文ずつ[13]毎年上納し、日向村が沼の支配をしてきております。四年前の戌の年[14]（天和二年、一六八二）から、沼は一二石五斗の石高となり、日向村の領主である三人様[15]へ領地として渡されました。

一、[16]この沼は、下流の四〇か村余の用水の溜沼でございます[17]。毎年三月から八月まで水を溜めておき、下流の村々が用水として引いています[18]。八月以後の用水が不用の時期は、水止めのための関を切り払って沼に留めた水を流します[19]。そのため、沼の周りは干上がります。この沼での網漁[20]は、干上がったところへ網を引き揚げて漁をします[21]。この干上がった場所を、近年鶉村が掘り上げをして田地にしてしまい[22]、鶉新田村では沼続きに葦野がございまして[23]、年々沼の内側へ生え出した葦を囲い込んで刈り取っています。

【解説】

多々良沼は、現在群馬県館林市日向町にある周囲約七キロメートルほどの沼です。一～二メートルと水深が浅く、レンコンを産し、鯉・鮒・鰻・鯰などの漁獲がありました。
この史料は、この多々良沼の支配権について、貞享三年（一六八八）六月に、幕府の勘定奉行所に提出された訴状です。支配とは、この場合、沼の用益や利水についての既得権全般のことですが、とくに網漁などによる沼の漁業権が大きかったようです。

史料の内容は、まず表題に続き「御訴訟人」とあるのが原告である訴訟方、「相手」とあるのが訴訟の相手方（被告）で、要するに日向村（現群馬県館林市）が鶉村・同新田村（ともに現群馬県邑楽郡邑楽町）を相手取って起こした訴訟です。一条目には、日向村が沼の用益にかかる年貢永を毎年上納していると記されています。この年貢上納が、日向村が沼の支配権を有する根拠となりました。二条目には、多々良沼の下流四〇か村の用水源としての機能が終わる八月以後に沼に出現する干潟に、鶉村が新田を開いたこと、その場所は網漁をする場所であることが記されています。また、鶉新田村では、沼内に繁茂した葦を勝手に採取しているとも記されています。

このあと、相手方の反論であります返答書が、鶉村と鶉新田村から提出されたはずです。この一件は幕府評定所で審理されることになり、鶉村側は沼内の浮島に同村の弁財天宮があったことを根拠に、付近の支配権を主張しました。これに対抗して、日向村では古峰神社（現栃木県鹿沼市）を沼の守護神として勧請したといいます（川島維知著『館林懐古』）。この年八月に評定所の裁許があり、日向村の沼支配権は原則として認められましたが、すでに開発されてしまった鶉村の干潟の新田と弁財天のある浮島の支配は鶉村に認められることとなりました。

第4章 海の暮らしとなりわい

島国、ということばが端的に表しているように、日本はぐるりと海に囲まれた列島から成り立っています。海付(うみづき)の村・沿海の村に暮らす村人たちは、砂浜や磯浜、沖合の海がもたらす魚介や海藻の恵みを受け、自然や地形をうまく利用したなりわいを営み、生活していました。

江戸時代には、三都をはじめとする大都市や、城下町などの地方都市の発展と人口増にともない、海付の村々は生魚や干物の供給地となりました。また、農村での肥料需要を賄うため、九十九里浜にみられるように干鰯(ほしか)・〆粕(しめかす)の生産も盛んになりました。地方では、干物・乾物などを特産とする五十集物(いさばもの)も生産され、大都市へと送られました。

本章では、このように江戸時代に大きく発展した海付の村々に伝わった史料を解読します。地域は、房総半島南端の西岬(にしざき)半島沿いの村々です。江戸の漁獲物供給地であった当地の漁業と漁村、現地の魚商人たちについてみてみます。また、列島を廻る西廻り・東廻りの廻船ルートは、遠隔地間の物流ルートとして利用されました。官民を問わず江戸への荷物の廻漕が行われ、海運業が発達します。しかし、動力を持たない木造の帆船が主力だった時代のこと、しばしば船が難破することもありました。沿海の村々では、乗組員の救助に当たり、漂着した船荷を管理しました。そうした海運や海難救助に関わる史料も紹介します。

No.1は、西岬半島先端の洲崎(すのさき)村と川名村という漁村間で争われた、山と浜の境界争論についての領主による調停書です。漁村なのに山、と思われるでしょうが、磯浜の漁村にとって、山は農村・山村同様、薪などの日常用材や木材を得る場所であり、また漁場の境界と連なることもありました。浜も、網や魚を干したり、船や道具の補修作業をしたりする場所として貴重であり、平地部が少ない漁村では、わずかな芝地も重要だったのです。№2は、漁村にいた魚商人仲間の取決書です。房総では、江戸時代初期には関西の出店商人たちが活躍していましたが、元禄頃には地元の魚商人たちも力をつけ、江戸の魚問屋と直接に関係を取り結び、魚の出荷に関わるようになります。№3は、新規のイサキ釣り漁と沿岸網漁の漁場を取り決めた証文です。原則として、江戸時代の漁業権は、村の磯・浜地先の海はその村限りとされており、浜から離れた岩礁（磯根）などを目印として、その先は沖合漁場で数か村の共有（入会）となっていました。新しく漁業をはじめるにあたり、それまで共有していなかった他村の漁場で新規漁業を始めたために認められた証文です。さらに、船元と漁師の関係、魚商人の存在などをうかがい知ることの出来る史料です。

№4と№5は、海運についての史料です。№4は、飛驒の幕府直轄林からの御用木を江戸まで廻漕するときに出された浦触です。御用木であるので、難船時の取り扱い・報告先について、わざわざ勘定奉行らが尾張国から安房国までの沿海村々へ触れ出しました。№5は、民間荷物が漂着した一件で作成された証文です。難破船に対する乗組員の救助と荷物の取り扱いについては、幕府により寛文七年（一六六七）二月に浦高札が出され、海付の村々に対し、救助義務と漂着物の取り扱い・報賞の規定が定められました。№6は、安房国の漁船が出漁したときに、伊豆大島付近で嵐に遭い、近くの湊へ避難したときの海難証明書（浦手形）です。救助者が作成する浦手形に対し、被救助者が作成するものは置手形といいました。

【参考文献】荒居英次著『近世の漁村』（吉川弘文館、一九七〇年）

1 浜芝の境を決める

山境・浜芝境争論につき申付書（寛文九年〈一六六九〉九月九日）

⑧　⑦　⑥　⑤　④　③　②　①

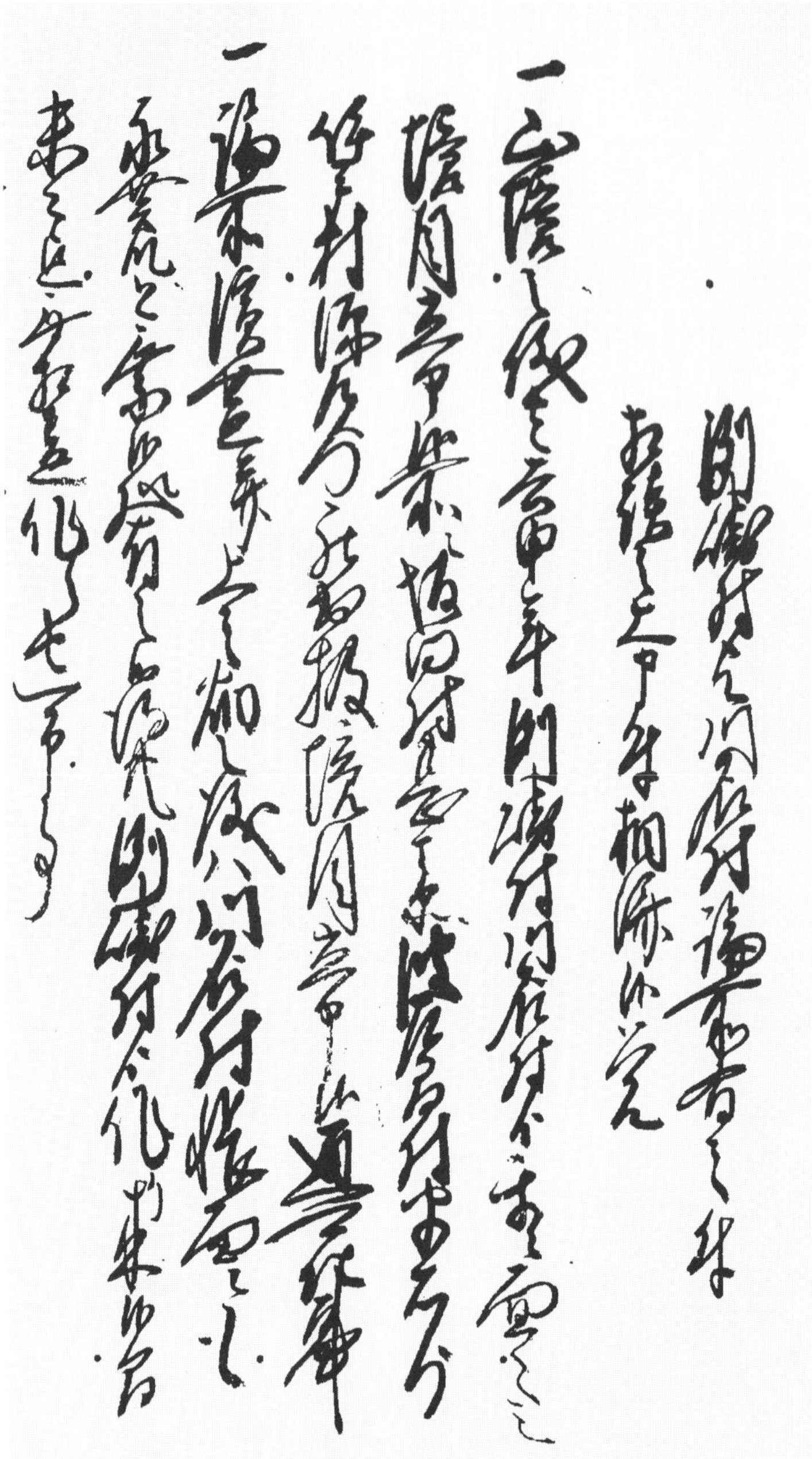

⑲ ⑱ ⑰ ⑯ ⑮ ⑭ ⑬ ⑫ ⑪ ⑩ ⑨

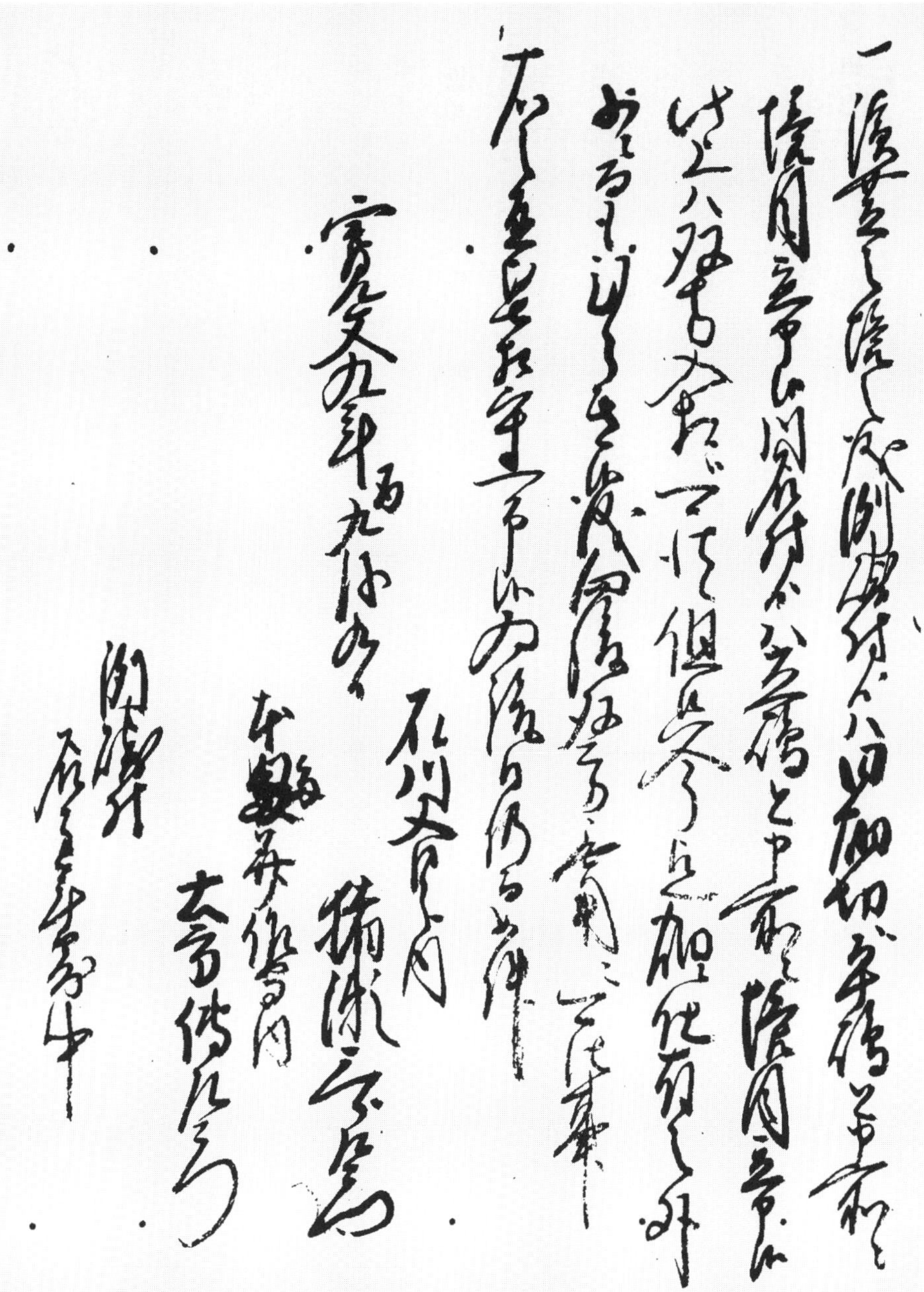

（館山市立博物館保管「海老原斉家文書F2-18-1」）

【解読のヒント】

①は、「氵《さんずい》」に「列」に似た「州」で「洲」、次は「山《やまへん》」に「奇」で「崎」です。は「与」のくずしですが、変体仮名で「と」と読みます。は、「言《ごんべん》」に「侖」で「論」、次は「所」の典型で「論所《ろんしょ》」です。②も、「済」の典型です。③は平仮名の「ま」のようですが「互」です。④は、「甚兵衛」、は「半右衛門」、⑤は「源左衛門」です。「兵衛」「右」「左」「衛門」も、覚えましょう。（罷出《まかりいで》）の「罷」は（被）に類似していますので、文意も合わせて考えましょう。は、が「可《べし》」で、二字目の「仕《つかまつる》」から返って「つかまつるべき」と読みます。⑥は接続詞の「并《ならびに》」です。⑦（候得共《そうらえども》）はそれぞれ定番の形。「候」に続く言葉は、その都度覚えていきましょう。（作）は「乍」のくずしに注意。⑪は「此」で、頻出語です。は「入相《いりあい》」。「相」は「扌《てへん》」に「マ」のように書かれます。⑫（少ニ而もひらき）は、仮名が多く出てきます。「る」のようなは「而」、は「飛」が字母となる「ひ」です。（向後《こうご》）は「こうご」もしくは「きょうこう」と読みます。⑬は下の横棒が「辶《しんにょう》」の省略とわかれば、「通」と読めるでしょう。（堅）は「ヒ」「又」「土」と書きます。は、「為」の典型で返読文字です。ここでは「ため」と読みますが、「として」「たる」「なす」「す・さす」などの読み方もあります。⑮名前のは、「ら」のような部分が「郎」となり、「三郎左衛門」となります。⑲最後のあて先、（年寄）は読めたでしょうか。とくに「寄」は頻出の形です。

【解読文】

洲崎村与川名村論所有之付(1)
相談之上申付相済候覚(2)
一山境之儀者、去申年洲崎村・川名村ゟ、互ニ面ゝ(々)之
境目立申候所ニ、坂田村甚兵衛・波左間村半右衛門・
伊戸村源左衛門罷出扱(3)、境目立申候通可仕事
一論所濱(4)(浜)芝并上之畑之儀ハ、川名村帳面ニも
永荒(5)と乗(載)候処有之候得共、洲崎村ゟ作り来候間、
末ゝ迠(迄)無相違(違)作らセ可申事
一濱芝之境之儀、洲崎村ゟハ田畑切ニ平嶋(島)と申所ニ
境目立申候、川名村ゟハ立嶋と申所ニ境目立申候、
此上ハ双方入相(6)ニ可仕候、但、只今迠畑ニ仕有之外、
少ニ而もひらき候儀、向後(7)双方無用ニ可仕事
右之通堅相守可申候、為後日仍而如件
寛文九年酉九月九日　石川又四郎(8)内
猪瀬三郎左衛門
本田(9)(多)美作守内
土方傳(伝)左衛門
洲崎村
名主・年寄中

【用語説明】

(1)**論所**（ろんしょ）境界争いの係争地。
(2)**相済**（あいすむ）決着したという意味。
(3)**扱**（あつかう）仲介する。仲裁する。仲裁者のことは「扱人(あつかいにん)」という。
(4)**浜芝**（はましば）浜の芝地。海辺の草地。
(5)**永荒**（えいあれ）耕地などが永い間荒れたままで収穫の見込みがないとされ、年貢が賦課されない土地。
(6)**入相**（いりあい）一般的には「入会」と書く。村々の共有地。共同利用地。
(7)**向後**（こうご・きょうこう）今後。以後。
(8)**石川又四郎**（いしかわまたしろう）旗本石川政往(まさゆき)。洲崎村の領主。猪瀬はその家臣。
(9)**本多美作守**（ほんだみまさかのかみ）旗本本多忠相(ただすけ)。伊戸村の領主。土方はその家臣。

【読み下し文】

①洲崎村と川名村論所これあるにつき②相談の上申し付け相済み候覚

③一　山境の儀は、去る申の年洲崎村・川名村より、互いに面々の④境目立て申し候ところに、坂田村甚兵衛・波左間村半右衛門・⑤伊戸村源左衛門罷り出で扱い、境目立て申し候通り仕るべき事。

⑥一　論所浜芝ならびに上の畑の儀は、川名村帳面にも⑦永荒と載せ候ところこれあり候えども、洲崎村より作り来り候あいだ、⑧末々まで相違なく作らせ申すべき事。

⑨一　浜芝の境の儀、洲崎村よりは田畑切に平島と申すところに⑩境目立て申し候。川名村よりは立島と申す所に境目立て申し候。⑪この上は双方入相に仕るべく候。但し、只今まで畑に仕りこれある外、⑫少しにてもひらき候儀、向後双方無用に仕るべき事。

⑬右の通り堅く相守り申すべく候。後日のためよって件のごとし。

【現代語訳】

①洲崎村と川名村の境界争論が起こったので②相談のうえ申し付け決着した覚書

③一、山境のことは、去る申の年（寛文八年、一六六八）に洲崎村と川名村から、お互いに双方の主張する④境界を立てたのであるが、坂田村甚兵衛・波左間村半右衛門・⑤伊戸村源左衛門が仲裁し、決定した境界の通りにすること。

⑥一、論所である浜芝とその上の畑のことは、川名村の帳面にも⑦永荒地であると記載されているところであるけれども、洲崎村が耕作し畑を作ってきたので、⑧後々まで間違いなく洲崎村の者に耕作させること。

一、⑨浜芝の境界のことは、洲崎村からは田畑を境に平島という場所を⑩境界にする。川名村からは立島という場所を境界にする。⑪こうしたからには、浜芝は双方が共用して利用するようにしなさい。ただし、現在までに畑にしてある以外の土地は、⑫たとえ少しであっても開発することは、今後双方とも許されない。

⑬右の通り堅く守りなさい。後日のためこのとおりである。

【解説】

洲崎村（現千葉県館山市）と川名村（現同市）は、ともに安房国安房郡の村で隣り合っています。この史料は、房総半島の先端、内房と外房の境界にある洲崎村と、外房側の川名村との間での、山と浜辺の芝地・畑をめぐる境界争いに関するものです。山境については、館山湾に面した内房漁村である波佐間村と坂田村、及び外房漁村である伊戸村の者が、仲裁者として境界を決定しました。芝地と畑地については、畑地は開墾した洲崎村の者が耕作してよいが新規開発は認めないこと、芝地は両村の共同利用にすることが決まりました。表題に「相談之上申付」とあるように、差出にみえる両村の領主石川氏と本多氏が相談し、決着させました。

洲崎村も川名村も、いわゆる半農半漁村です。山境は山の用益の帰属を決めるとともに、両村の地先での漁業権や肥料としての藻草の採取権と関係する場合がありました。また、浜芝は、漁具や網を干して乾かしたり、鰯を干して肥料（干鰯）を生産するために必要な土地でした。そして、漁村であっても、永荒地とされていたそのわずかな平地を開墾し、畑を作っていたこともわかります。

2 浜の魚商人

魚商人株増株約定証文（嘉永七年〈一八五四〉四月）

⑦ ⑥ ⑤ ④ ③ ② ①

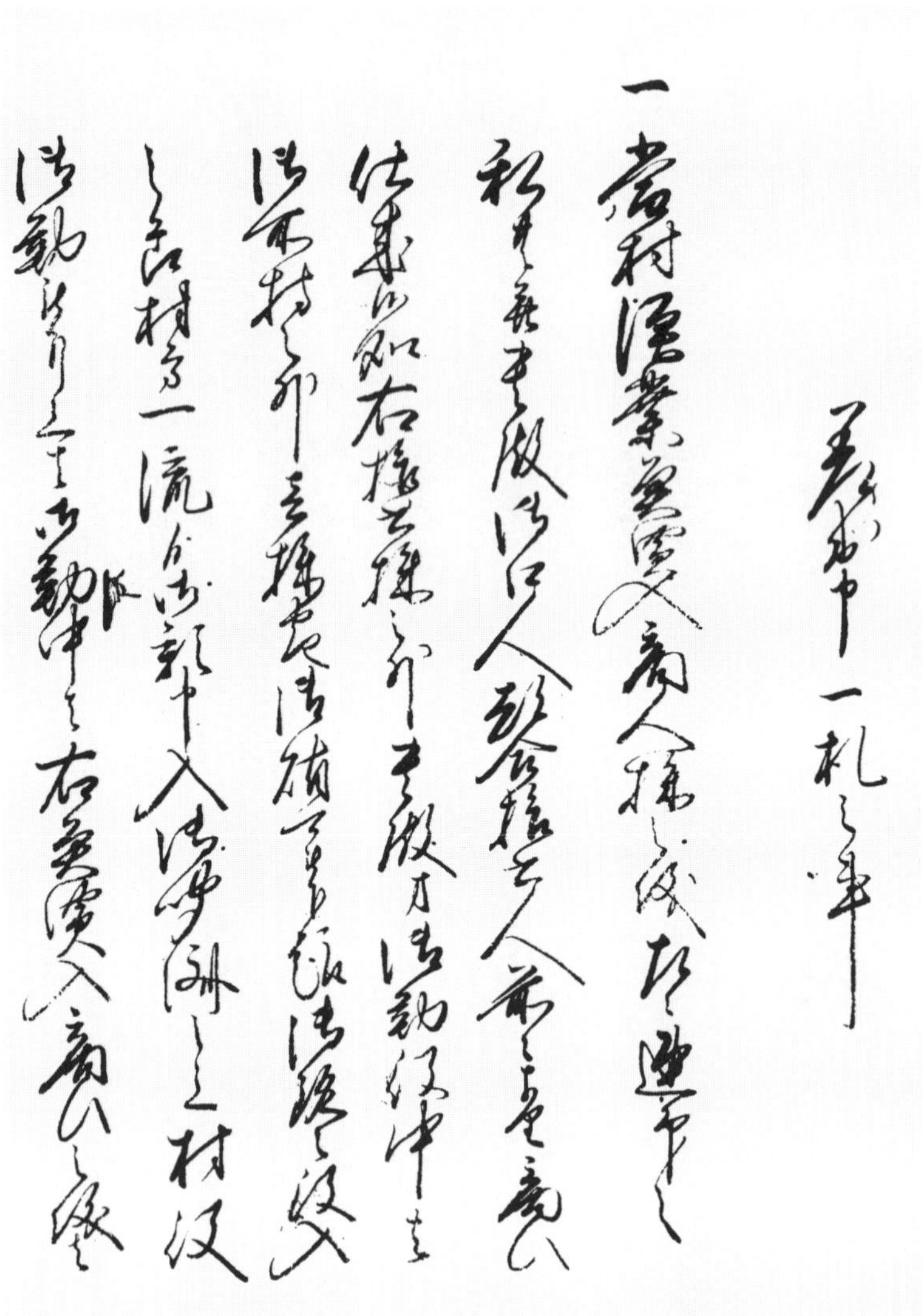

⑧ ⑨ ⑩ ⑪ ⑫ ⑬ ⑭ ⑮ ⑯ ⑰ ⑱

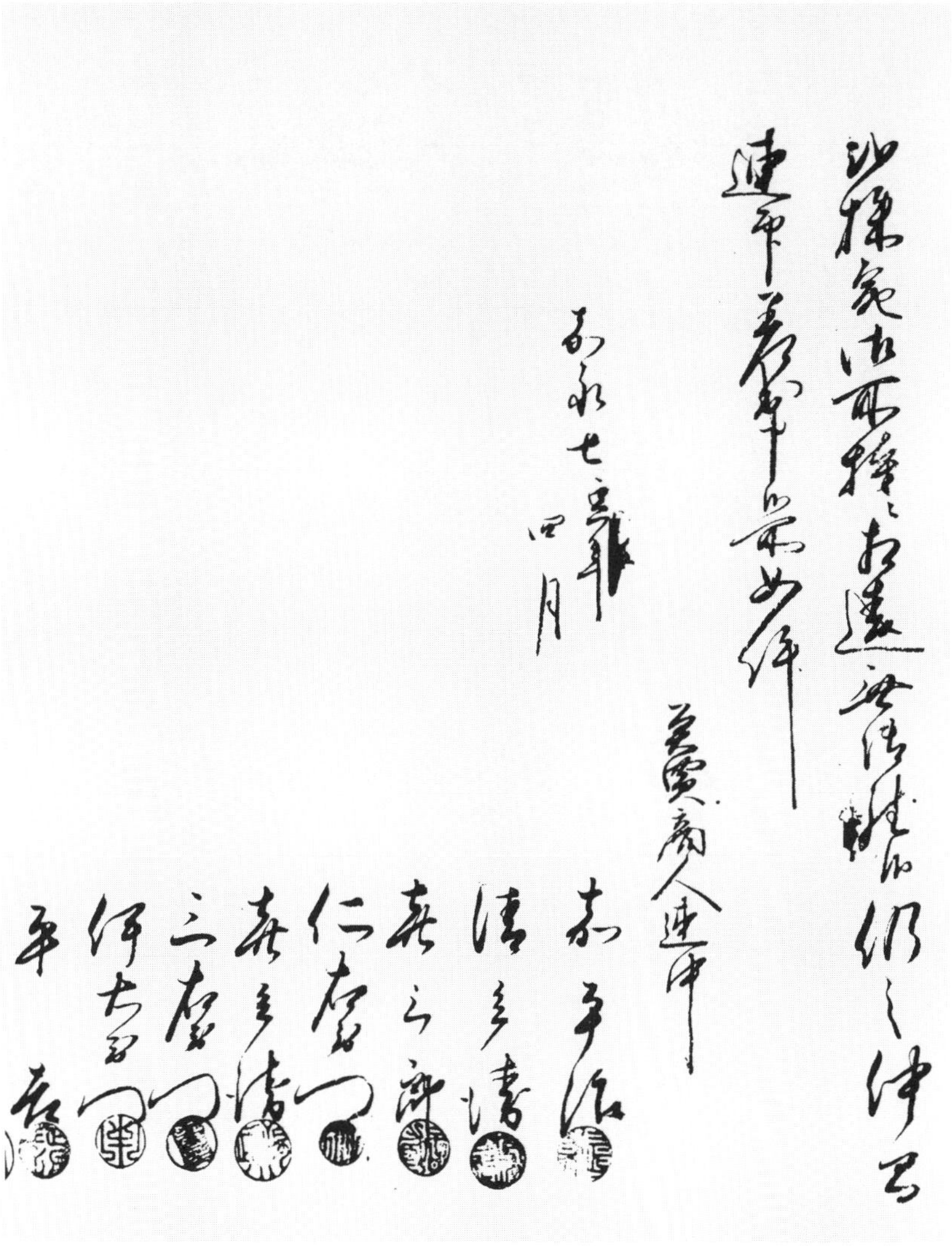

（館山市立博物館所蔵　「神田吉也家文書」Ⅰ-4）

【解読のヒント】

②は「魚」の異体字「𩵋」です。「⺈」の下が「大」になっています。このように「灬」を「大」と書くことはよく見られます。二文字前の（漁）も同じですね。は、「束」に「辶（しんにょう）」の「速」のようにも見えますが、「束」ではなく「車」で「連」です。二字目は「印」の典型的なくずし字。「亻（にんべん）」が付けば「仰（おおす）」のくずしにもなります。③は、「貴殿」です。とくに「貴」はよく出るくずしですので、覚えましょう。は「口」にも見えますが、ここでは数字の「四」。は、「都」のくずしです。旁（つくり）の「阝（おおざと）」のくずしに注意しましょう。は数字の「拾」で、「十」と同じです。は「よ」と、「里」を字母とする変体仮名「り」です。④は「仕来」で「つかまつりきたり」または「しきたり」と読みます。二字目の「来」は典型ですが、「成」も似た形のくずしがあります。⑤（御勤役）の二字目「勤」はちょっと難しそうですが、よく出てくるので覚えましょう。冠は「宀（うかんむり）」の典型で、「冖」を先に書き、後から上の点を下に突き抜けるように書いています。⑧も「宛」で、どちらも「ずの下はくずれていて想像がつかないかも知れませんが「宛」です。（賄）の偏（へん）は「貝（かいへん）」の一般的なくずし方です。（銘〻）の一字目の偏は「金（かねへん）」つ」と読みます。⑥は「一流」ですが、「一統」の誤りです。は「御聞済（おききすみ）」で、とくに「済」の典型。はよく出てくる形です。続いて人名ですが、⑪の（士加平治）の、⑫（清兵衛）のと、⑬（㐂三郎）のはいずれも頻出です。それぞれ「士加」、「清」、「兵衛」、「㐂」となります。「士加」は「嘉」、「㐂」は「喜」の異体字です。また、（伊右衛門）の「衛門」はNo.1④の（衛門）とかなり違うくずし方です。合わせて覚えましょう。

【解読文】

① 差出申一札之事

② 一當(当)村漁(漁)業魚(魚)買入商人株之儀、左ニ連印(1)之

③ 私共并貴殿御四人都合(2)拾六人、前々(々)より商ひ

④ 仕来候処、右拾六株(3)之外、貴殿方御勤役中(4)者、

⑤ 御所持之外壱株宛御賄可被下趣、御銘々役入

⑥ 之節村方一流(統)(5)ゟ御頼申入、御聞済(6)之上村役

⑦ 御勤被下候上者、御勤中者右魚買入商ひ之儀者、

⑧ 弐株宛御所持ニ相遠(違)無御座候、仍之、仲間(7)

⑨ 連印差出申候所、如件、

⑩ 魚買商人連中

⑪ 嘉(嘉)永七寅年　嘉(嘉)平治㊞

⑫ 四月　清兵衛㊞

⑬ 喜(喜)三郎㊞

⑭ 仁右衛門㊞

⑮ 喜兵衛㊞

⑯ 三右衛門㊞

【用語説明】

(1) **連印**（れんいん）連名で署名し捺印すること。

(2) **都合**（つごう）合計。

(3) **株**（かぶ）ここでは漁師から魚を買うことができる権利のこと。

(4) **勤役中**（きんやくちゅう）役職や役目を勤めている期間。ここでは村役人を勤めている間ということ。

(5) **村方一統**（むらかたいっとう）村民全員。村全体。

(6) **御聞済**（おききずみ）聞き届ける。承諾する。

(7) **仲間**（なかま）ここでは魚商人の仲間。株仲間。

⑰　　　　　　　　　　　　　伊右衛門㊞

⑱　　　　　　　　　　　　　平　　吉㊞

（後略）

【読み下し文】

差①し出し申す一札の事

一②当村漁業魚買入商人株の儀、左に連印の私ども③ならびに貴殿お四人都合十六人、前々より商い仕④り来り候ところ、右十六株の外、貴殿方ご勤役中は、ご所持⑤の外一株ずつお賄い下さるべき趣、ご銘々役入の節⑥村方一統よりお頼み申し入れ、お聞き済みのうえ村役お勤め⑦下され候うえは、お勤め中は右魚買入商いの儀は、二株⑧ずつご所持に相違ござなく候。これにより、仲間⑨連印差し出し申し候ところ、件のごとし。

【現代語訳】

差①し出します一札のこと

一②、当村（布良村）の漁業魚買入商人株のことは、左に連印している私ども③もと、あなた方四人の合わせて一六人が、以前から商売をしてきました④ところ、この一六株のほかに、あなた方が村役人をお勤めになっている間は、⑤あなた方手持ちの株のほかに、さらに一株ずつやりくりしてくださるという趣旨を、四人がそれぞれ村役人となったとき⑥に村民一同から頼み入れ、ご承諾のうえ村役をお勤め⑦め下さるということなので、お勤めの間は魚買入商いについては、二株[8]ずつ所持されることに間違いはございません。これによって、魚買入商人仲間が連印[9]して証文を差し出しますところ、このとおりです。

【解説】

この史料は、安房国（あわのくに）安房郡布良村（めら）（現千葉県館山市）で漁獲された魚を買い入れる商人仲間たちの証文です。魚買商人連中一二名（後略部分に四名）の連印があり、宛先は名主嘉右衛門・組頭治郎兵衛・組頭甚兵衛・百姓代仁兵衛の四名です。したがって、本文中に「貴殿」とあるのは、この宛先の四名となります。いずれも村方三役を勤める村役人です。

大意は、魚商人株一六株を持つ布良村の商人仲間たちが、同村の村役人を勤めることになった四名に、各人一株ずつ加えて賄い持つように決めたものです。すなわち村役人四名は、勤役中は魚商人株を二株所持することになったのです。

ここでいう株とは、魚を買い入れることができる権利のことで、この史料は布良村の魚商人の株仲間の取決書ということができるでしょう。株数は計二〇株になりますが、なぜ村役人が二株所持とすることを取り決めたのか、理由はよくわかりません。村民一同が頼んだ結果であると記されているので、もしかしたら、他村の者に権利が渡ることを嫌ったのかも知れません。また、現地の魚商人たちが利害を守るため結束して、株仲間を組織していることは注目できます。

3 イサキ釣りと網漁

沖合漁業につき返礼約定証文（万延元年〈一八六〇〉五月）

① ② ③ ④ ⑤ ⑥

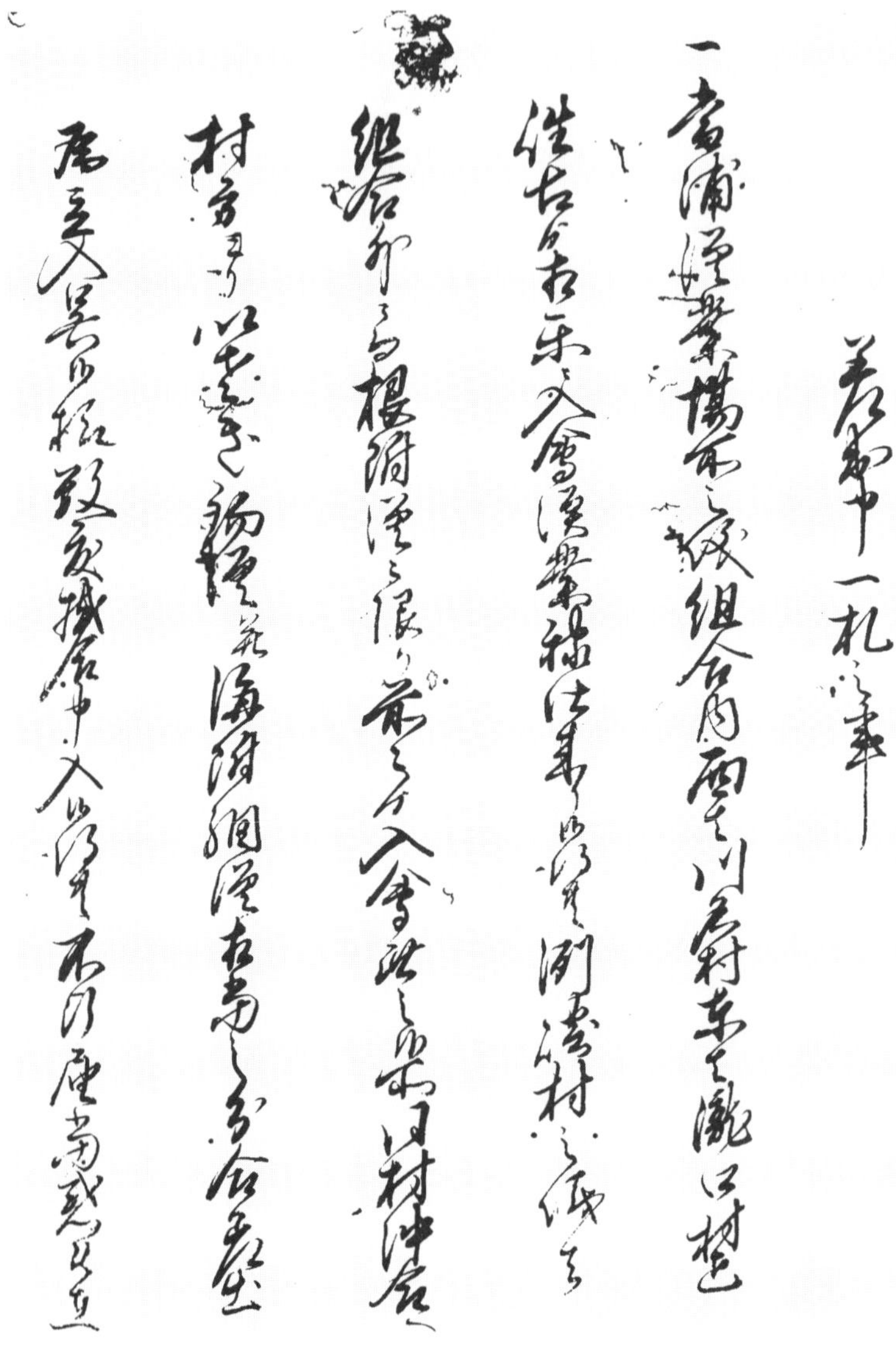
差出申一札之事

⑦ ⑧ ⑨ ⑩ ⑪ ⑫ ⑬ ⑭

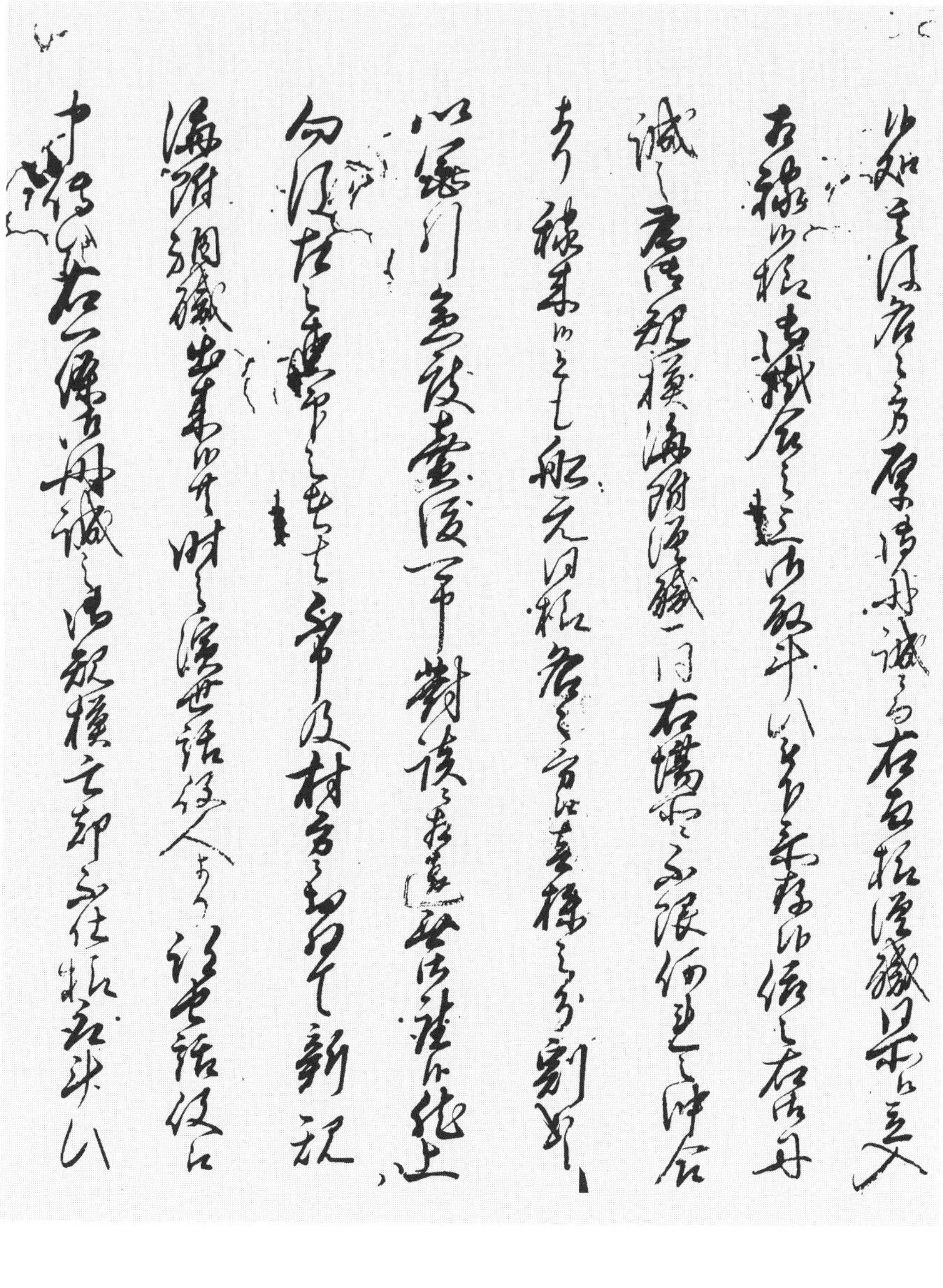

（館山市立博物館所蔵「神田吉也家文書」I-5）

【解読のヒント】

②は、「漁業」です。「魚」の「灬」が簡略化されています。③も「漁業」ですが、は異体字の「渙」です。(稼)は「禾(のぎへん)」に旁は「家」の典型的なくずし。⑤は平仮名三文字と漢字二文字です。字母は「以」「左」「幾」で「いさぎ」、四字目の偏は「金(かねへん)」の典型。旁は「勺」や「向」にも見えますが、答えは「釣」。最後は虫食いで偏がわかりませんけれども、「漁」でしょう。(并(ならびに))に続くは、「海附網漁」です。「網(あみ)」(網)は、漁村の史料では頻出です。⑥は「口」に「六」のような字ですが、「呉」です。「〜呉」で「〜してくれ」という表現も頻出。⑦(其後)は、くずれてはいますが基本的な形です。読めたでしょうか。の「御」と「誠」はよいとして、間の文字は「舟」にも見えますが、一画目の点がありません。「丹」のくずしとなります。(両様)もよくある表現です。は「雨」に酷似しています。は、偏が「耳(みみへん)」とわかれば「職」と読めます。⑧は「掛合(かけあい)」ですが、頻出。意味にも注意しましょう。⑨のは、返読文字の「為」で「として」と読みます。は「御規模(ごきぼ)」で、現在では使わない意味で用いられていますので注意。⑪は難しいですね。返読文字「以」はよいとして、次の字のは「鬥(とうがまえ)」で、は「亀」のくずしで、「鬮(くじ)」です。まれにみられますので、覚えてしまいましょう。

【解読文】

① 差出申一札之事

② 一當(当)浦漁業場(場)所之儀、組合(1)内西者川名村、東者瀧(滝)口村迠(迄)、

【用語説明】

(1) **組合**(くみあい) ここでは漁場を共有する近隣村々の組合のこと。

(2) **往古**(おうこ) 昔。

③ 徃(往)(2)古ゟ相互ニ入會(3)(会)漁(漁)業稼(4)仕来り候得共、洲崎村之儀者、
④ 組合外ニ而根(5)附漁ニ限り、前々(々)ゟ入會無之候所、同村沖合(6)へ
⑤ 村方ヨリいさぎ釣漁幷海附綱(網)漁、相當之分合(7)差出
⑥ 為立入呉候様、牧(数)度掛合(8)申入候得共、不行届當惑被在(罷)
⑦ 候処、其後各々方厚御丹誠(9)ニ而、右両様漁職同所江立入
⑧ 相稼候様、御掛合之上御取計ひ被下忝存候、依之、右御丹
⑨ 誠之為御規模(10)、海附漁職一同、右場所ニ不限何れ之沖合
⑩ より稼来候とも、舩(船)(11)元同様各々方江壱株(12)之分割出し、
⑪ 以鬮(13)引急度賣(売)渡可申對(対)談ニ相逹(違)無御座候、然上ハ、
⑫ 向後左之連印之者者不申及、村方ニおゐて新規
⑬ 海附綱職出来候共、时(時)之濱(浜)世話役人より跡セ(世)話役江
⑭ 申傳(伝)ひ、右一條(条)御丹誠之御規模亡却不仕様取計ひ

（後略）

---

(3) **入会**（いりあう） 共用する。ここでは漁場を数か村で共同利用すること。
(4) **稼**（かせぎ） 生業。なりわい。
(5) **根附**（ねつき・ねづき）「根」は岩礁のこと。村につづく海面の漁業権の範囲の一つの基準となった。根附漁業とは村地先の漁業のこと。
(6) **沖合**（おきあい） 根附漁に対し、根の先の海面のことをいう。普通は、沖合は村々の入会で漁業が行われた。
(7) **分合**（ぶあい） 歩合のことか。
(8) **掛合**（かけあい） 交渉すること。
(9) **丹誠**（たんせい） 誠意。まごころ。
(10) **規模**（きぼ） ここでは返礼、代償の意。
(11) **船元**（ふなもと） 漁船・漁業の持主・経営主。漁師は漁獲の一部を船元に納めた。
(12) **株**（かぶ） ここでは魚を買う権利のこと。
(13) **鬮引**（くじびき） 魚を買う権利を籤引きで落札するということ。

【読み下し文】

①差し出し申す一札(いっさつ)の事

②一(ひとつ)当浦(うら)漁業場所の儀、組合内西は川名村(かわなむら)、東は滝口村(たきぐちむら)まで、③往古(おうこ)より相互に入(い)り会(あ)い漁業稼仕(かせぎつかまつ)り来(きた)り候えども、洲崎(すのさき)村の儀は、④組合外にて根附(ねづ)き漁に限り、前々より入り会いこれなく候ところ、同

村沖合へ⑤村方よりいさき釣り漁ならびに海附き網漁、相当の分合差し出し⑥立ち入らせくれ候よう、数度掛け合い申し入れ候えども、行き届かず当惑罷りあり候⑦ところ、その後各々方厚きご丹誠にて、右両様漁職同所へ立ち入り⑧相稼ぎ候よう、お掛け合いのうえお取り計らい下され忝なく存じ候。これにより、右ご丹誠⑨のご規模として、海附き漁職一同、右場所に限らずいずれの⑩沖合より稼ぎ来り候とも、船元同様各々方へ一株の分割り出し、⑪鬮引きをもってきっと売り渡し申すべき対談に相違ござなく候。然る上は、⑫向後左の連印の者は申すに及ばず、村方において⑬新規海附き網職出来候とも、時の浜世話役人より跡世話役へ⑭申し伝い、右一条ご丹誠のご規模忘却仕らざるよう取り計らい・・・

【現代語訳】

①差し出します一札のこと

一、②当浦（布良村）の漁場のことは、近隣の組合村々のうち西側は川名村、東側は滝口村まで、③昔からお互いに入り会って漁業稼ぎをして来ましたけれども、（川名村より西にある）洲崎村については、④同じ組合ではなく根付きの漁業だけを行っており、以前から入り会い漁業は行っていませんでしたが、洲崎村の沖合へ⑤布良村からイサキ釣り漁と沿岸網漁をするため、相当の歩合を差し出すので⑥立ち入らせてくれるように、何度か交渉の申し入れをしました。しかし、うまくいかず困惑していました⑦ところ、その後布良村の名主・組頭と魚商人の皆様方の厚い誠意によって、右の二つの漁業について洲崎村の沖合へ立ち入り⑧稼業するよう交渉のうえお世話くだされ、ありがたく存じます。これによって、このようなご誠意⑨の返礼として、沿岸の漁民一同、右の場所に限らずどこの沖合で⑩稼業しようとも、船元に対してと同様に皆様へ一株分を割り出して、⑪鬮引きで必ず売り渡すよう話し合ったことに間違いありません。そうである以上は、⑫今後左に連印している者はいうまでもなく、村で新しく⑬沿岸網漁を始める場合も、その時の浜世話役から後任の世話役へ⑭引き継ぎ、今回の一件でのご誠意に対するご返礼を忘れることがないように配慮し…

【解説】

この史料は、安房国安房郡布良村（現千葉県館山市）の海附網職二名と漁師世話役三名（うち一名は後任）、立会人二名から、同村の村役人三名と小買商人代一名に宛てたものです。大意は、布良村の海附網職（網漁師）清七と七五郎の二人が、同村漁場の西端よりさらに先の洲崎村（現館山市洲崎）沖合でイサキ釣り漁と網漁を計画し、布良村の村役人や魚商人が間に入って洲崎村と交渉し漁が許可されたので、仲介した布良村の村役人らへその返礼を約した証文です。

この証文からは、まず漁場を共有する村々で、沖合の入会漁業が行われていたことがわかります。この漁場は、現在の平砂浦という場所の沖合です。また、組合外の村の漁場に入漁するときは漁獲に応じた歩合金を支払っていました。こうした村の漁師たちの利害を調整したり代表したりするため、浜世話役人・漁師世話役といった漁師のまとめ役がいました。また、漁師は「船元」が雇い主となって操業しており、漁獲は株分けされ、船元と村の魚商人へ販売されたこともうかがえます。なお、本章No.2で読みました布良村の魚商人の史料から、宛先となっている村役人も魚商人株を持っていたことがわかり、漁師の漁獲した魚が現地でどのように売られていたかを知ることができます。

4 流木に備える浦々

御用木等廻漕につき浦触（元禄十一年〈一六九八〉正月）

① ② ③ ④ ⑤ ⑥ ⑦ ⑧

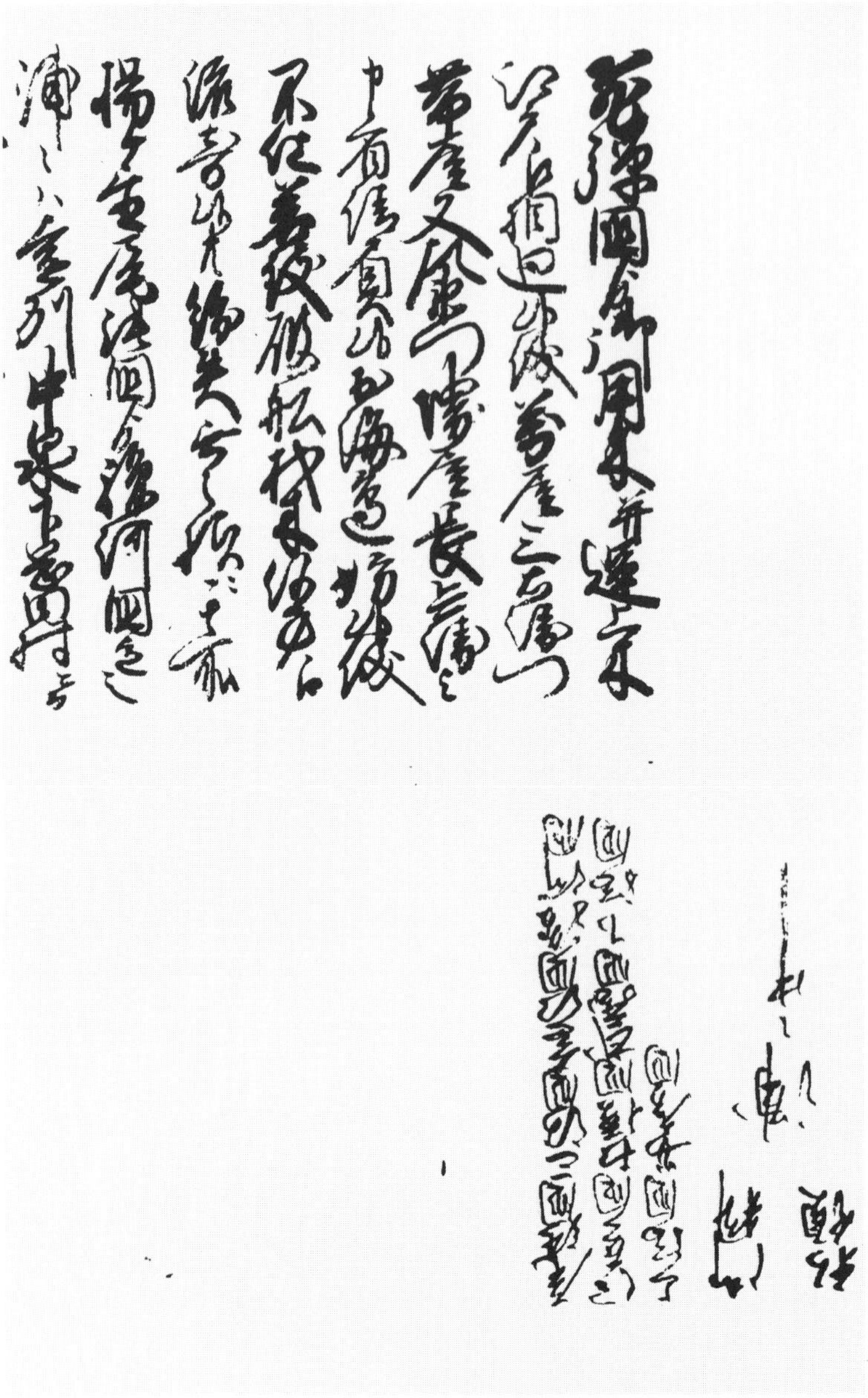

㉓ ㉔ ㉕ ㉖

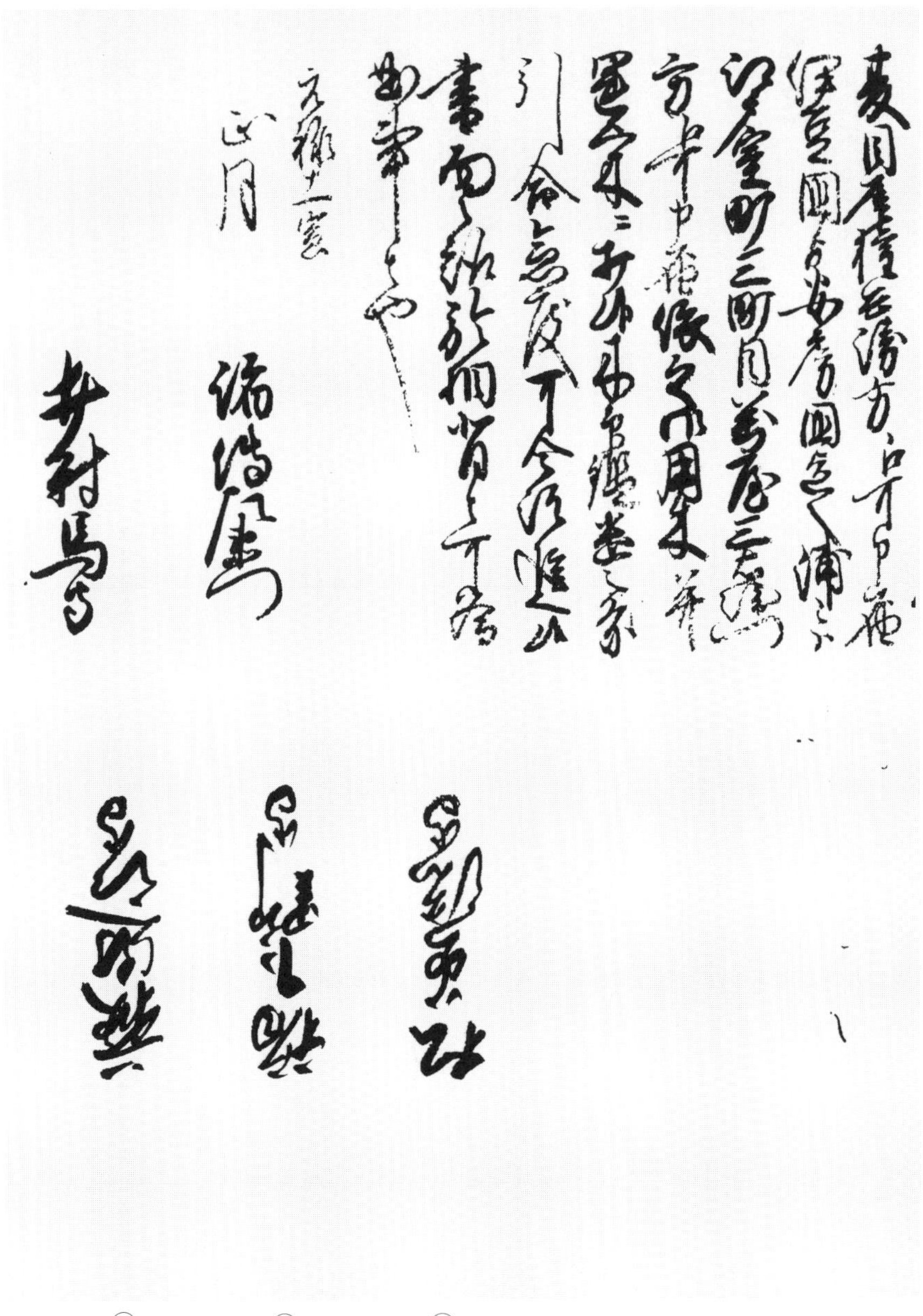

（館山市立博物館保管「海老原斉家文書」F1-6）

【解読のヒント】

①（飛弾國）は、国名です。「飛」はよく見られる形です。変体仮名の「ひ」にもなります。二字目の「弾」は本来「騨」ですが、よくある誤字です。②は、「相廻」で、「廻」は頻出語です。（萬）は「万」の旧字。古文書では「萬」も「万」も両方見られます。③（帯）は一見難しそうですが、字の通りなぞってみるとよいでしょう。これに「氵」がつくと、「滞」となります。は、上に突き出ていますが「堺」です。④は読めましたか。一字目は「言」に「青」の典型的な形で「請」。二字目は「員」で、「負」の異体字です。は返読文字「於」で、平仮名「お」の字母でもあります。（邊）は「辺」の旧字をくずしたもの。⑥は「流寄」です。とくに「寄」は典型ですから、このままの形で覚えましょう。の偏は「糸」の典型、旁は「分」で「紛」。⑦（尾張國）と（駿河國）は国名ですから読めたとは思います。「張」と「駿」の偏のくずしに注意しましょう。また、「駿」の旁は、「浚」のくずしにも通じます。⑧は「遠州」。は「冂」を上部にとくずして書いた「岡」の典型です。⑨は「复」で「夏」の異体字ですが、最初の「ノ」は略されています。「木」がつくと「榎」のくずしとなります。⑬は、一文字目は「印」の典型。二文字目は偏が「金」とわかれば、形から「鑑」と想像できるでしょう。⑮は、上は「北」のくずしですので「月」と合わせ「背」。⑯の一文字目が難しそうです。縦に二本、続いて横に二本、最後に右上に点を書きます。これは「曲」で「曲事」となります。㉒は官職名ですので「美濃守」と読めたでしょう。「美」は「み」、「濃」は「の」の変体仮名で出てくることがあります。

【解読文】

① 飛弾（騨）國（国）ゟ（1）御用木并運（2）上木

江戸江相廻候儀、萬(方)屋三右衛門・帯屋又左衛門・堺屋長兵衛与申者請肩(負)候、於海邊(辺)妨候儀不仕、若致(3)破舩(船)材木何方江流寄候共、紛失無之様ニ其所揚ケ置、尾張國ゟ駿河國迠(迄)之浦ゝ(々)ハ、(4)遠州中泉下岡田村ニ而棗(夏)目屋権兵衛方江可申届、伊豆國ゟ安房國迠之浦ゝハ、江戸室町三町目萬屋三右衛門方江可申届、依之、御用木并運上木ニ打候木印鑑遣之条、引合急度可令(5)注進候、書面之趣於相背者、可為(6)曲事者也

元禄十一寅

正月

(7)諸傳(伝)左衛門

(8)井對(対)馬守

(9)荻近江守

(10)稲下野守

【用語説明】

（1）**御用木**（ごようぼく）　領主の調達する木材。ここでは幕府の御用木。

（2）**運上木**（うんじょうぼく）　年貢（小物成）として上納される木材。

（3）**破船**（はせん）　難破すること。

（4）**遠州中泉**（えんしゅうなかいずみ）　現静岡県磐田市。中泉には遠州地方の幕領を支配する中泉代官所が置かれていた。夏目屋権兵衛は、代官所出入りの商人と思われる。

（5）**注進**（ちゅうしん）　報告すること。

（6）**曲事**（くせごと）　不法なこと。罪科。

（7）**諸伝左衛門**　幕府勘定所役人諸星忠直。「諸」のように苗字を一字で書き表わすことを「片苗字」という。

（8）**井対馬守**　勘定奉行井戸良弘。

（9）**荻近江守**　勘定奉行荻原重秀。

（10）**稲下野守**　勘定奉行稲生正照。

（11）**松美濃守**　勘定奉行松平重良。

㉒ ㉓ ㉔ ㉕ ㉖

松美濃守(11)

尾張國・三河國・遠江國・駿河國
伊豆國・相模國・武蔵國・下総國
上総國・安房國
御料(12)
私領(13) 浦ゝ中

(12) **御料**（ごりょう）幕府の直轄地。
(13) **私領**（しりょう）大名・旗本・寺社などの所領。

【読み下し文】

①飛驒国（ひだのくに）より御用木（ようぼく）ならびに運上木（うんじょうぼく）江戸②へ相廻（あいまわ）し候儀、万屋（よろずや）三右衛門・帯屋③又左衛門・堺屋長兵衛と申す④者（もの）請け負（お）い候。海辺において妨げ候儀仕（つかまつ）⑤らず、若（も）し破船（はせん）いたし材木何方（いずかた）⑥へ流れ寄り候とも、紛失これなきようにその所揚（あ）⑦げ置（お）き、尾張国（おわりのくに）より駿河国（するがのくに）までの浦々⑧は、遠州中泉（えんしゅうなかいずみ）下岡田村にて夏目屋（なつめや）⑨権兵衛方（ごんべえかた）へ申し届くべし。伊豆国（いずのくに）⑩より安房国（あわのくに）までの浦々は、江戸室町（えどむろまち）⑪三町目万屋三右衛門方⑫へ申し届くべし。これにより、御用木ならびに運上木⑬に打ち候木印鑑これを遣（つか）わす条（じょう）、引⑭き合わせきっと注進（ちゅうしん）せしむべく候。書面（しょめん）⑮の趣（おもむき）あい背（そむ）くにおいては、曲事（くせごと）⑯たるべきものなり。

【現代語訳】

①飛驒国から御用木材と運上木材を江戸②へ廻漕することは、万屋三右衛門・帯屋③又左衛門・堺屋長兵衛という④者が請け負うことになった。海岸では妨害するようなことはせず⑤、もし船が難破し材木が何処（いづこ）に⑥流れ寄ったとしても、紛失することのないように漂着した場所に陸揚げ⑦しておき、尾張国から駿河

国までの[8]浦々は、遠江国中泉（代官所管下）の下岡田村で[9]夏目屋権兵衛方へ届け出なさい。[10]伊豆国から安房国までの浦々は、[11]江戸室町三丁目の万屋三右衛門[12]方へ届け出なさい。このため、御用木材と[13]運上木材に打ち刻んである木印鑑を遣わすので、[14]（流木の木印と）照合し必ず報告しなさい。[15]この書面の内容に背いたならば[16]処罰する。

【解説】

この史料は、料紙の下半分の文字が逆向きになっています。竪紙を横に二つ折りにし、折り目を下にして文章を認め、表がいっぱいになると裏に書き継いだもので、「折紙」という料紙の使い方です。さて、この史料は、飛騨国（現岐阜県）にある幕府の御林（直轄支配していた山林）から伐り出した御用木と、領民の持つ林から伐り出した運上木を江戸まで廻漕中に運搬船が難破し、木材が沿岸に漂着した場合に、その取り扱いについて命じたものです。尾張（現愛知県）から安房・上総・下総（いずれも現千葉県）まで、太平洋・江戸湾岸の諸国の浦々中へ宛てて触れ出されました。このように、沿岸村々へ海難事故の対処などについて触れた触書を「浦触」と呼びます。差出人は、最初の諸星忠直をのぞき、いずれも幕府の財政と民政をあずかる勘定奉行です（諸星は、のちの勘定吟味役に当たる役職）。

本文を見ると、幕府御用達木材の廻漕は、万屋・帯屋・堺屋といった商人たちが請け負っています。沿岸村々は、御用木などが漂着したときには、尾張から駿河までは遠江国下岡田村（現静岡県磐田市）の夏目屋へ、伊豆から房総までは江戸室町の万屋へ、それぞれ報告することが義務づけられています。このように、御用木の廻漕には江戸や地方都市の商人の力が不可欠であったことがうかがえます。

5 摂州神戸の酒荷が漂着

漂着酒荷請取証文（文久三年〈一八六三〉十月）

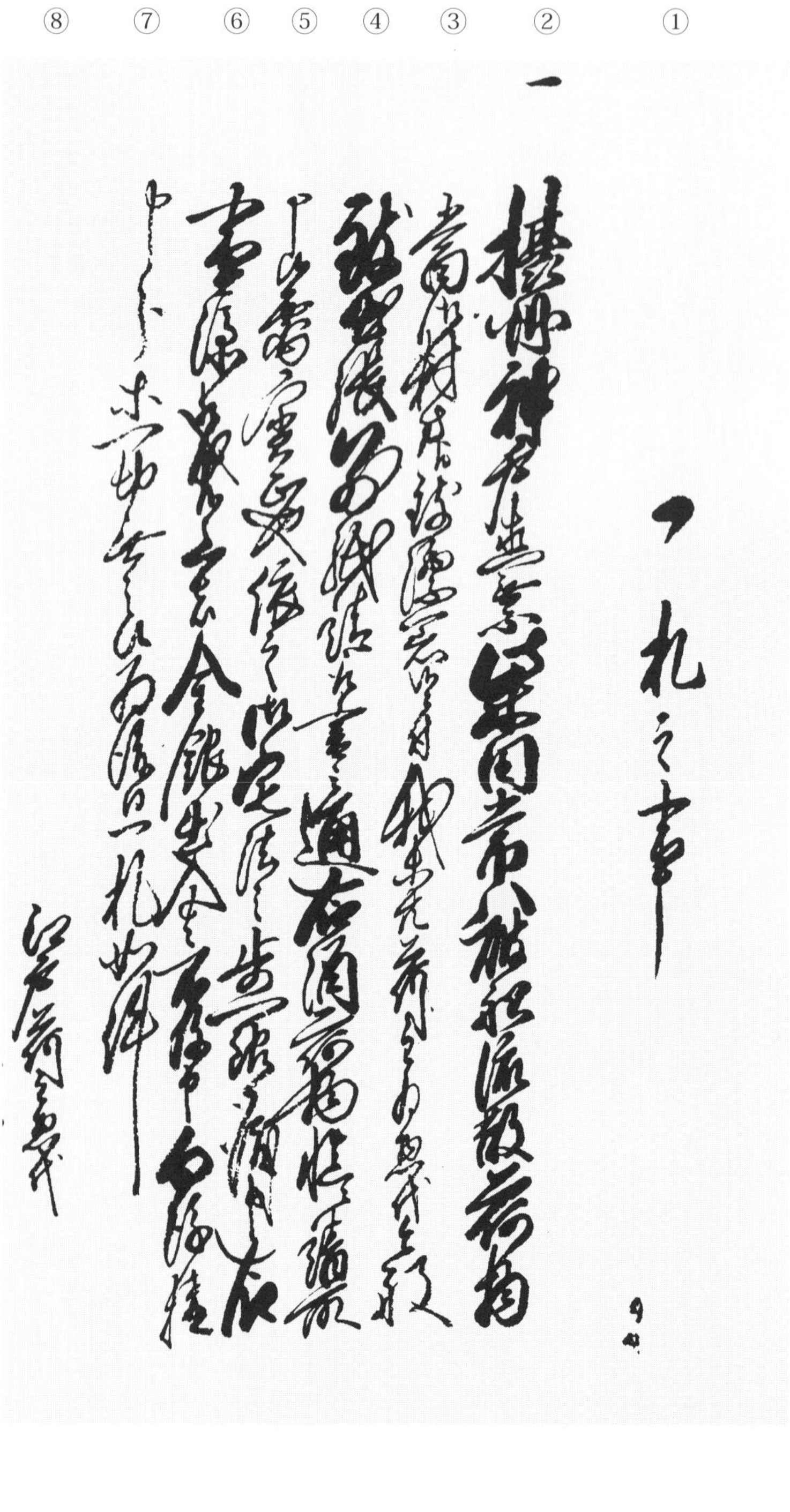

⑯ ⑮ ⑭ ⑬ ⑫ ⑪ ⑩ ⑨

（館山市立博物館保管「海老原斉家文書」F2-16-4）

【解読のヒント】

②（摂）は右上の「耳」となる部分の縦棒が上に一本突き抜けているところに特徴があります。の一字目は「直」、二字目は「乗」で「直乗（じきぬり）」です。「木」や「示」の部分が「ふ」のようにくずされることは、よく見られます。は、上が「此」のくずしで下が「木」、したがって「柴（しば）」です。は「柄」にも似ていますが、これは「物」。③（方）は、現在と筆順が違うところに注意。二画目の横画から先に書いて、上の点、さらに「力」の部分に続きます。の一字目「致」はよいでしょうか。頻出の返読文字です。返る語は、まず「氵（さんずい）」に「西」の下に「示」で「漂」、三字目は「着」です。「着」は頻出文字です。は、二字とも典型。「今」と、「舟（ふねへん）」に「殳」で「般」。「今」は平仮名の「と」のようなくずし方になるので注意しましょう。また、「今」は熟語ではこのように小さく書かれることがしばしばみられます。④は、一字目は「別」で、「前」にも似ていますので注意。二字目は「糸（いとへん）」がわかれば「紙」と読めるでしょう。続くは、「言（ごんべん）」に「青」で「請」、次は「取」の最もよくみるくずしで、いずれもよく出ます。は読めましたか。「忄（りっしんべん）」に「送」の「慥（たしか）」に「ニ」が付いて「慥ニ（たしかに）」です。「慥」は「慥」の異体字です。も「請取」ですが、上に出てきた「取」のくずしと比べてください。⑤は難読文字ですが「処」の旧字体「處」です。は「也」の典型。「〜なり」「〜や」と読みますが、ここでは前者です。の偏は「金（かねへん）」、旁は「艮」で「銀」のくずしとなります。⑥は「氵（さんずい）」に「る」と「小」のように見えます。「済」の典型的なくずしの一つで、頻出語でもありますので、この形で覚えましょう。は少し難しいかも知れません。「構（かまい）」です。旁の「冓」

のくずしに注意。差出人三人目の屋号⑬は、「鳥海屋」です。三文字ともくずしは典型です。また、⑭名前（正右衛門）の上のは「差配人（さはい）」です。「差」と「配」いずれのくずしも典型、このまま覚えましょう。⑯宛先のは一字のように見えますが、が「人」でが「衆」となります。はこれも頻出です。

【解読文】

① 一札之事
② 一摂州神戸直乗（1）柴田常八破船（2）（船）流散荷物、
③ 當（当）御村方江致漂着候ニ付、我ホ（等）共荷主為惣代今般
④ 致出張、別紙請取書之通、右酒荷物慥（慥）ニ請取
⑤ 申候處（処）實（実）正也、依之、御定法（3）之歩一（4）銀御渡し申、右
⑥ 事済相成候上者、金銀出入（5）者不及申、向後構（6）・
⑦ 申分ホ一切無之候、為後日一札如件
⑧ 江戸荷主惣代
⑨ 鹿嶋（島）屋清兵衛代
⑩ 文久三亥年十月　佐兵衛㊞
⑪ 小西屋宗兵衛代
⑫ 彦八㊞

【用語説明】

（1）**直乗**（じきのり）船の持ち主自ら船頭を兼ねて廻船業を営む、直乗船頭のこと。沖船頭に業務を任せる「居船頭（いせんどう）」と区別して用いられた。

（2）**破船**（はせん）難船。難破船

（3）**定法**（じょうほう）定まった決まりや方法。

（4）**歩一銀**（ぶいちぎん）「分一銀」とも。難破船の荷物を取り上げた村に対して支払われる報賞金。引き揚げ荷の十分の一を、引き揚げた村へ支払うという意味。

⑬ 鳥海屋
⑭ 差配人　正右衛門㊞
⑮ 坂田村
⑯ 御役人衆中様

（5）**出入**（でいり）もめごと。争い。
（6）**構**（かまい）さしつかえること。故障。

【読み下し文】

一札①（いっさつ）の事

一②摂州（ひとつせっしゅう）神戸直乗（じきのり）柴田常八破船流散（はせんるさん）荷物、当③御村方（おんむらかた）へ漂着いたし候につき、我らども荷主惣代（そうだい）として今般（こんぱん）④出張いたし、別紙請取書（うけとりがき）のとおり、右酒荷物たしかに請け取り申し候ところ⑤実正（じっしょう）なり。これにより、ご定法（じょうほう）の歩一銀（ぶいちぎん）お渡し申し、右⑥事済（ことず）み相（あい）なり候うえは、金銀出入（でいり）は申すに及ばず、向後（こうご）構（かまい）・⑦申分（もうしぶん）等一切（いっさい）これなく候。後日のため一札件（くだん）のごとし。

【現代語訳】

一札①のこと

一、②摂津国神戸の直乗船頭である柴田常八の船が難破し流失した荷物が、そちらの③村（坂田村（ばんだ））へ漂着しましたので、私どもが荷主惣代としてこの度④出張いたし、別紙の受領書にあるとおり、漂着した酒荷物を確かに受け取りました⑤ことは間違いありません。このため、法に定められた報償金である歩一銀をお渡しして、⑥事が決着しましたからには、金銭上のもめごとはいうまでもなく、今後支障や異⑦

議は一切ありません。後日のための一札はこのとおりです。

【解説】

摂津国神戸（現兵庫県神戸市）の廻船業者柴田常八の船が難破してしまい、流散した荷物の一部が安房国安房郡坂田村（現千葉県館山市）の海岸に漂着しました。このような漂着した船荷の扱いは、手順が決められており、荷物の損傷の程度などによって持ち主に返却されたり、地元で売り払われたりしました。いずれにせよ、浦高札による規定があり、船主・荷主が分かっている場合は、漂着した旨を通報することになっていました。ここでは、江戸の商人鹿島屋と小西屋が荷主となっており、通報を受け彼らの代理人が処理に当たっています。また荷主と一緒に連名している鳥海屋正右衛門は、差配人として難船荷物の引き取りの段取りを手配した商人でしょうか。本文によると、代理人は安房国まで漂着した荷物を受け取りに出張し、受領書を作成するとともに、規定の報賞金（歩一銀）を坂田村へ支払い、この証文の作成をもって荷物の引き渡しと手続きが終了しました。

ところで、神戸からはるばる船で運ばれてきた荷物は、お酒だったようです。著名な灘の酒だったのでしょうか。西廻りの海運ルートを利用した上方と江戸との間の物資流通と経済的な結びつきの一こまも、この史料は語っています。

6 伊豆大島に漁船が避難

難風入津につき浦手形（安政七年〈一八六〇〉二月二十八日）

⑨ ⑧ ⑦ ⑥ ⑤ ④ ③ ② ①

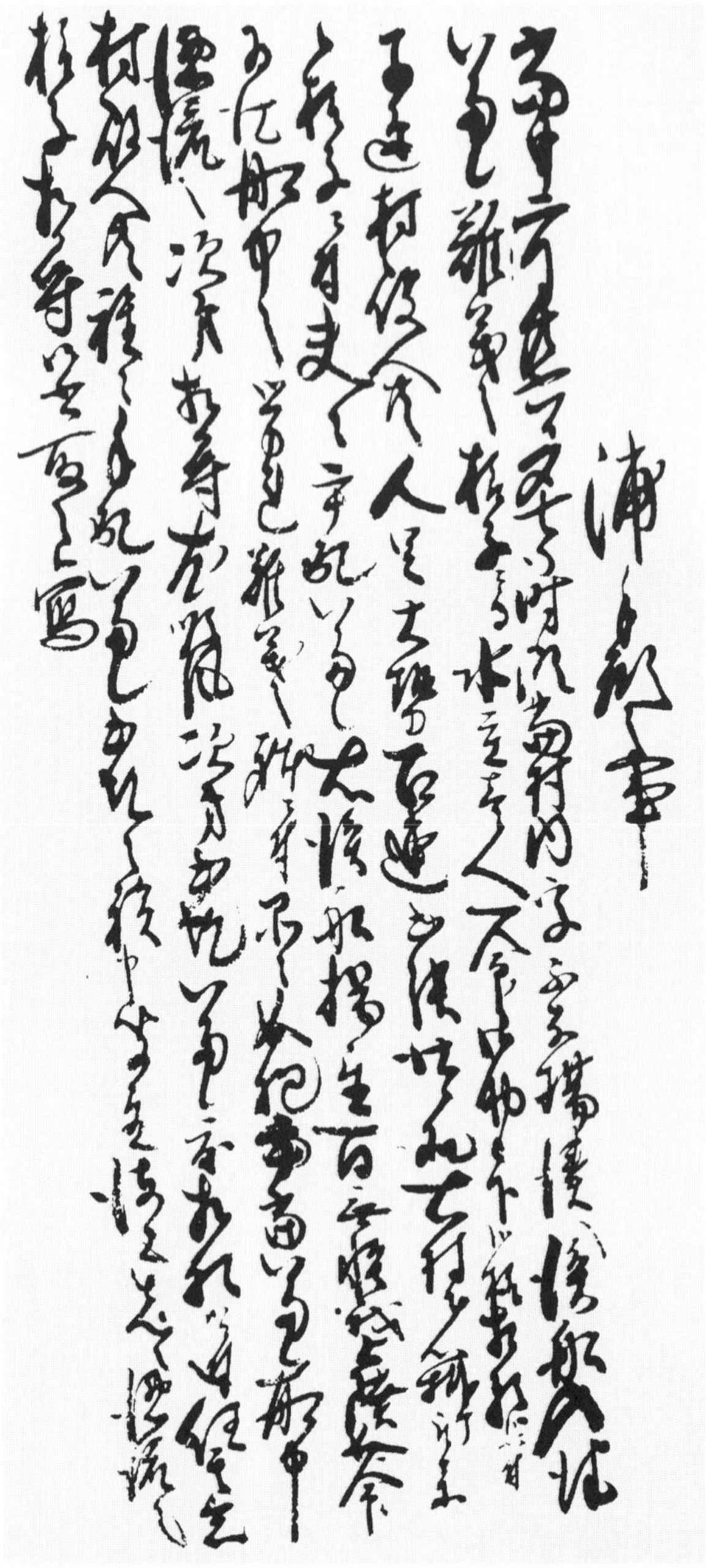

（中略）

⑩ ⑪ ⑫ ⑬ ⑭ ⑮ ⑯ ⑰

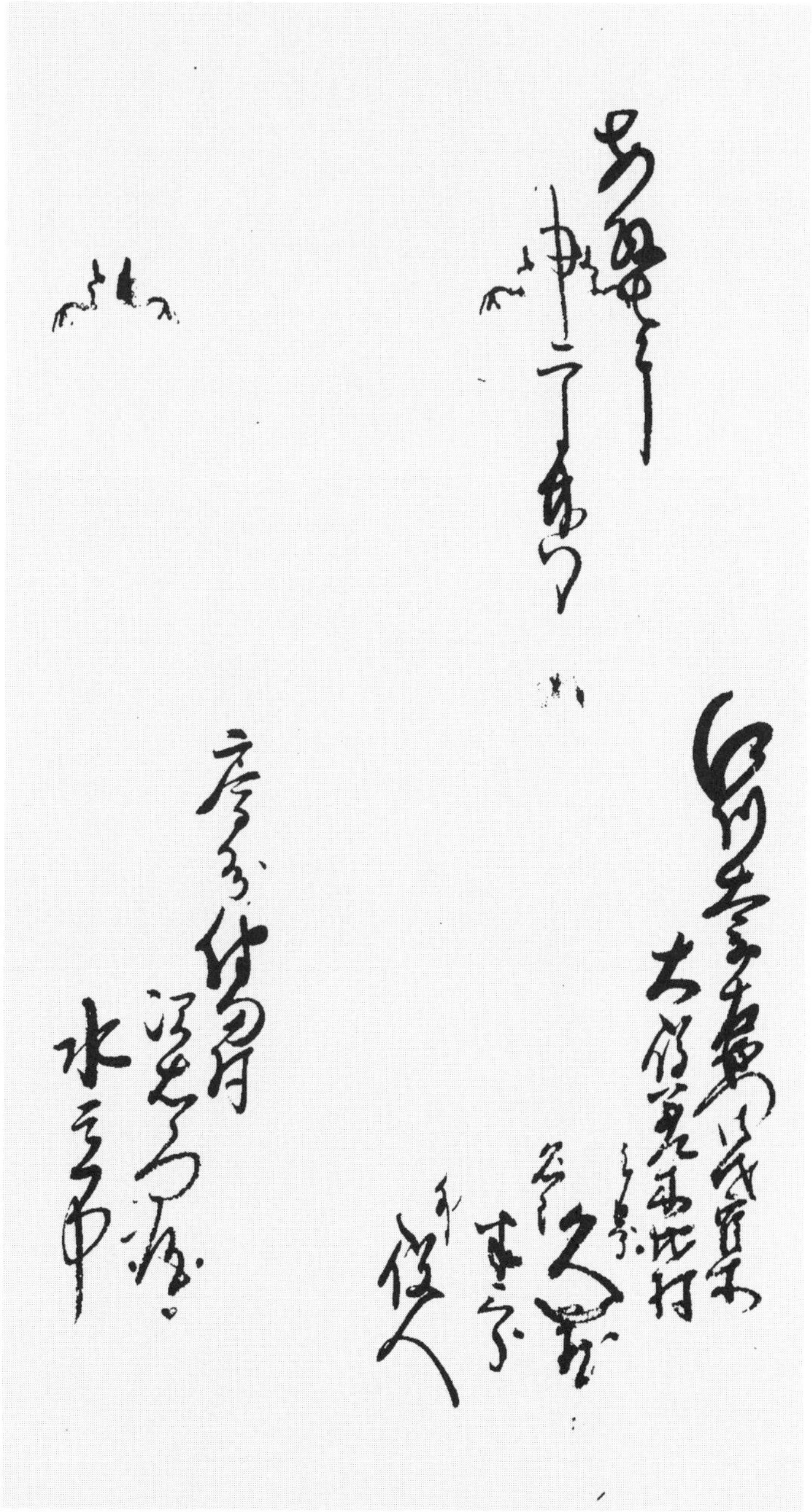

（館山市立博物館保管「海老原斉家文書」F2-18-5）

【解読のヒント】

まず①表題の（手形）は、あまりくずれていませんが読めたでしょうか。②は、これまでも頻出している「當」（当）です。次のは、十二支の「申」（さる）です。は「廿」で「二十」ということ。は、「七」はよいとして、続いてカタカナの「ツ」、「時」の異体字「时」、次の文字は偏の部分に虫喰いがありますが、「ヒ」に「頁」（おおがい）のくずしで「頃」となります。は平仮名二字で、「ふ（不）」と「な（奈）」です。次のは、「扌」（てへん）になっていますが、おそらく「土」（つちへん）の誤記で、「場」の異体字「塲」でしょう。その次のは難解ですが、「湊」ではないでしょうか。は「氵」（さんずい）に「聿」で「津」のくずしです。③は、「い」「た（多）」「し」ですが、とくに「し」は「候」の最も簡略な形と紛らわしいので要注意です。④（早速）も頻出、のは「勢」の異体字「勢」で、よく使われる異体字です。はちょっとわかりにくいかもしれませんが、「弓」（ゆみへん）に「長」で「張」です。は、かなり略されていますが「参」でしょう。⑤は「手配」ですが、とくに「手」が①のとは筆順が異なります。となりますは一字目が問題ですが、偏は「忄」（りっしんべん）の典型で、旁はなぞってみるとよいでしょう。「怪我」（けが）となります。⑥は、「労」と変体仮名の「れ（連）」です。は、④にあるをさらにくずした形です。は、「体」の異体字「躰」で頻出。のは、一見「早」にもみえますが、最後に一画多く点があり「品」です。は踊り字の「ゝ」（々）です。（介抱）は、「介」が「へ」と「川」が逆になったようにみえるので要注意。これをヒントにすると、⑤ののも「介」と読めそうです。⑦の一字目は、「川」に「頁」（おおがい）ですから「順」、二字目は「風」ですが「虫」の部分が著しく省略されています。は「出帆」ですが、「帆」の偏は「虫(むしへん)」のくずしにも似ています。は、よく出てくる表現で「任ニ其意一」、「そのいにまかせ」と読みます。⑧は、⑦のよりさらにわかりにくいのですが、同じく「出帆」でしょう。⑨は、最初の「、」がありませんが、「写」の旧字「寫」です。全体的に、この史料はちょっと乱雑に書かれていますので判読には苦労すると思いますが、こういう筆遣いにも慣れるとよいでしょう。

【解読文】

① 浦(1)手形之事
② 當(当)申二月廿六日夕七ッ时(時)頃、當村内字ふな場(場)湊へ漁(漁)舩(船)(2)入津
③ いたし、難義(3)(儀)之様子ニ而、水主(4)壱人一命御助被下候様相願候ニ付、
④ 早速村役人共人足大勢(勢)召連出張仕候処、右村ヲ心掛ケ被参
⑤ 候様子ニ付、夫ミ(々)手配いたし右漁舩揚置、一同無怪我上陸□(介カ)命
⑥ 為仕、舩中之労れ難義之躰(体)ニ付、品ミ介抱手當いたし、舩中
⑦ 漂流之次才(第)相尋、尤、順風(5)次才出帆いたし度相願候ニ付、任其意
⑧ 村役人共種ミ手配いたし、出帆之積申聞置、□□(海上カ)先へ漂流之
⑨ 様子相尋、口書(6)取之候寫(写)

（中略）

⑩ 江川(7)太郎左衛門御代官所

【用語説明】

（1）**浦手形**（うらてがた）海難証明書。

（2）**入津**（にゅうしん）入港。湊や河岸に入港すること。

（3）**難義**（なんぎ）正しくは「難儀」。苦悩。苦労。

（4）**水主**（かこ）水夫のこと。

（5）**順風**（じゅんぷう）船の航行に適した追い風。

（6）**口書**（くちがき）「申口(もうしくち)」とも。事件や事故の際の、当

安政七年
申二月廿八日

大嶋(島)差木地村
年寄 久蔵
名主 半三郎
外 役人

房州伴(坂)田村
次右衛門殿
水主中

【読み下し文】

浦手形(うらてがた)①の事

当申(さる)②の二月二十六日夕七ツ時(どき)頃、当村内字(あざ)ふな場(わ)湊へ漁船入津(にゅうしん)③いたし、難儀(なんぎ)の様子にて、水主(かこ)一人一命お助け下され候よう相(あい)願い候につき、早速④(ば)村役人ども人足大勢(にんそくおおぜい)召し連れ出張(しゅっちょう)仕(つかまつ)り候ところ、右村を心掛け参られ候⑤様子につき、それぞれ手配(てくば)りいたし右漁船揚げ置き、一同怪我(けが)なく上陸介命仕らせ⑥、船中の労(つか)れ難儀の体(てい)につき、品々介抱手当(かいほうてあて)いたし、船中漂流(ひょうりゅう)⑦の次第(しだい)相尋ね、もっとも、順風(じゅんぷう)次第出帆(しゅっぱん)いたしたく相願い候につき、その意にまかせ村役人ども⑧種々(しゅじゅ)手配りいたし、出帆の積(つも)り申し聞かせ置き、海上先へ漂流の様子⑨相尋ね、口書(くちがき)これを取り候写(うつし)。

(後略)

事者や関係者の供述書。

(7) **江川太郎左衛門** 伊豆韮山代官江川英敏。

【現代語訳】

浦手形のこと①

②今年二月二十六日夕方七つ（午後四時）頃、当村（差木地）内の字船場湊へ漁船が入港して③、困っている様子で、水夫一人が命をお助け下さいと懇願してきましたので、早速当村の村役人たちが人足を大勢引き連れて出かけたところ、この村を目指してやってきたらしいので、皆で段取りをしてこの漁船を引き揚げておき、乗組員一同無事に上陸させ介抱（？）させました。船中の疲れで苦しそうな状態なので、いろいろと看護の手段を講じ、船が漂流した事情を聞きました。もっとも、順風になり次第出航したいと願っているので、その意向の通りに村役人たちは種々段取りをして、出航の予定を言い聞かせておき、海上（？）へ漂流したようすを質問して、供述書を取りましたが、（次に記すのは）その写です。

【解説】

表題にある「浦手形」は、難船救助にあたった村が、その様子を記して救助の証明として作成した証文です。この史料は、安房国安房郡坂田村（現千葉県館山市）の船頭と水主たちが、出漁の途中に伊豆大島（現東京都大島町）の波浮湊に寄航し、出港後嵐に遭遇し、同じ大島の差木地村の湊に避難したときに作られたものです。船が退避した字船場湊は差木地村の船着場で、大島では「船場」を「フナワ」と言います。

史料の内容は、差木地村の村役人が、救助を求めてきた船を保護し、乗組員を救護し、事情を聴取した様子が記されています。中略部分には、乗組員の「申口」（供述）が記されています。それによれば、この船は坂田村次右衛門の船で、沖船頭（船長）庄七と水主五人が乗り組み、二月十七日に波浮湊に立ち寄りました。そして、同二十六日に出帆したところ「大風」に遭遇し、救助を求めて差木地村に入港したとのことです。さらに、救助に当たってくれた差木地村の村役人に対する謝辞が述べられています。浦手形の作成者は差木地村の村役人で、坂田村の船主と水主に宛てて出されています。沖船頭たちが、帰帆したときに一緒に持ち帰ったのでしょうか。

この史料自体は、証文なのに差出人のところに捺印がないことからも分るように、正文を写したものです。そのためもあってでしょうか、文字が乱雑で判読がむずかしく、一部意味のとりにくい箇所があります。また、「坂田」を「伴田」と記すなど、口述を聞きながら筆記したような形跡があります。

第5章●

町の暮らしとなりわい

江戸時代は、全国的に村が行政単位として設定されていました。そうした面で、江戸時代は〝村の時代〟ということができます。その一方で、兵農分離（へいのうぶんり）制により武士は城下に集住し、そこに武士の生活を支えるために商工業者が集められ、各地に城下町が成立しました。さらに、農村部における商工業の拠点としての町、そして港町や宿場町・門前町など、総じて在方町（ざいかたまち）といえる町々が賑（にぎ）わいをみせました。こうした面からは、江戸時代は〝都市（まち）の時代〟ともいえるのです。すなわち、三都（さんと）といわれる江戸・京都・大坂のような、政治的のみならず経済的・文化的な中心機能を併せ持つ巨大都市を頂点に、各地には大小さまざまな城下町・在方町が展開していたのです。本章で扱うのは、こうした町（都市）に関する史料です。

さて、三都のうちから№1で江戸を、№2で京都を取り上げてみました。江戸は人口一〇〇万人を抱えていたといわれ、幕府のお膝元として三都のなかでも突出していました。その江戸の人びとの暮らしを脅かしたものに、頻繁に発生した火事がありました。もちろん、火災は江戸のみの問題ではありませんが、しばしば大火に見舞われた江戸では防火対策にとりわけ意が注がれました。ここでは、享保（きょうほう）期の町家不燃化に関する史料を掲げてみました。

京都は、江戸が幕府（将軍）の所在地として全国支配の中核都市であった江戸時代でも、平安遷都以来の伝統を持つ朝廷（天皇）の所在地として、幕藩制国家の権力構造の重要な部分を担い、また文化都市・宗教都市としての側面も大きいものがありました。№2では、この京都で町衆（ちょうしゅう）によって担われたという祇園祭の史料を掲げました。祇園祭は豪華絢爛（けんらん）な山鉾（やまぼこ）の巡行で有名ですが、この史料には神輿渡御（みこしとぎょ）に際して起こった事件が記されています。

各地に存在した城下町は、領国の軍事的拠点であるとともに、経済活動や文化活動等の中心でもありました。そうした城下町の一つとして、№3で加賀百万石の城下町金沢に目を向けてみました。金沢町は人口も一〇万人を数え、三都に次ぐ規模ともいわれています。ここでは、加賀藩藩制の確立期といわれる時期に、藩から町奉行に対して示された指示を通して、金沢町の住人に対する生活規制の一斑をみてみましょう。

城下町に対して、農村部に町場として成立したのが在方町ですが、そのなかには№4に登場する摂津の平野郷町のように、中世に環濠（かんごう）集落として成立し、江戸時代にはピーク時に人口一万人を越えたような大きな町もありました。また、中世末から近世初頭ころに設立された六斎市（ろくさいいち）などの市が発展した町もありました。№5で取り上げる桐生（きりゅう）新町は、天正（てんしょう）十九年（一五九一）に代官頭大久保長安（ながやす）によって創設され、六斎市が開設されたことに始まり、やがて周辺地域の養蚕業の発展等を背景に、絹織物業を中心とした工業都市として発展しました。そうした絹織物業に携わる人びとの暮らしを支える商売も当然必要とされたのであり、ここに登場する豆腐屋もその一つといえましょう。

№6では、最後に視点を変えて、町にやって来る商人ということで、香具師（やし）を取り上げてみました。もちろん、香具師は村々の祭礼などの場にも現われ、町のみを活動の場としていたのではありませんが、ここでは定住して商売を営む町の商人とは違った商売のあり方の一つを、香具師を通してみておきましょう。

1　町の防火は土蔵造りから——江戸

町触（享保十四年〈一七二九〉十一月）

①　②　③　④　⑤　⑥　⑦　⑧

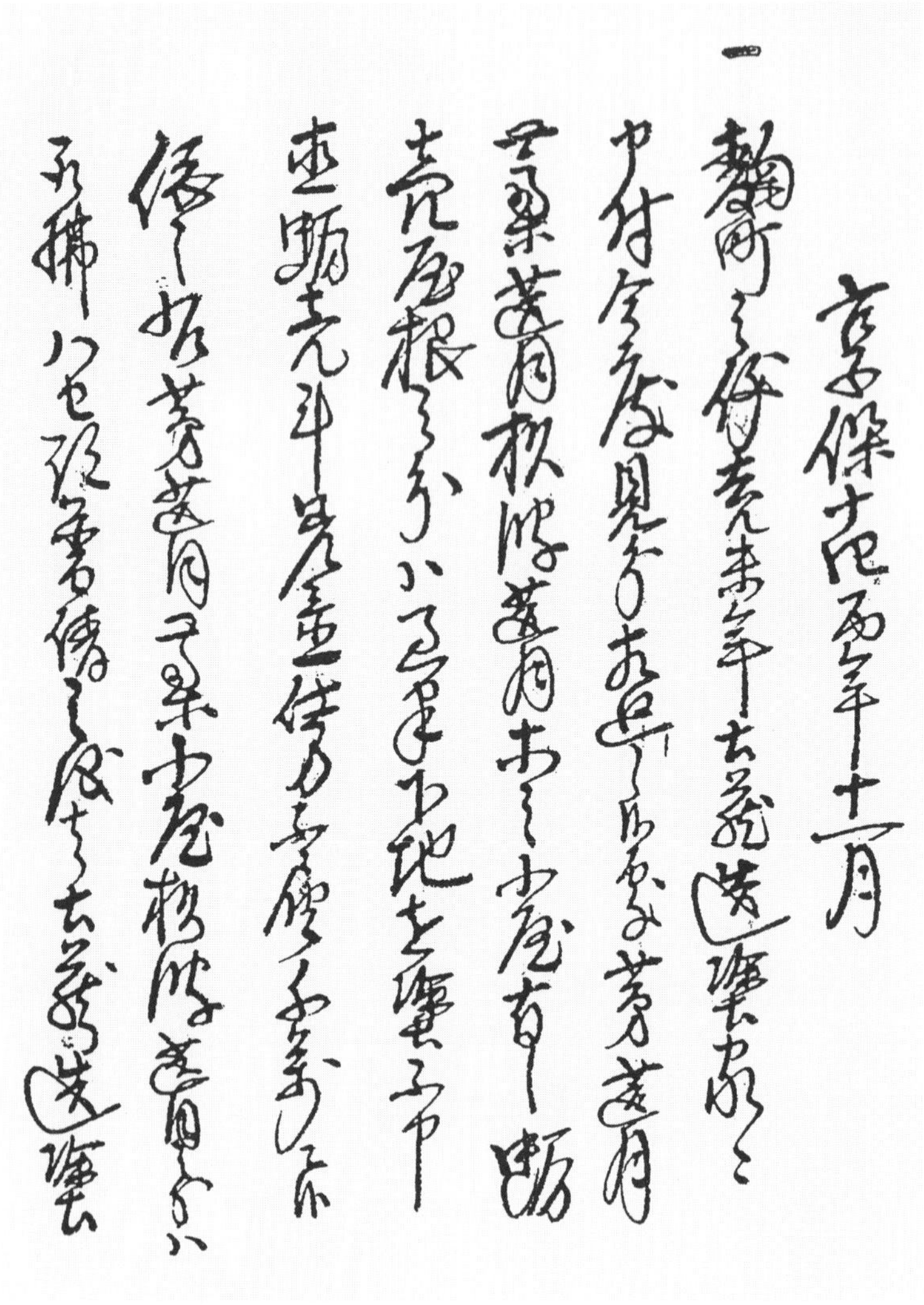

⑱　⑰　⑯　⑮　⑭　⑬　⑫　⑪　⑩　⑨

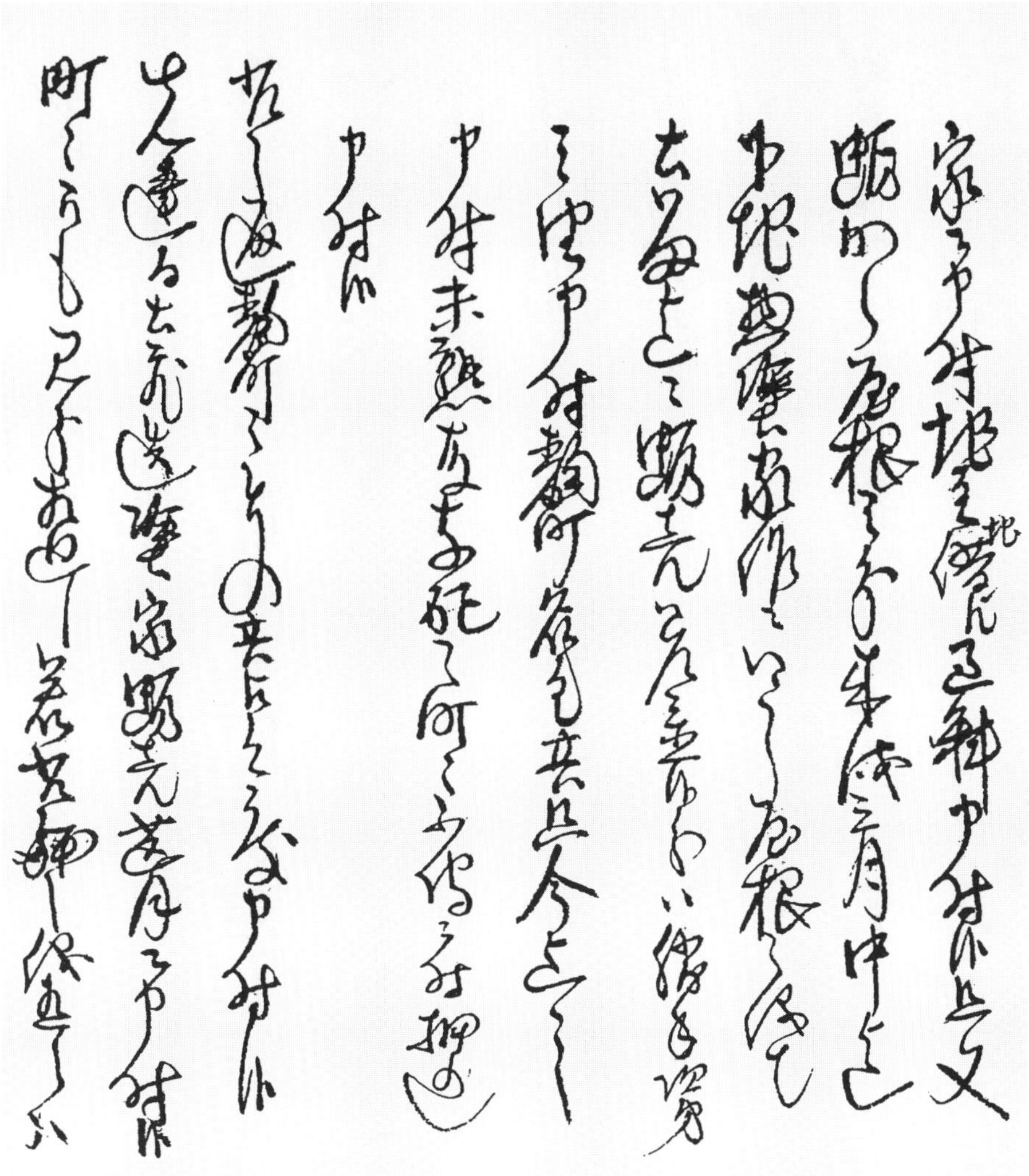

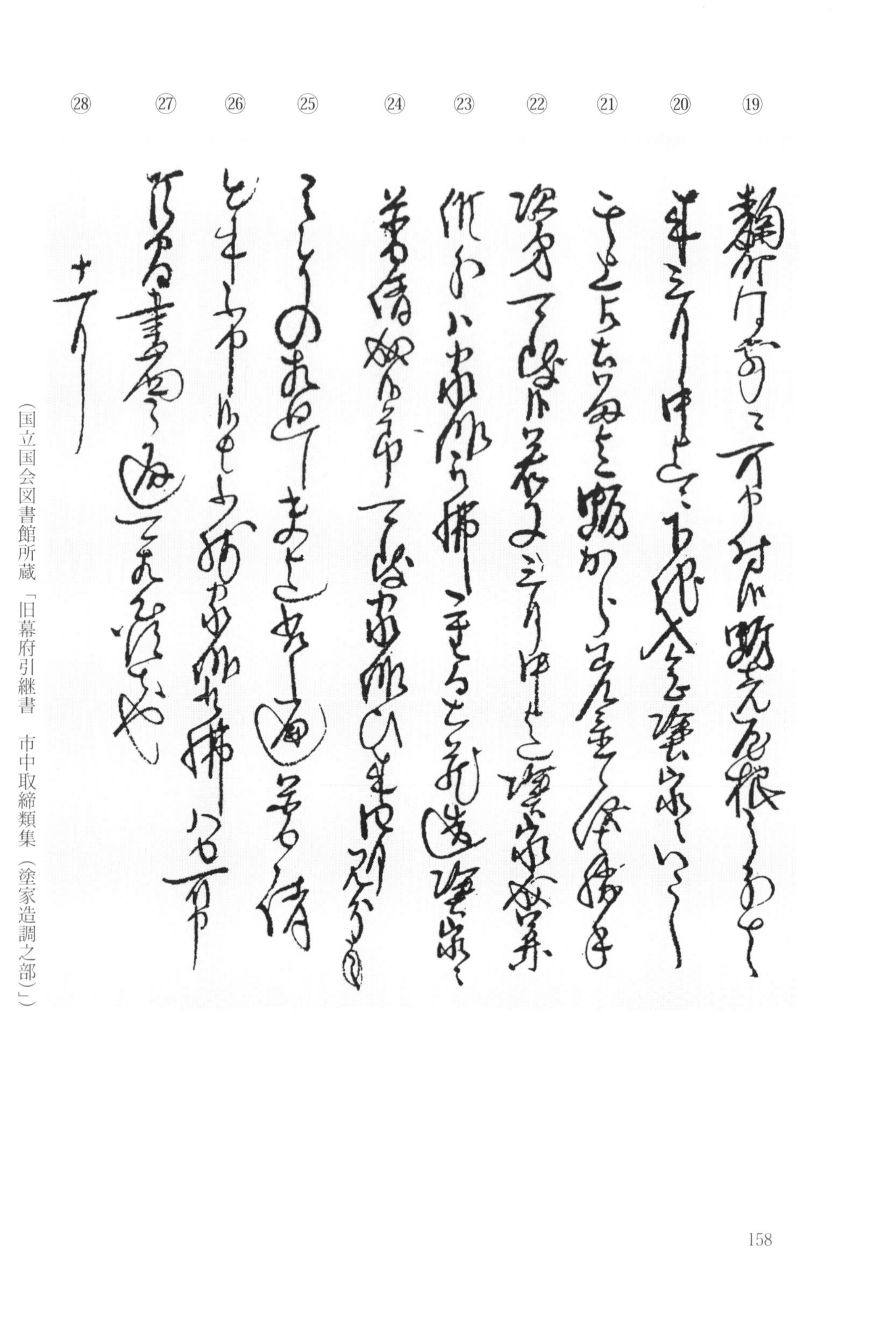

⑲ [illegible]
⑳ [illegible]
㉑ [illegible]
㉒ [illegible]
㉓ [illegible]
㉔ [illegible]
㉕ [illegible]
㉖ [illegible]
㉗ [illegible]
㉘ 十月

（国立国会図書館所蔵「旧幕府引継書　市中取締類集（塗家造調之部）」）

【解読のヒント】

①は十二支の「酉(とり)」です。②は、ちょっと癖がありますが「儀」です。(家)は「宀」から入っています。③(見分)のは「分」のよくみられるくずしです。(相廻し)は旁(つくり)の「目」が簡略化され、偏(へん)も「木(きへん)」にはみえにくいので要注意です。のは「廴(えんにょう)」です。は「處」ですが、「処」と同じです。は「葺」の異体字の「萺」をくずしたものです。④は「杉」の異体字「杦」です。「彡(さんづくり)」はしばしば「久」と書くことがあります（形＝𢒈、彦＝产など）。⑤(過半)のはが「辶(しんにょう)」になります。は「ソ」の次に縦棒を書いてから横棒二本という筆順です。は、ここでは漢字の「不」ですが、仮名の「ふ」としても使われます。⑥は「斗」のようにみえますが、ここでは「計(ばかり)」と読んでおきましょう。⑧(跡)と(請)の偏は同じようにみえますが、それぞれ「⻊(あしへん)」と「言(ごんべん)」です。⑨(江)は「え」の変体仮名ですが、ここでは「〜へ」という用法です。⑪の(多)は「た」の変体仮名です。は②のと同じ「儀」をくずした形です。は「者」のくずしで、ここでは「は」の変体仮名です。⑫(置)の「罒(あみがしら)」は点二つになっています。⑭とは似ていますが、は「之」、は踊り字の「〻」(々)です。(埓)や⑨の(借)・㉔の(請)などの偏は同じように書いてあります。これらは、旁や文意から読み分けるしかありません。なお、「埓」は「埒(らち)」の異体字です。⑱(有之)のは、「月」部分のくずしに癖があり要注意です。㉖と㉗はともに「者」のくずしですが、前者では「は」の変体仮名、後者では漢字の「者」です。

【解読文】

① 享保十四酉年十一月
② 一麴(麹)町之儀、去ル未年、土蔵造(1)・塗家(2)ニ
③ 申付、今度見分相廻し候處(処)、茅萱(葺)・
④ 藁萱・枚(杉)皮萱木(等)之小屋有之、蛎(3)
⑤ 売(殻)屋根之分ハ過半下地(4)を塗不申、
⑥ 直蛎売計差置仕方、不届千萬(万)ニ候、
⑦ 依之、右茅萱・藁(葺脱カ)小屋、枚(杉)皮萱之分ハ
⑧ 取拂(払)ハセ、跡普請之儀者土蔵造・塗
⑨ 家ニ申付、地主・地借(5)江過料(6)申付候、且又、
⑩ 蛎から屋根之分、来戌三月中迄
⑪ 下地惣塗家作ニいたし、屋根之儀者、
⑫ 土留(7)迄ニ蛎売差置候分ハ勝手次才(第)
⑬ 之由申付、麴町名主共、只今迄之
⑭ 申付未熟(8)故支配之町ゝ(々)不垿(9)(埒)ニ付、押込
⑮ 申付候、
⑯ 右之通、麴町之もの共江今度申付候、
⑰ 先達而土蔵造・塗家蛎売萱ニ申付候

【用語説明】

(1) **土蔵造**(どぞうづくり) 土蔵のように土や漆喰で周囲を塗った家屋。
(2) **塗家**(ぬりや) 外壁を土や漆喰で塗った家屋。ここでは屋根を塗ること。
(3) **蛎殻屋根**(かきがらやね) 防火のため蛎殻を一面に並べた屋根。
(4) **下地**(したじ) 壁土を塗るための土台として組んだ壁の骨組。ここでは屋根の下地のこと。
(5) **地借**(じがり) 借地人。
(6) **過料**(かりょう) 罰金。反則金。
(7) **土留**(つちどめ) 土が崩れるのを防ぐこと。またはその装置。
(8) **未熟**(みじゅく) 怠慢。手抜かり。
(9) **不埒**(ふらち) 非法・不法なこと。不届き。
(10) **同前**(どうぜん) この場合、「同然」に同じ。同じであること。変わりがないこと。

⑱町〻江も見分相廻し、若右躰(体)之儀有之ハ、
⑲麹町同前ニ⑩可申付候、蛎売屋根之分者、
⑳来三月中迄ニ下地入念塗家ニいたし、
㉑其上江土留迄(ニ脱カ)蛎から差置候儀者、勝手
㉒次才可致候、若又、三月中迄塗家成兼
㉓候分ハ家作取拂、重而土蔵造・塗家ニ
㉔普請成候節、可致家作候、来四月、見分之ゝ
㉕之もの相廻し、夫迄右之通普請
㉖出来不申候者、不残家作取拂ハせ可申
㉗候間、書面之通可相心得者也
㉘　　十一月

【読み下し文】

享保(きょうほう)①十四酉(とり)年十一月

一(ひとつ)②麹町(こうじまち)の儀、去る未(ひつじ)の年、土蔵造(どぞうづくり)・塗家(ぬりや)に申し付け③、今度見分相廻(こんどけんぶんあい)し候ところ、茅葺(かやぶき)・藁葺(わらぶき)④・杉皮葺等の小屋これあり、蛎殻(かきがら)⑤屋根の分は過半下地(したじ)を塗り申さず、直(じか)⑥に蛎殻ばかり差し置く仕方(しかた)、不(ふ)届(とど)き千万に候。これにより⑦、右茅葺・藁(葺)小屋、杉皮葺の分は取り払わせ⑧、跡普請(あとふしん)の儀は土蔵造・塗家⑨に申し付け、地主・地借(じがり)へ過料(かりょう)申し付け候。かつまた、蛎殻屋根の分⑩、来(きた)る戌(いぬ)の三月中まで下⑪

地惣塗家作にいたし、屋根の儀は、⑫土留までに蛎殻差し置き候分は勝手次第の⑬由申し付け、麹町名主ども、只今までの⑭申し付け未熟ゆえ支配の町々不埒につき、押込⑮申し付け候。

⑯右の通り、麹町の者どもへ今度申し付け候。⑰先達て土蔵造・塗家蛎殻葺に申し付け候町⑱々へも見分相廻し、若し右体の儀これあらば、⑲麹町同前に申し付くべく候。蛎殻屋根の分は、⑳来る三月中までに下地念を入れ塗家にいたし、㉑そのうえへ土留まで（に）蛎殻差し置き候儀は、勝手次第㉒いたすべく候。若しまた、三月中まで塗家なり兼ね㉓候分は家作取り払い、重ねて土蔵造・塗家に普請なり候節、㉔家作いたすべく候。来る四月、見分の㉕者相廻し、それまで右の通り普請㉖出来申さず候わば、残らず家作取り払わせ申すべく候㉗あいだ、書面の通り相心得べきものなり。

【現代語訳】

①享保十四酉年十一月

②一、麹町に対し、去る未の年（享保十二年）に、家屋を土蔵造・塗家にするよう命じ③、今度役人を査察に巡回させたところ、茅葺・藁葺④・杉皮葺などの小屋がみられ、蛎殻屋根⑤であってもほとんど下地を土で塗っておらず、直接⑥蛎殻のみを置いてあるやり方で、けしからんことこの上ない。このため⑦、右のような茅葺・藁葺の小屋や杉皮葺は撤去させ⑧、その後の普請を土蔵造・塗家にするよう命じ⑨、地主・地借へ過料を命じた。さらに、蛎殻屋根⑩については、来る戌（享保十五年）の三月中までに下⑪地をすべて塗家作にして、屋根に土留⑫のために蛎殻を置いてある分は自由であると命じ⑬、麹町名主どもに対して、これまでの指示⑭が怠慢のため管轄の町々が不届きであるとして、押込を命じ⑮た。

右の通り、麹町の者どもへ今度命じた。麹町以外にも先に土蔵造・塗家蛎殻葺にするよう命じた町々へも査察に役人を巡回させ、もし右のようなことがあったならば、麹町同様に処罰を命じる。蛎殻屋根は、来る三月中までに下地をきちんと塗家にし、そのうえに土留とするために蛎殻を置くことは、自由にしなさい。かりにも、三月中までに塗家にできない家屋は撤去し、そのうち土蔵造・塗家を建てられるようになったら家作しなさい。来る四月、査察の者を巡回させ、それまで右の通りの普請ができないならば、すべて家屋を撤去させるので、書面の通り心得なさい。

【解説】

これは、町家の土蔵造・塗家の促進を命じた町触です。〝火事と喧嘩は江戸の花〟といわれるほど江戸では火事が多発し、火災対策が重要な課題でした。八代将軍徳川吉宗は、熱心に江戸の防火に取り組みました。町火消の創設は有名ですが、享保五年（一七二〇）に町家の土蔵造・塗家および瓦葺の推進を通達するなど、家屋の不燃化にも当たりました。享保十二年（一七二七）には、麹町など二〇町余に対し土蔵造などにすることが命じられました。ここに掲げた町触にある「去ル未年、土蔵造・塗家ニ申付」とあるのがそれです。しかし、成果が十分でなかったため、麹町の名主らが処罰を受けたのでした。そして、麹町名主の処罰を引き合いに出して、他の町々に不燃化の促進を求めているのです。町奉行所では、不燃化推進のために拝借金の支給や、町人に課されていた公役金の免除を打ち出しましたが、この町触からもうかがえるように、十分な成果は上がりませんでした。

2 祇園祭で神輿大暴れ——京都

神輿舁勤方誓約書（元禄十六年〈一七〇三〉七月六日）

① ② ③ ④ ⑤ ⑥ ⑦ ⑧

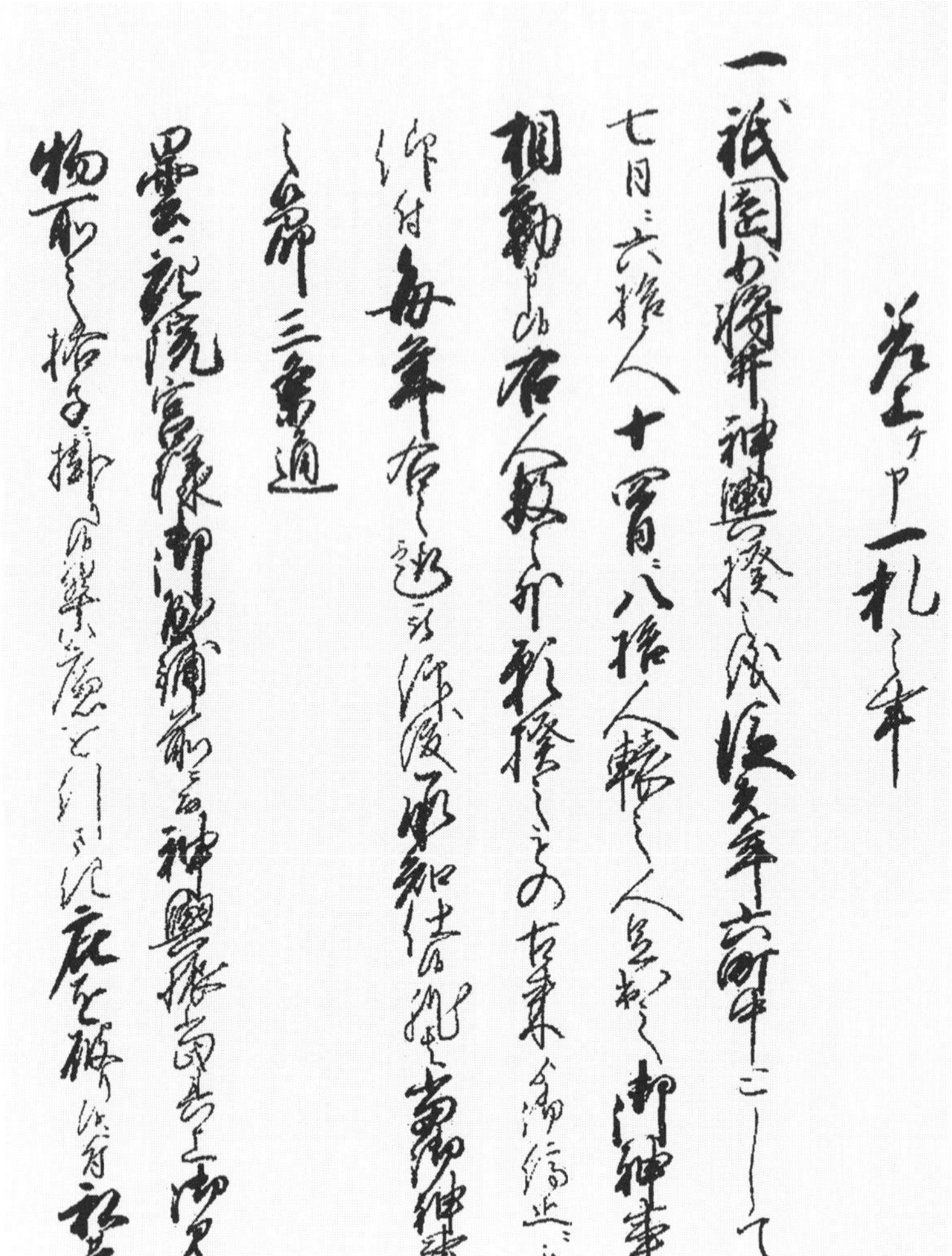

⑨ ⑩ ⑪ ⑫ ⑬ ⑭ ⑮ ⑯ ⑰

（中略）

（京都市歴史資料館所蔵「荻野家文書」）

【解読のヒント】

②は「揆」ですが、「掻」の誤記で「昇」の当て字と思われます。④は「願」で、の部分は「頁(おおがい)」です。は「被」のよくみるくずしです。⑤のは「走(そうにょう)」、は「取」で、「趣(おもむき)」です。⑥は途中で改行になっていますが、これは⑦の冒頭に登場する曇花院宮に対する敬意を表したもので、平出(へいしゅつ)といいます。⑧は下が「灬(れっか・れんが)」になっていますが、「簾」です。の(起)は、「き」の変体仮名です。⑨(被レ為ニ召出一(めしいださせられ))に一字ほどの空白がありますが、これも敬意の表明で欠字(けつじ)といい、平出より敬意の度合いは低くなります。の(連)は「れ」の変体仮名です。は、「数」の左下の「女」の部分が省略されている形で、よく出てきます。⑪(年)は「ノ」の次に縦棒を書いています。(閉門)のは「門(もんがまえ)」がはっきりしていますが、はかなりくずれた形です。⑫(通)と(道)はともに「辶(しんにょう)」ですが、違いを比べてみましょう。⑭(茂)は「も」の変体仮名で助詞です。⑮(候ハヽ)は、このくずしのパターンでよく出てきますので覚えましょう。⑯のは「頭」の略体です。⑯(如何様(いかよう))もセットで覚えてしまいましょう。

【解読文】

① 差上ヶ申一札之事
② 一祇園少将井神輿(1)揆(掻)之儀、従先年六町中として
③ 七日ニ六拾人、十四日ニ八拾人、轅(2)之人足出之、御神事
④ 相勤申候、右人数(数)之外、願(3)揆之もの古来ゟ御停止ニ被

【用語説明】

(1) **少将井神輿**(しょうしょういみこし)
祇園祭で渡御する神輿三基のうちの一つ。他の二基は八王子と大政所。

⑤ 仰付、毎年右之趣被仰渡承知仕候、然者、當(当)御神事
⑥ 之節、三条通
⑦ 曇(4)花院宮様御屋鋪前ニ而神輿振當(当)、其上御見
⑧ 物所之格子(5)ニ掛り候翠簾(6)を引さき、庇を破り候ニ付、私共
⑨ 被為　召出、右あふれ者(7)御吟味被為　成候、餘(余)多之人数
⑩ 故、本人相知れ不申候へ共、旱(8)(畢)竟町ミ(々)之者仕形(方)不念ニ付、
⑪ 年寄共十日宛閉門被為　仰付、奉畏候、

（中略）

⑫ 一右轅人足共、例年被　仰渡候通、道筋ニ而町家江
⑬ 振當又者揆込、狼藉(9)為致申間鋪候、尤、願揆之者
⑭ 壱人茂交り不申候様ニ吟味可仕候、右之段相背、若
⑮ 不届之儀仕出シ候ハヽ、本人者不及申上、年寄・組頭・行事
⑯ 如何様共可被為　仰付候、為其差上申一札、如件
⑰ 元禄十六癸未年七月六日

（後略）

【読み下し文】

差①し上げ申す一札の事

---

(2) **轅**（ながえ）輿・輦・牛車など乗物の箱の下に平行に添えた二本の棒。

(3) **願揺**（ねがいかき）決められている人数以外の神輿舁を望む者のことか。

(4) **曇花院**（どんげいん）三条東洞院にあった比丘尼御所。

(5) **格子**（こうし）格子戸のこと。細長い木や竹を格子に組んだ戸。

(6) **翠簾**（すいれん）緑色のすだれ。立派なすだれ。

(7) **あふれ者〈溢者〉**（あぶれもの）無頼漢。ならず者。

(8) **畢竟**（ひっきょう）結局。ついに。

(9) **狼藉**（ろうぜき）乱暴を働くこと。非道な振る舞い。

一②祇園少将井神輿掻の儀、先年より六町中として七日③に六十人、十四日に八十人、轅の人足これを出し、ご神事相勤④め申し候。右人数の外、願掻のもの古来よりご停止⑤に仰せ付けられ、毎年右の趣仰せ渡され承知仕り候。然れば、当ご神事の節⑥、三条通り曇花院⑦宮様お屋鋪前にて神輿振り当て、そのうえご見物所⑧の格子に掛り候翠簾を引きさき、庇を破り候につき、私ども召し出さ⑨せられ、右あぶれ者ご吟味なさせられ候。余多の人数ゆえ⑩、本人相知れ申さず候えども、畢竟町々の仕方不念につき、年寄ども⑪十日ずつ閉門仰せ付けさせられ、畏み奉り候。

（中略）

一⑫右轅人足ども、例年仰せ渡され候通り、道筋にて町家へ振り当て⑬または掻き込み、狼藉いたさせ申すまじく候。もっとも、願掻の者一⑭人も交り申さず候ように吟味仕るべく候。右の段相背き、若し不届き⑮の儀仕出し候わば、本人は申し上ぐるに及ばず、年寄・組頭・行事⑯いかようとも仰せ付けさせらるべく候。そのため差し上げ申す一札、件のごとし。

【現代語訳】

①差し上げます証文のこと

一、②祇園少将井神輿舁については、従来より六町で七日③に六〇人、十四日に八〇人、轅の人足を出しご神事を勤め④ています。右人数のほかの願舁の者は昔から禁止を命じられ⑤、毎年この趣旨を言い渡され承知しています。ところで、今年の神事の際⑥に、三条通りの曇花院⑦宮様お屋敷前で神輿を衝突させ、そのうえご見物所⑧の格子戸に掛っていた翠簾を引き裂き、庇を破損させたので、私たちが召⑨

喚されて、乱暴者の取り調べがなされました。沢山の人数[10]なので乱暴を働いた当人は不明ですが、結局は町々のやり方が不行届きとして、[11]年寄たちに一〇日ずつ閉門をお命じなされ、恐れ入ります。

（中略）

[12]一、右の轅人足たちに対し、例年言い渡されている通り、道筋で町家へ[13]衝突させたり舁き込んだりといった不法な行為はさせません。さらに、願舁の者が[14]一人も加わらないように取り調べます。これに違反し、もし[15]不届きな行為に及んだならば、本人はいうまでもなく、年寄・組頭・行事も[16]どんな処罰でも受けます。そのため差し上げます一札は、このとおりです。

【解説】

これは、祇園祭での神輿舁（みこしか）き人足の起こした事件をめぐる史料です。省略しましたが、宛所は「御奉行様」＝京都町奉行、差出人は姉小路通車屋町・三条通室町東江入御倉町・室町通二条下ル蛸薬師町・同通御池町・油小路四条下ル石井筒町・西洞院通綾小路下ル憲法町の年寄・組頭・行事で、本文一行目に「六町中」とある町々です。祇園祭では、六月七日に三基の神輿が御旅所に渡り（神幸）、七日後の十四日に祇園社へ帰ります（還幸）。右の六町では、七日・十四日にそれぞれ決められた轅の人足を差し出していたのですが、今年の少将井神輿渡御の途中において狼藉事件が発生しました。事件を起こした者は不明とされていますが、「願舁」の者の存在が問題となっていますので、彼らが騒動を起こす原因だったのでしょう。「願舁」は以前から禁止されていたようですが、徹底されていなかったものと思われます。町々の年寄が、事件の責任を問われ閉門に処されたのでした。

3 町方支配の基本を定める——金沢

覚書（万治二年〈一六五九〉六月一日）

① ② ③ ④ ⑤ ⑥ ⑦ ⑧

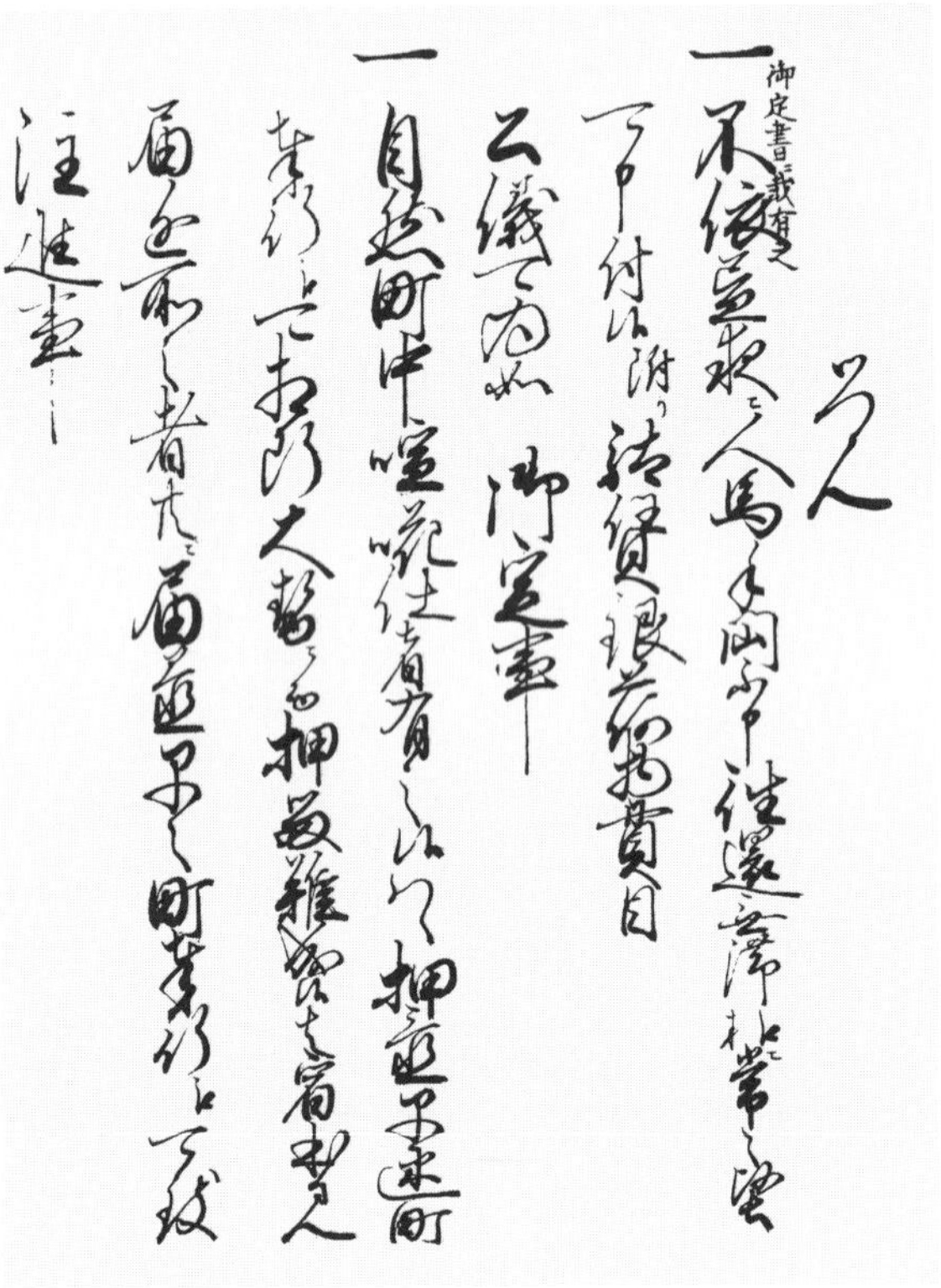

（中略）

⑨ ⑩

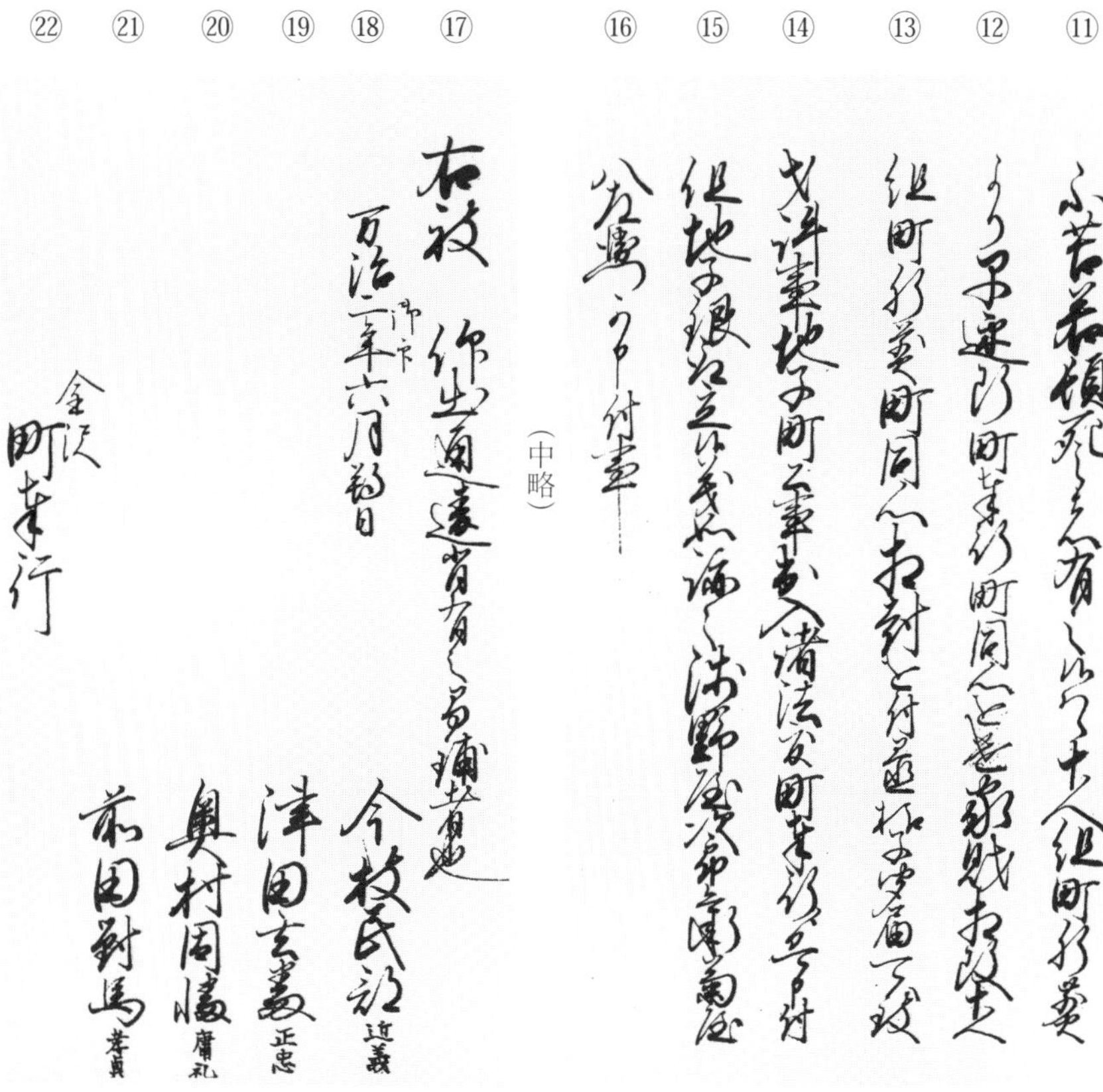

（石川県立図書館所蔵「森田文庫」5函3）

金沢城下図屏風（犀川口町図、十九世紀）（石川県立歴史博物館蔵）

【解読のヒント】

②(昼夜)のは、とくずす場合と筆順が異なるので要注意です。は「彳」(ぎょうにんべん)に「生」で、「往」の異体字「徃」です。③のは「馬」(うまへん)、のは「金」(かねへん)です。⑥(大勢)のは「勢」の異体字です。(本)は、縦棒から入っています。⑦(近所)のが、やや分かりにくいかも知れません。が「斤」で、が「辶」(しんにょう)になります。⑨(肝煎)の「煎」は「煎」の異体字で、「灬」(れっか・れんが)の部分が「火」になっています。⑬のと㉑のは似ていますが、前者は「封」、後者は「対」の旧字「對」です。⑮はが「氵」(さんずい)、が「戔」(戋)で「淺」(浅)です。

【解読文】

① 覚

②（朱書）「御定書ニ載有之」
一不依昼夜ニ、人馬手間(1)不申、徃(往)還無滞様ニ、常ゝ(々)堅

③ 可申付候、附り、駄賃銀・荷物貫目、

④ 公儀(2)可為如　御定事

⑤ 一自然、町中喧硴(嘩)仕候者有之候ハヽ、押置、早速町

⑥ 奉行江可相断、大勢(勢)ニ而押留難成候者、宿本見

⑦ 届、近所之者共ニ届置、早ゝ町奉行江可致

⑧ 注進事

【用語説明】

(1) **手間**(てづかえ)「手支」とも。支障。差し支え。

(2) **公儀**(こうぎ) この場合は、加賀藩(前田氏)のこと。

(3) **跡式**(あとしき)家産や家名の相続。

(4) **町肝煎**(まちきもいり) いわゆる町名主のこと。

（中略）

⑨ 一死去人跡式(3)之事、十人組・町肝煎(4)(煎)申談、病中可
⑩ 為致遺書置、其身勝手次第ニ幾度も調替候義
⑪ 不苦、若頓死(5)之者有之候ハヽ、十人組・町肝煎
⑫ より早速断、町奉行、町同心を遺家財相改、十人
⑬ 組・町肝煎(煎)・町同心相封を付置、様子聞届可致
⑭ 才許(6)事、地子町(7)公事出入(8)諸法度、町奉行ゟ可申付、
⑮ 但、地子銀取立候義、如跡ゝ(9)浅野屋次郎兵衛・菊屋
⑯ 八左衛門可申付事

（中略）

⑰ 右、被　仰出通、逶(違)背有之間鋪者也、
⑱ 万治二年六月朔日(御印)　今枝民部「近義」(朱書)
⑲ 津田玄番(蕃)「正忠」(朱書)
⑳ 奥村因幡「庸礼」(朱書)
㉑ 前田對(対)馬「孝貞」(朱書)
㉒ 金沢 町奉行

（5）**頓死**（とんし）急死。

（6）**才許**（さいきょ）「裁許」とも。裁決。判断。

（7）**地子町**（じしまち）地子は町の宅地に掛けられた税で、金沢町では地子銀を納めた町を地子町といった。これに対し、地子銀は納めず町役を勤めた旧来からの町を本町(ほんまち)といった。

（8）**公事出入**（くじでいり）主に民事関係の事件と訴訟。

（9）**跡々**（あとあと）前々。以前。

【読み下し文】

覚①

一②昼夜によらず、人馬手間え申さず、往還滞りなきように、常々堅く申③し付くべく候。附り、駄賃銀・荷物貫目、④公儀お定めのごとくたるべき事。

一⑤自然、町中喧嘩仕り候者これあり候わば押え置き、早速町奉⑥行へ相断るべし。大勢にて押え留めなり難く候わば、宿本見⑦届け、近所の者どもに届け置き、早々町奉行へ⑧注進いたすべき事。

（中略）

一⑨死去人跡式の事、十人組・町肝煎申し談じ、病中遺⑩書いたさせ置くべし。その身勝手次第に幾度も調え替え候義苦⑪しからず。もし頓死の者これあり候わば、十人組・町肝煎⑫より早速断り、町奉行、町同心を遣し家財相改め、十人組⑬・町肝煎・町同心相封を付け置き、様子聞き届け才⑭許いたすべき事。

地子町公事出入・諸法度、町奉行より申し付くべし。⑮但し、地子銀取り立て候義、跡々の如く浅野屋次郎兵衛・菊屋⑯八左衛門申し付くべき事。

（中略）

右⑰、仰せ出ださる通り、違背これあるまじき者なり。

【現代語訳】

覚①

一②、昼夜を問わず、人馬に支障なく、往還に障害がないように、いつもしっかりと支③配しなさい。付則、駄賃銀や荷物貫目については、藩[4]の定めに従うこと。

一[5]、もし、町の中で喧嘩する者があったならば止めて、すぐに町奉行[6]へ連絡しなさい。人数が多くて止められなければ、住居を確認[7]して、近所の人たちに知らせて置いて、早く町奉行へ報告[8]すること。

（中略）

一[9]、死亡者の相続については、十人組・町肝煎が話し合って、病中に遺書[10]を書かせて置きなさい。その身の状況により何度書き替えても構[11]わない。もし頓死の者があったならば、十人組・町肝煎から[12]すぐに町奉行に連絡し、町奉行は町同心を派遣して家財を取り調べ、十人組[13]・町肝煎・町同心が一緒の封印を付けて置き、状況を確認して判断[14]すること。地子町の訴訟や諸法令は、町奉行から命じなさい。また[15]、地子銀の取り立ては、従来どおり浅野屋次郎兵衛・菊屋八左衛門[16]に命じること。

（中略）

右[17]に命じられたとおり、違反をしてはならない。

【解説】

この定書は、金沢町（現石川県金沢市）の人々が守るべき事項を示したもので、全二〇か条に及ぶものです。差出人は加賀藩の年寄四名ですが、年代の横に「御印」とあるのは藩主の押印があること、すなわちこの覚書が藩主の命令であることを意味しています。この覚書は、ほかの覚書などとともに「諸事御法度毎月二日讀(読)之帳」と題された冊子に収録されており、毎月二日に奉行所において読み聞かされていました。町の住人は十人組に組織され、各町には町肝煎が存在していたことが知られます。

4 綿問屋にライバル現る——平野郷町

綿寄所出願迷惑につき口上書（延享二年〈一七四五〉七月）

⑨ ⑧ ⑦ ⑥ ⑤ ④ ③ ② ①

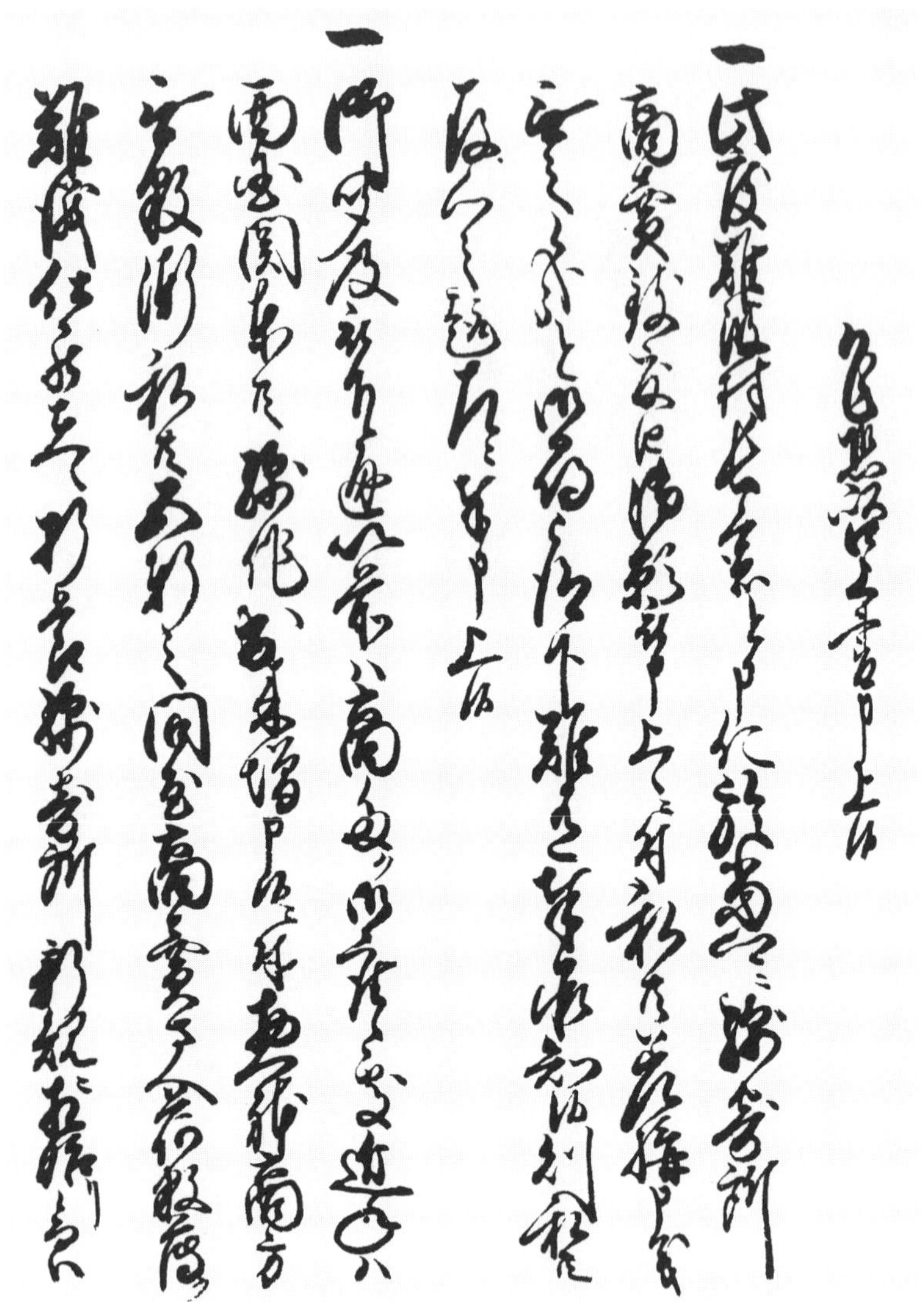

⑩ ⑪ ⑫ ⑬

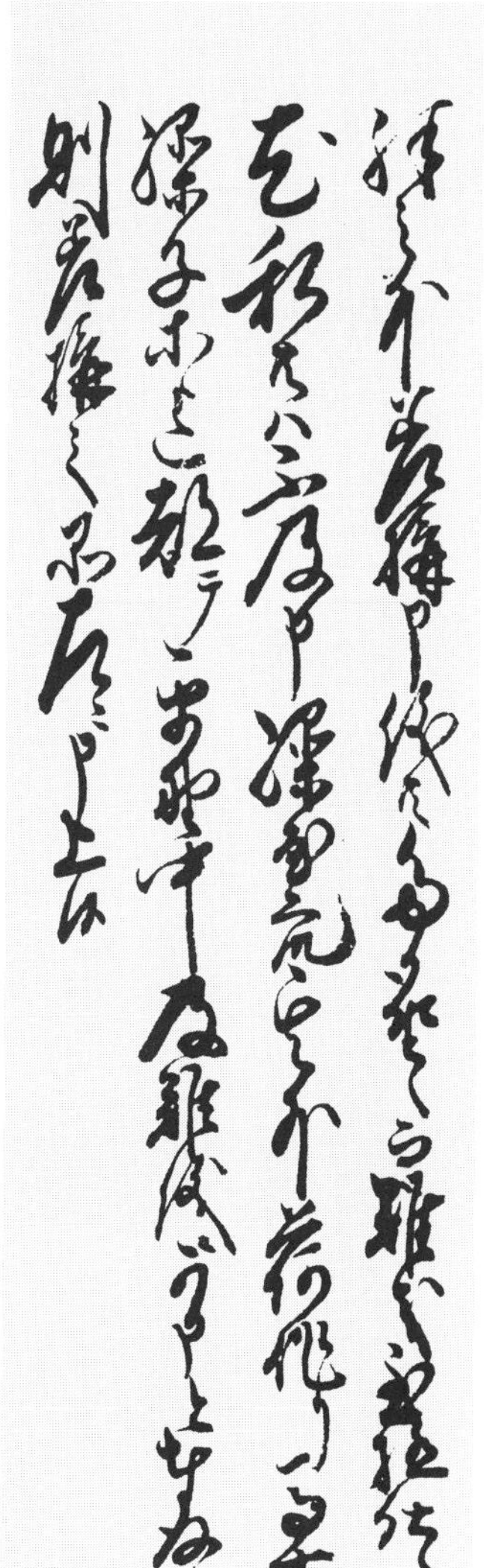

（中略）

⑭ ⑮ ⑯ ⑰ ⑱ ⑲

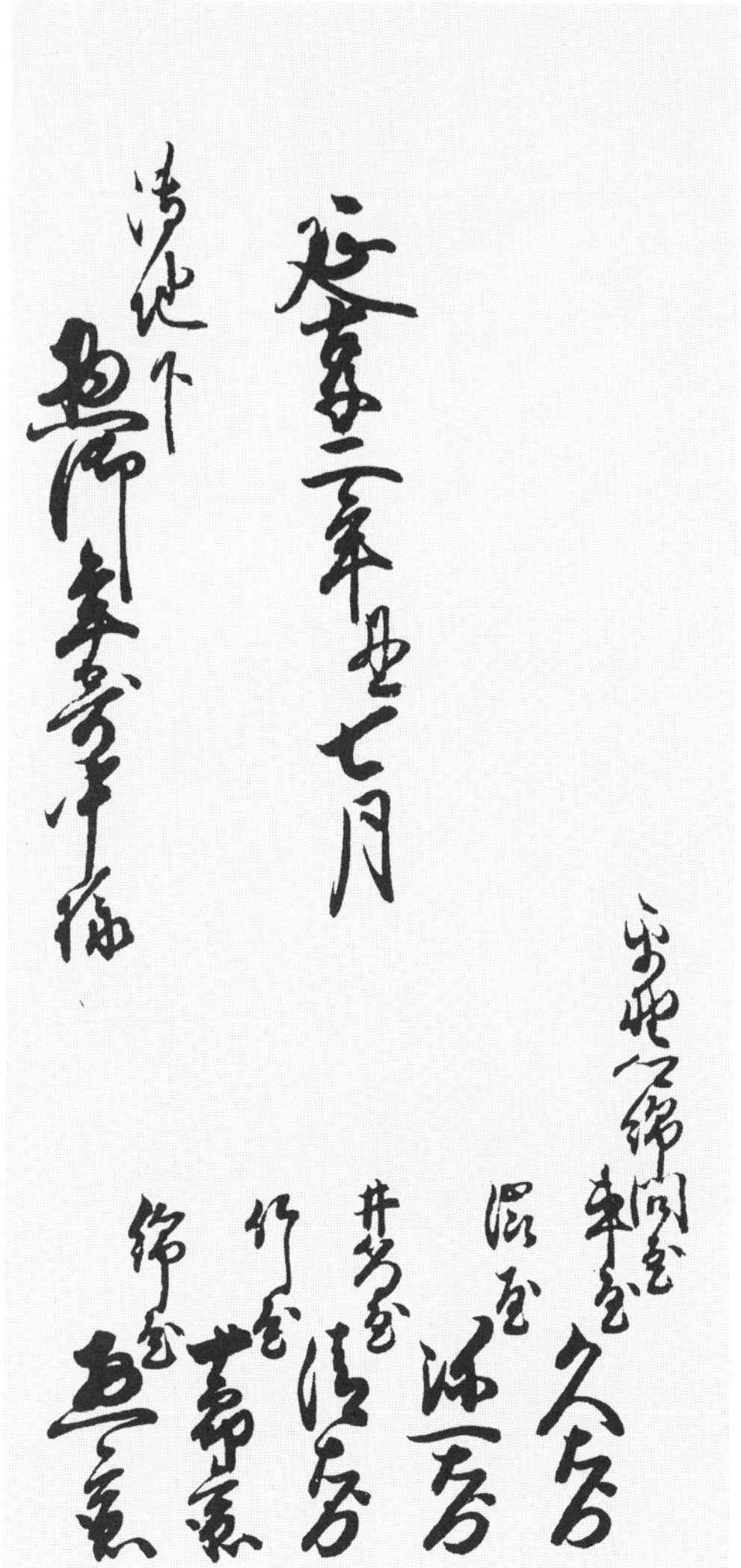

（大阪市平野区　杭全神社所蔵「（平野郷町惣会所）覚帳」）

【解読のヒント】

①は「乍恐（おそれながら）」です。とくに「乍」は特徴的なくずしです（№5①の「乍恐」と比べてみてください）。②は「此」の典型的なくずしです。のは「郷」のかなりくずした形です。用法によっては「卿」と読むこともあります。③（商賣）のは「売」の旧字です。次のは「致」ですが、左側のの部分が「釒（かねへん）」に似ているので要注意です。はちょっと分かりにくいかもしれませんが「由（よし）」です。④は「無」ですが、下の「灬（れんが）」の部分が短い横棒に省略されています。は「哉（や）」のよくみられるくずしです。は「尋」ですが、「寸」の部分が小さく丸になったもので、よくみるくずしです。⑥は「聞」で、が「門（もんがまえ）」になります。は「多」の典型的なくずしで、平仮名の「た」にもなります。（近年）のはユニークな形をしていますので、覚えてしまいましょう。⑦は、「亻（にんべん）」に①でみた「乍」で「作」となります。は「惣」ですが、「心」の部分が横の直線になっています。⑧（無数）の「数」は左側下の「女」が略されているもので、よく出てくる形です。⑩（殊）のは「歹（かばねへん）」ですが、（綿）や（繰）などの「糸（いとへん）」と似ていますので要注意。（御坐候）のは「广（まだれ）」のない「坐」です。⑥の（御座候）と比べてみてください。⑪は「衆」の典型です。⑫のは「平」ですが、筆順に注意。は「野」の異体字「墅」です。

【解読文】

① 乍恐以口上書（1）申上候

② 一此度、難波村長兵衛と申仁、於當（当）郷ニ綿寄所

【用語説明】

（1）**口上書**（こうじょうがき）本来、口述する代わりに作成した書面をいうが、自分の主

商賣(売)致度由、御願被申上候ニ付、私共差構(構)(2)申義
無之候哉と御尋被仰下、難有奉承知候、則、私共
存心(3)之趣、左ニ奉申上候、
一御聞及被下候通、以前ハ商多ク御座候處(処)、近年ハ
西国・関東共綿作出来増(4)申候ニ付、惣躰(5)(体)商方
無敉(6)(数)、漸私共五軒之問屋商賣さへ、荷敉薄ク
難儀(7)仕罷在候折節、綿寄所新規ニ相始り候而ハ、
殊之外差搆(構)申儀共多御坐候而、難義至極仕候、
尤、私共ハ不及申、繰屋衆其外荷作り・馬士・
繰子ホ(等)迄、都テ平埜(野)中及難儀ニ可申と奉存候、
則、差搆之品左ニ申上候

（中略）

平埜郷綿問屋
車屋 久右衛門
渋屋 弥一右衛門
井筒屋 清右衛門
竹屋 十郎兵衛
綿屋 惣兵衛

延享二年丑七月

御地下(8)
惣御年寄中様

張・意見などを述べた書面。

（2）**差構**（さしかまい）差障り。支障。困難。

（3）**存心**（ぞんしん）考え。所存。

（4）**出来増**（できまし）生産や収穫の量が増すこと。増産。

（5）**惣体**（そうたい）総じて。全体的に。

（6）**無数**（かずなし）はかない。少ない。

（7）**難儀**（なんぎ）「難義」も同じ。困窮。困難。迷惑。

（8）**地下**（じげ）ここでは、平野郷町のこと。

【読み下し文】

恐①れながら口上書をもって申し上げ候

一②このたび、難波村長兵衛と申す仁、当郷において綿寄所商売③いたしたき由、お願い申し上げられ候につき、私ども差構い申す義④これなく候哉とお尋ね仰せ下され、ありがたく承知奉り候。則、私ども存心⑤の趣、左に申し上げ奉り候。

一⑥お聞き及び下され候とおり、以前は商い多くござ候ところ、近年は西国⑦・関東とも綿作出来増申し候につき、惣体商い方数⑧なく、漸く私ども五軒の問屋商売さへ、荷数薄く難儀⑨仕り罷りあり候折節、綿寄所新規に相始まり候ては、殊⑩のほか差構い申す儀とも多くござ候て、難義至極仕り候。もっとも⑪、私どもは申すに及ばず、繰屋衆そのほか荷作り・馬士・繰子⑫などまで、都て平野中難儀におよび申すべくと存じ奉り候。すなわち⑬、差構いの品左に申し上げ候。

【現代語訳】

恐①れ多いことですが口上書にて申し上げます

一②、今度、難波村の長兵衛という人が、当郷（平野郷）において綿寄所商売③をしたいと、お役所にお願いされたので、私どもに差障ることはないか④どうかと問いただしてくださいまして、ありがたく承知いたしました。そこで、私どもの考えるところ⑤を、左に申し上げます。

一⑥、お聞き及びのように、以前は綿の取引が多かったのですが、近年は西国⑦・関東とも綿作を増産していますので、総じて平野郷での取引は[8]少なく、かろうじて私たち五軒の問屋が商売をしていますが、それでも荷物の量が乏しく、[9]このように難渋している時に、綿寄所が新たに営業を始めては、[10]とても差障ることが多くあり、困難この上ない状態です。[11]さらに、私たち綿問屋はいうまでもなく、繰屋衆や荷作り・馬士・[12]繰子などまで、全体として平野中が困難に陥ると存じます。[13]そこで、差障りの理由を次に申し上げます。

【解説】

この史料は、摂津国住吉郡平野郷町（現大阪市平野区）の綿問屋五名から、同町の惣年寄に宛てられた口上書です。平野郷町は、坂上田村麻呂の子広野麻呂の子孫と称する七家（七名家）によって開発されたといわれ、江戸時代には七名家のうちから数名が惣年寄に就任し町政に当たっていました。平野郷町の周辺は綿作地域として知られ、同町はその加工・販売を中心とした在方町として発展しました。その平野郷町で、延享二年（一七四五）に難波村（摂津国西成郡、現大阪市南区）の長兵衛が、綿の売買を始めようとしたようです。これに対し綿問屋たちは、今はかつてのように盛況ではないので、新規参入されては問屋をはじめ関係する者たちも難儀し、平野全体が困窮するとして反対しています。また、繰屋一四二人も反対の願書を提出しています。こうした反対を受け、惣年寄は領主役所に対して新規商売の中止を願い出ています。平野郷町には多種・多様な商人や職人が存在していましたが、この史料によれば、綿の関係でも問屋のほかに綿繰を業とする繰屋、繰屋に雇用された繰子、荷作りに当たった者や運送に当たった馬士というように、多くの職種が関係していることが知られます。

5 豆腐屋の値上げ――桐生新町

値上許可願書（天保六年〈一八三五〉五月）

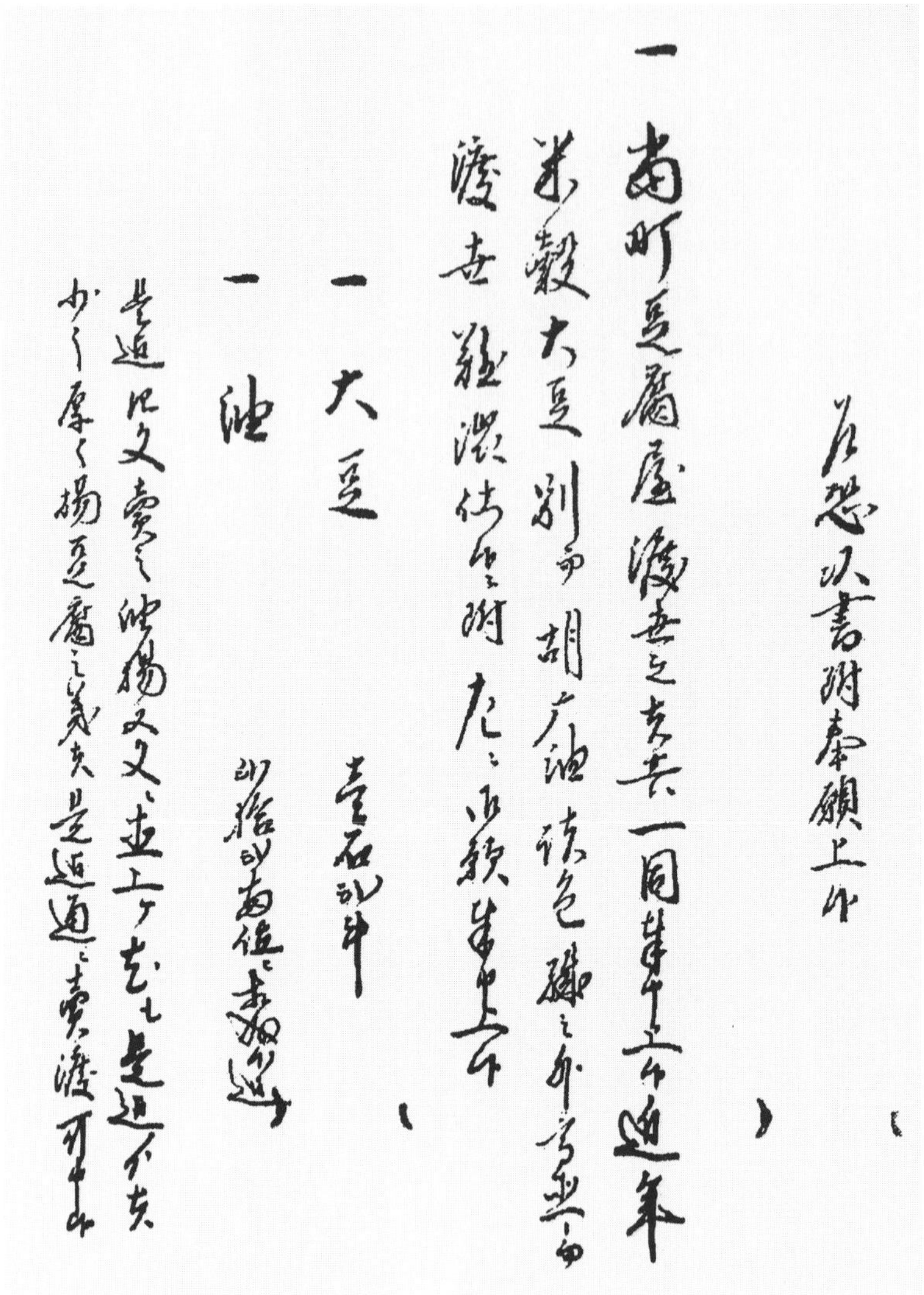

① 乍恐以書附奉願上候
② 一 当町豆腐屋渡世之者共一同去ル午年迄年
③ 米穀大豆別而胡麻油諸色騰之高直ニ而
④ 渡世難渋仕候ニ付 左ニ奉願上候
⑤ 一 大豆 壱石ニ付
⑥ 一 油 御相場ニ而値ニ相成候迄
⑦ 是迄八文売之油揚九文ニ直上ケ申度 是迄ゟ者
⑧ 少く厚く揚豆腐之義者是迄通ニ売渡可申候

⑱ ⑰ ⑯ ⑮ ⑭ ⑬ ⑫ ⑪ ⑩ ⑨

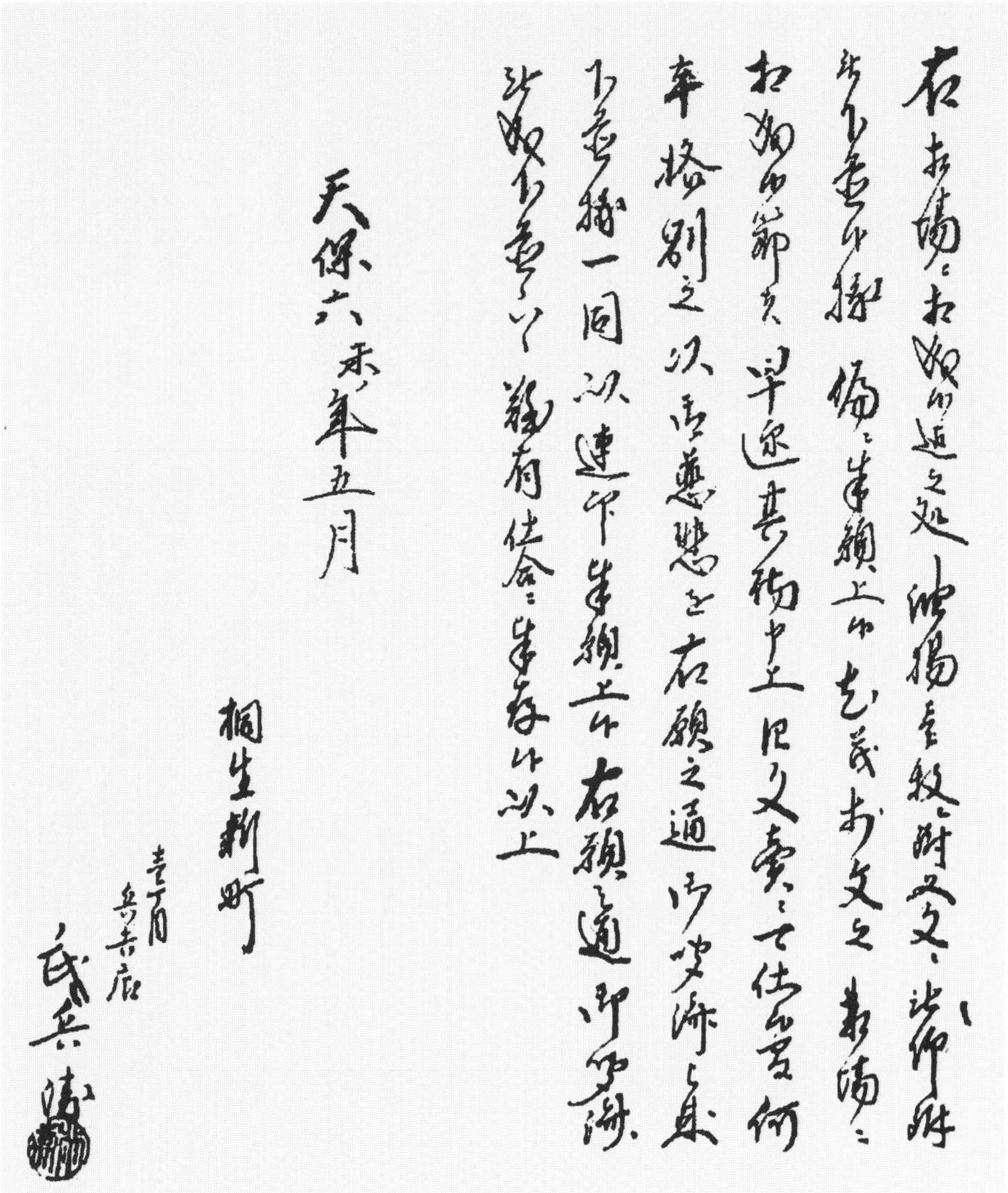

（桐生市立図書館所蔵「書上家文書」A1-788）

【解読のヒント】

①は右側の「人」の部分が大きくなっていますが「以(もって)」です。⑬の(以)と比べてみましょう。の は「附」です。普通は「付」と書く場合が多いのですが、この史料では④(ニ附)・⑨(被仰附)のように「阝(こざとへん)」が付いています。②(渡世)のは「世」の異体字です。③は「高」です。最初の「丶」がなければ「馬」のくずしになります。④は「難渋」ですが、「難」の「隹(ふるとり)」部分が(至)と似ています(⑭の(難有)も)。⑦は「迠」で、「迄」と同じですが、「迠」と書かれることもあります。は「売」の旧字「賣」です。と⑮のはともに「五」です。⑩(尤茂)のは「も」の変体仮名です。(前文)のは、一見「前」にはみえにくいと思います。⑫は「被成」ですが、「被」がかなり略体になっています。⑭も「被成」です。

【解読文】

①　乍恐以書附奉願上候

②　一當(当)町豆腐屋渡世(1)之者共一同奉申上候、近年

③　米穀・大豆、別而(2)胡广(麻)油、諸色(3)殊之外高直(4)ニ而、

④　渡世難渋仕候ニ附、左ニ御願奉申上候、

⑤　一　大豆　壱石弐斗

⑥　一　油　弐拾弐両位ニ相成候迠(迄)

【用語説明】

(1) **渡世**(とせい)商売。職業。

(2) **別而**(べっして)とくに。とりわけ。

(3) **諸色**(しょしき)いろいろな商品。品々。

(4) **高直**(こうじき)物価が高いこと。

是迠四文賣(売)之油揚、五文ニ直(値)上ケ、尤も、是迠ゟ者
少ゝ(々)厚く揚、豆腐之義者、是迠通ニ賣渡可申候、
右相場(5)(場)ニ相成候迠之処、油揚壱枚ニ附五文ニ被仰附
被下置候様、偏ニ奉願上候、尤茂、前文之相場ニ
相成候節者、早速其砌申上、四文賣ニ可仕候間、何
卒格別之以御慈悲を、右願之通御聞済被成
下置様、(候脱カ)一同以連印奉願上候、右願之通御聞済
被成下置候ハヽ、難有仕合(6)奉存候、以上

天保六未ノ年五月

桐生新町
壱丁目
兵吉店
武兵衛㊞

(後略)

(5) **相場**（そうば）物品の取引価格。
(6) **仕合**（しあわせ）処置。始末。幸運。

【読み下し文】

①恐(おそ)れながら書附をもって願い上げ奉(たてまつ)り候

②一(ひとつ) 当町豆腐屋渡世(とせい)の者ども一同申し上げ奉り候。近年米穀③・大豆、別(べっし)て胡麻(ごま)油、諸色殊(しょしきこと)の外高直(ほかこうじき)にて、④渡世難渋仕(なんじゅうつかまつ)り候につき、左(さ)にお願い申し上げ奉り候。

一⑤　大豆　　一石二斗

一⑥　油　　二十二両位（ぐらい）に相（あい）なり候まで

⑦これまで四文（もん）売りの油揚、五文に値上げ。尤（もっと）も、これまでよりは少々⑧厚く揚げ、豆腐の義は、
これまで通りに売り渡し申すべく候。

⑨右相場（そうば）に相（あい）なり候までのところ、油揚一枚につき五文に仰（おお）せ附けられ下し置かれ⑩候よう、偏（ひとえ）に願い上げ奉り候。尤（もっと）も、前文の相場に相⑪なり候節は、早速その砌（みぎり）申し上げ、四文売りに仕るべく候あいだ、何卒格別⑫のご慈悲をもって、右願いの通りお聞き済みなし下し置かれ⑬（候）よう、一同連印（れんいん）をもって願い上げ奉り候。右願いの通りお聞き済みなし⑭下し置かれ候わば、ありがたき仕合（しあわせ）に存じ奉り候。以上。

【現代語訳】

恐れ多いことですが①書面にてお願い申し上げます

一、②当町の豆腐屋商売の者たち一同が申し上げます。最近米穀③や大豆、とくに胡麻油が値上がりし、諸商品が非常に高値になり、商売④が困難になっていますので、左にお願い申し上げます。

一⑤　大豆　　一石二斗

一⑥　油　　二二両位になるまで

⑦これまで四文売りの油揚を、五文に値上げする。ただし、これまでよりは少々⑧厚く揚げる。豆腐については、これまでどおりに売り渡す。

[9]右の価格になるまでのところは、油揚一枚について五文の値段に命じて[10]下さいますよう、ひとえに願い上げます。もっとも、前文の価格に[11]なった時には、早速その際に申し上げ、四文売りにいたしますので、[12]何卒格別のお情けをいただき、右の願いのとおりご承諾[13]くださいますよう、一同が連印して願い上げます。右の願いのとおりご承諾[14]くだされましたならば、感謝に耐えない処置と存じます。以上です。

【解説】

これは、上野国(こうずけのくに)山田郡桐生新町(きりゅうしんまち)（現群馬県桐生市）の豆腐屋からの油揚の値上げ願書(ねがいがき)です。省略しましたが、差出人は武兵衛のほか二丁目・彦兵衛店(たな)友吉、横丁・百姓金兵衛、三丁目・太郎左衛門店忠兵衛、三丁目・伊助店清八、五丁目・粂治(くめじ)店藤八、六丁目・周治郎店治郎吉、四丁目・太郎左衛門店惣蔵の八名で、宛所は「町御役人衆中」＝桐生新町の町役人です。天保(てんぽう)六年（一八三五）といえば、天保の飢饉(ききん)のピークの時期です。米価を始め諸物価が高騰し、各地で打ちこわしや一揆(いっき)が頻発していました。桐生近辺でも飢饉の悲惨な状況が伝えられています。そうしたなかで、ここ桐生新町で、豆腐屋が大豆と油の値上がりを理由に、油揚の値上げを申請したのでした。諸物価高騰の影響は、諸方面に現れたと思われますが、これはその一齣(ひとこま)といえましょう。なお、桐生新町の豆腐屋は、翌七年十一月には、豆腐の値上げを願い出ています。

6 香具師(やし)の掟

香具師仲間定書（享保二十年〈一七三五〉十一月二十一日）

①　②　③　④　⑤　⑥　⑦

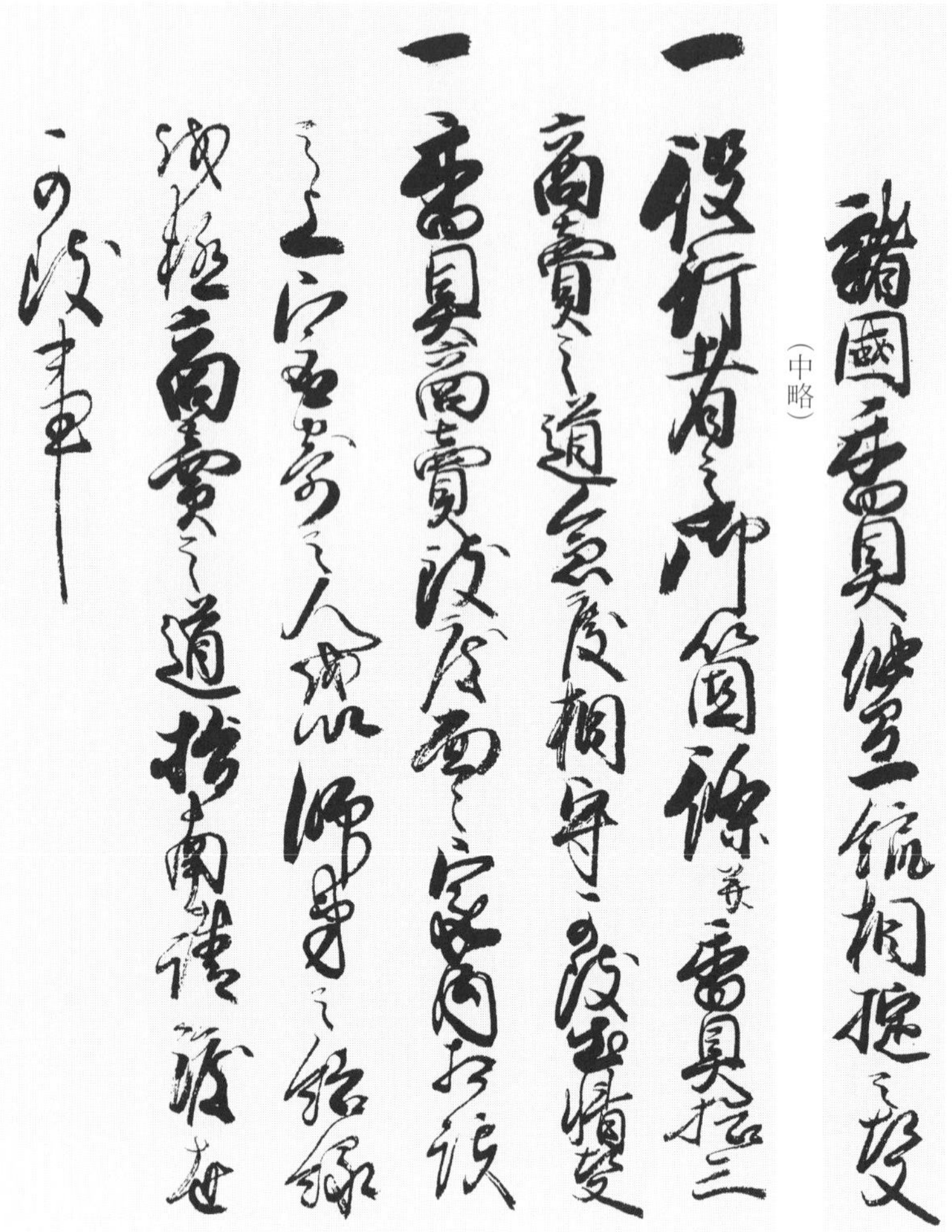

（中略）

（中略）

⑧　⑨　⑩　⑪　⑫　⑬　⑭　⑮

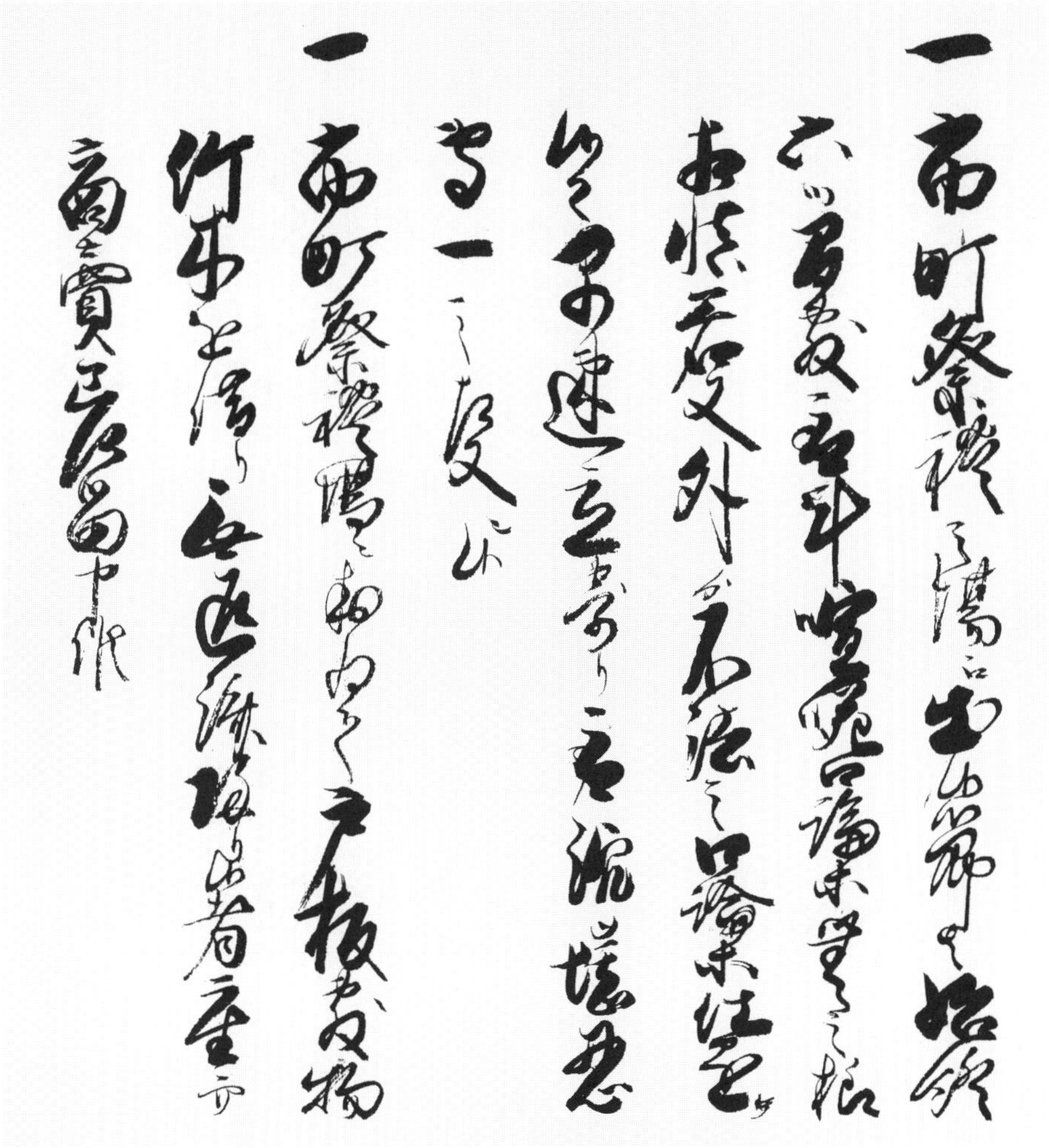

（中略）

⑳　⑲　⑱　⑰　⑯

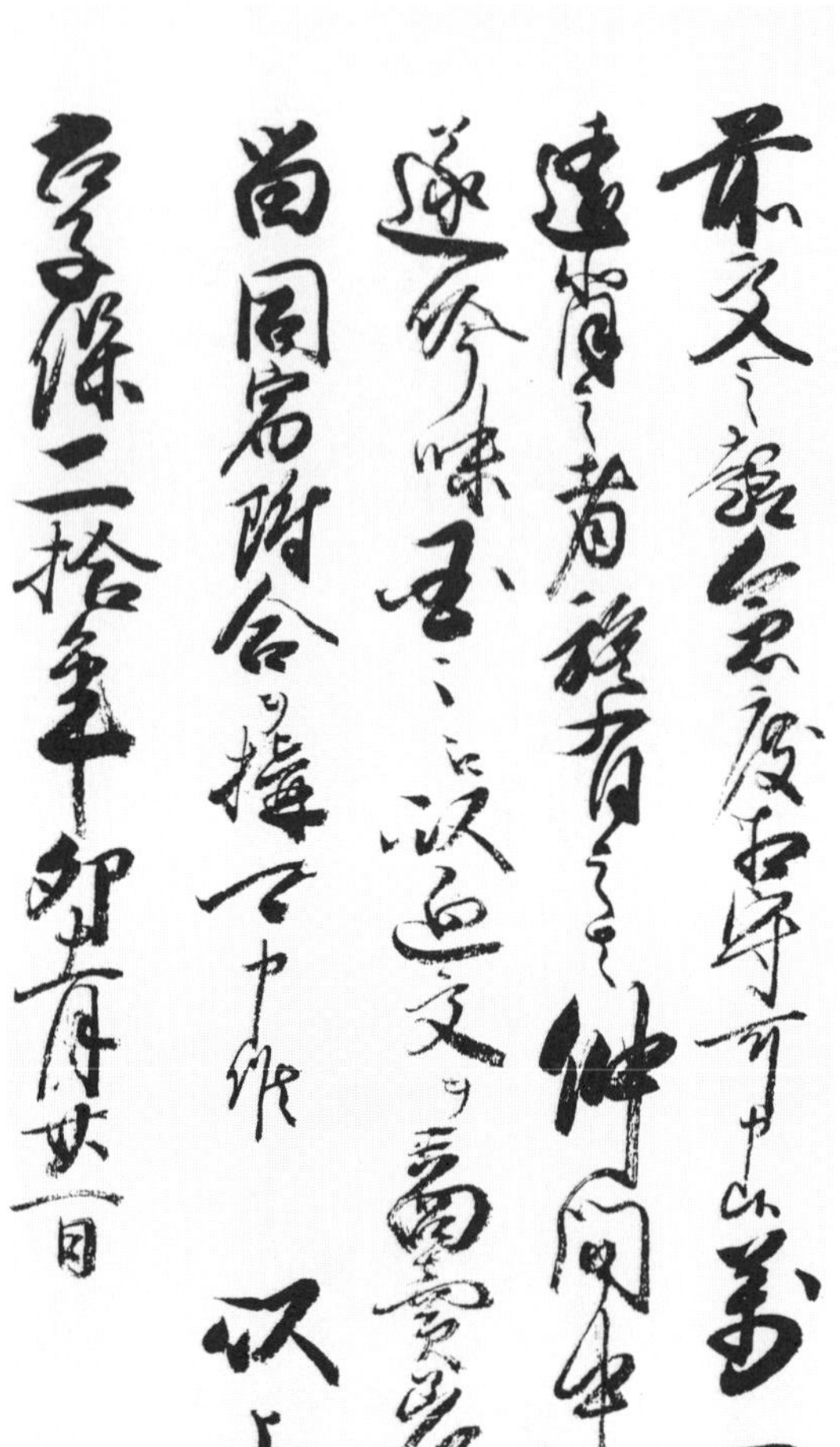

（個人蔵）

【解読のヒント】

①（支）は「事」の異体字です（③⑫にもあります）。⑤（寂）は「最」の異体字です。⑤・⑥は「越」で、「を」の変体仮名として使われています。⑧の（禮）は「礼」の旧字です。⑨は「六ッ間敷」ですが、「睦まじく」の当て字としてよく使われます。⑩（仕懸ヶ）のは「懸」のかなりくずれた形で、「心」の部分が「辶（しんにょう）」と紛らわしいので要注意です。⑪は「沈」の異体字「沉」です。⑱は「国々」で、が「囗（くにがまえ）」です。

【解読文】

① 諸國(国)香具仲間一統相掟(定カ)之叓(事)

(中略)

② 一役(1)行者之御箇條(条)并香具拾三

③ 商賣(売)之道、急度相守可致出情(精)叓

④ 一香具商賣致度面〻(々)、家(2)内相談

⑤ 之上、寂(最)寄之人を以師弟之結(3)縁

⑥ を極、商賣之道指(4)南ヲ請、渡丗(世)

⑦ 可致事

(中略)

⑧ 一市町祭禮(礼)之場(場)所江出候節者、始終

⑨ 六ツ間敷取計、喧咜(嘩)口論ホ(等)無之様

⑩ 相慎、若又外ゟ不法之口論ホ仕懸ケ

⑪ 候ハヽ、早速立寄り取沉(沈)メ、堪(5)忍

⑫ 専(6)一之叓ニ候

⑬ 一市町祭禮場ニおゐて、戸板・敷物・

⑭ 竹木を借り、無返済帰り候者、重而

⑮ 商賣差留申候

【用語説明】

(1) **役行者**(えんのぎょうじゃ) 奈良時代の大和国葛城山(かつらぎさん)にいた呪術者・験者。役小角(えんのおづの)ともいい、理想の修行者といわれる。

(2) **家内**(かない) 家族。

(3) **結縁**(けちえん) 縁故を結ぶこと。関係すること。

(4) **指南**(しなん) 指導。教導。

(5) **堪忍**(かんにん) 我慢。こらえること。

(6) **専一**(せんいつ) 第一。随一。

(7) **同宿**(どうしゅく) 仲間。同僚。

(8) **構**(かまう) 禁止する。追放する。

（中略）

⑯ 前文之趣、急度相守可申候、萬（万）一

⑰ 逶（違）背之者於有之者、仲間中

⑱ 遂吟味、国〻江以廻文ヲ商賣差

⑲ 留、（7）同宿附合ヲ（8）搆（構）可申候、以上

⑳ 享保二拾年夘（卯）十一月廿一日

【読み下し文】

諸国香具（やし）①仲間一統これを相定（あい）むる事

（中略）

②一 役行者（ひとつえんのぎょうじゃ）のご箇条（かじょう）ならびに香具十三商売③の道、急度相（きっとあい）守り出精（しゅっせい）いたすべき事。

④一 香具商売いたしたき面々、家内相談のうえ⑤、最寄（もより）の人をもって師弟の結縁（けちえん）⑥を極（き）め、商売の道指南（しなん）を請け、渡世（とせい）⑦いたすべき事。

（中略）

⑧一 市町祭礼の場所へ出で候節は、始終睦（むつ）⑨まじく取り計らい、喧嘩口論（けんかこうろん）等これなきよう相慎み⑩、若（も）しまた外（ほか）より不法の口論等しかけ候わば⑪、早速立ち寄り取り沈（しず）め、堪忍（かんにん）⑫専一の事に候。

⑬一 市町祭礼場において、戸板・敷物・竹木を借り⑭、返済なく帰り候者、重ねて商売差し留め申し候⑮。

（中略）

⑯前文の趣、急度相守り申すべく候。万一⑰違背の者これあるにおいては、仲間中吟⑱味を遂げ、国々へ廻文をもって商売差し⑲留め、同宿付合を構い申すべく候。以上。

【現代語訳】

①諸国の香具仲間一同で定めたこと

（中略）

②一、役行者の定めた事項および香具十三③商売の道を、かならず守り精を出すこと。

④一、香具商売を希望する者は、家族と相談した⑤うえで、近くの香具師と師弟の関係を⑥結び、商売の道の指導を受け、商売を⑦すること。

（中略）

⑧一、町場や祭礼の場所へ商売に出る時は、いつも⑨仲良くするよう配慮し、喧嘩口論などがないように⑩自重し、もしまた他から理不尽な口論などしかけてきたなら⑪ば、すぐに集まって騒ぎを静め、我慢の心掛けが⑫第一である。

⑬一、町場や祭礼場において、戸板・敷物・⑭竹木を借り、そのまま返さないで帰った者は、今後は⑮商売を禁止する。

（中略）

⑯前文の趣旨を必ず守る。万一⑰違反する者があったならば、仲間中で⑱十分に取り調べ、各地へ廻文を出

して商売を禁止[19]し、仲間としての付合いをしない。以上である。

【解説】

この史料は、ある香具師（やし）仲間の定書（掟書）です。全一五条ありますが、ここにはそのうちの四か条分を掲げました。香具師は、縁日や祭礼の場あるいは盛り場などに露店を出し、口上や見世物などで客を寄せ商売を行う商人ですが、本来は売薬商人といわれています。その扱う業種は、第一条に「香具拾三商賣」とあるように一三種といわれ、香具・薬をはじめ小間物や菓子類などがあります。そして、この一三種は、享保（きょうほう）二十年（一七三五）に町奉行大岡越前守の裁許によって公認されたといわれています。これは史実ではないのですが、香具師仲間の商売の正当性を主張するための由緒（ゆいしょ）として語られているのです。ここに掲げた定書も享保二十年の日付となっています。一三業種の公認と時を同じくして制定されたもの、として伝えられたのでしょう。また、再び第一条に注目すると、「役行者之御箇條」とあります。役行者は修行者として有名ですが、その家は呪術と医療を扱う家であったといわれ、医療や売薬との繋（つな）がりが指摘できます。本来売薬商人といわれる香具師が、役行者と結びつく由緒を語っていた可能性が窺え、興味を惹（ひ）くところです。

第6章

暮らしの事件簿

——村の紛争解決と駆込寺——

人々は、日々の暮らしのなかで、時には事件に遭遇し、争論や訴訟の当事者になることもありました。それは、現代でも江戸時代でも同じでしょう。ただし、そうした場合の解決方法には、その時代に特徴的な制度なり慣行がありました。本章では、江戸時代の村人が、事件に際しどのような解決方法をとったのか、という観点から村で起こった諸事件をとりあげてみましょう。

本章には、地域的には武蔵国と上野国の一部地域に偏ってしまいましたが、六点の史料を載せました。各事件にはそれぞれ直接的な関係はありません。しかし、各史料を通じて共通するキーワードは「入寺」です。№1では、付き添いを勝手に交代した者が村役人から追及され「入寺」しています。№2では、酒に酔って村役人に雑言を吐いた者が「入寺」しています。№4では博奕に負けて出奔した者が、№5では火事の火元が、№6では娘を誘拐した者が、それぞれ「入寺」しています。№3には「入寺」とは明記されていませんが、代官から処罰を受けそうになった者が寺院を頼っています。このように、事件の当事者が村の寺院に駆け込んで、寺院を通じお詫びをしているのです。すなわち、ここでの「入寺」とは、このような寺院への〝駆け込み〟をいいます。寺院への駆け込みというと、縁切寺で有名な相模国鎌倉の東慶寺と上野国新田郡徳川郷の満徳寺が思い浮かびますが、江戸時代の人々は、離縁ばかりではなく、さまざまな理由で村や町の寺院に駆け込んでいたのでした。まさに、村や町の寺院はすべて駆込寺であったといえるのです。

さて、各史料をみると、№1や№6では「入寺」することによって村役人の追及を回避しています。また、№2・№4にみられるように、村役人から〝出訴する〟〝公儀へ披露する〟といわれ「入寺」しているのは、村役人による追及の回避とともに、告発されれば受けるであろう処罰の回避でもあります。

№3は代官からの処罰を避けるための「入寺」です。そして、いずれの場合も、寺院を通じて謝罪することによって内済・赦免となっています。村や町を単位にした共同体が強固であった江戸時代では、事件の惹起が共同体の平和を乱す行為とされ、平和回復のための手段として謝罪（詫び）がなされました。一方、幕府は紛争処理に関して内済方針を原則としていました。すなわち話し合いによる示談の奨励です。こうした謝罪や示談の仲裁者としての役割を、地域の有力者などとともに寺院が担っていたのであり（№2のように、神職が関与する場合もみられます）、「入寺」は村や領主による制裁・処罰を回避し、内々に紛争を解決するための手段でした。

本章に掲げた事例のほとんどは、こうした謝罪・謹慎のための「入寺」ですが、謝罪・謹慎という行為は、それが強制されれば制裁・処罰としての性格を持つことになります。№5は代官宛の出火届書ですが、幕府が「入寺」を正式な処罰の代替措置としていたため、文面に「入寺」文言が入っているのです。多くの藩でも、「入寺」を出火に対する正式な処罰あるいはその代替措置としていました。村の制裁として「入寺」が定められている場合もあり、「入寺」には処罰・制裁としての機能もあったのです。また、縁切りに示されるような人々の救済手段としての機能もありました。

【参考文献】 佐藤孝之著『駆込寺と村社会』（吉川弘文館、二〇〇六年）、宮原一郎「近世村落の寺社と紛争処理―秩父郡大野村の事例から―」（『埼玉地方史』三八、一九九七年）、同「近世詫証文の構造と特質―秩父郡大野村の事例から―」（『國學院大學大学院紀要』文学研究科二九、一九九八年）、佐藤孝之著『近世駆込寺と紛争解決』（吉川弘文館、二〇一九年）

1
妻が失踪か

付添不履行詫証文（明和八年〈一七七一〉十一月七日）

⑧　⑦　⑥　⑤　④　③　②　①

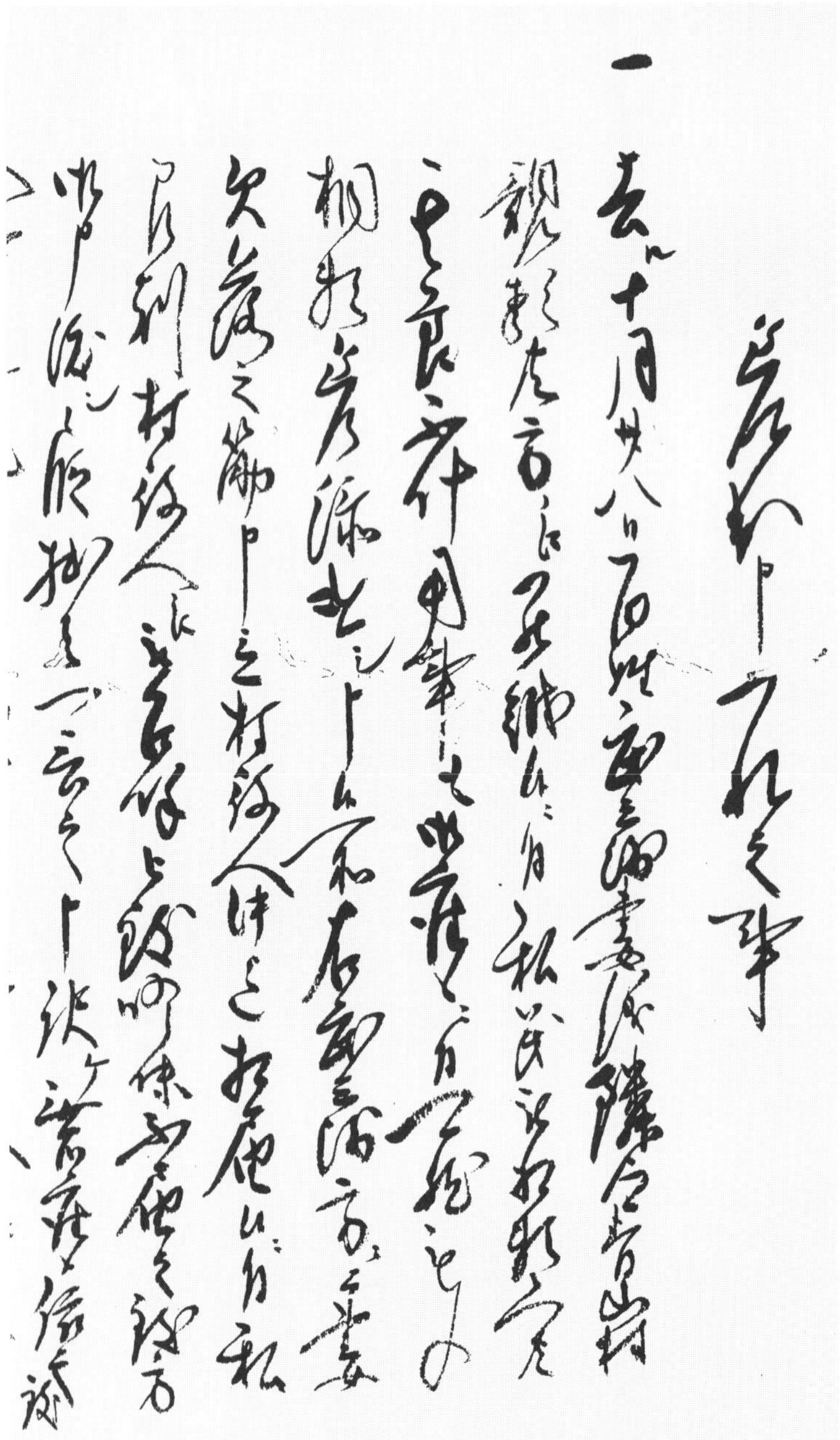

⑱ ⑰ ⑯ ⑮ ⑭ ⑬ ⑫ ⑪ ⑩ ⑨

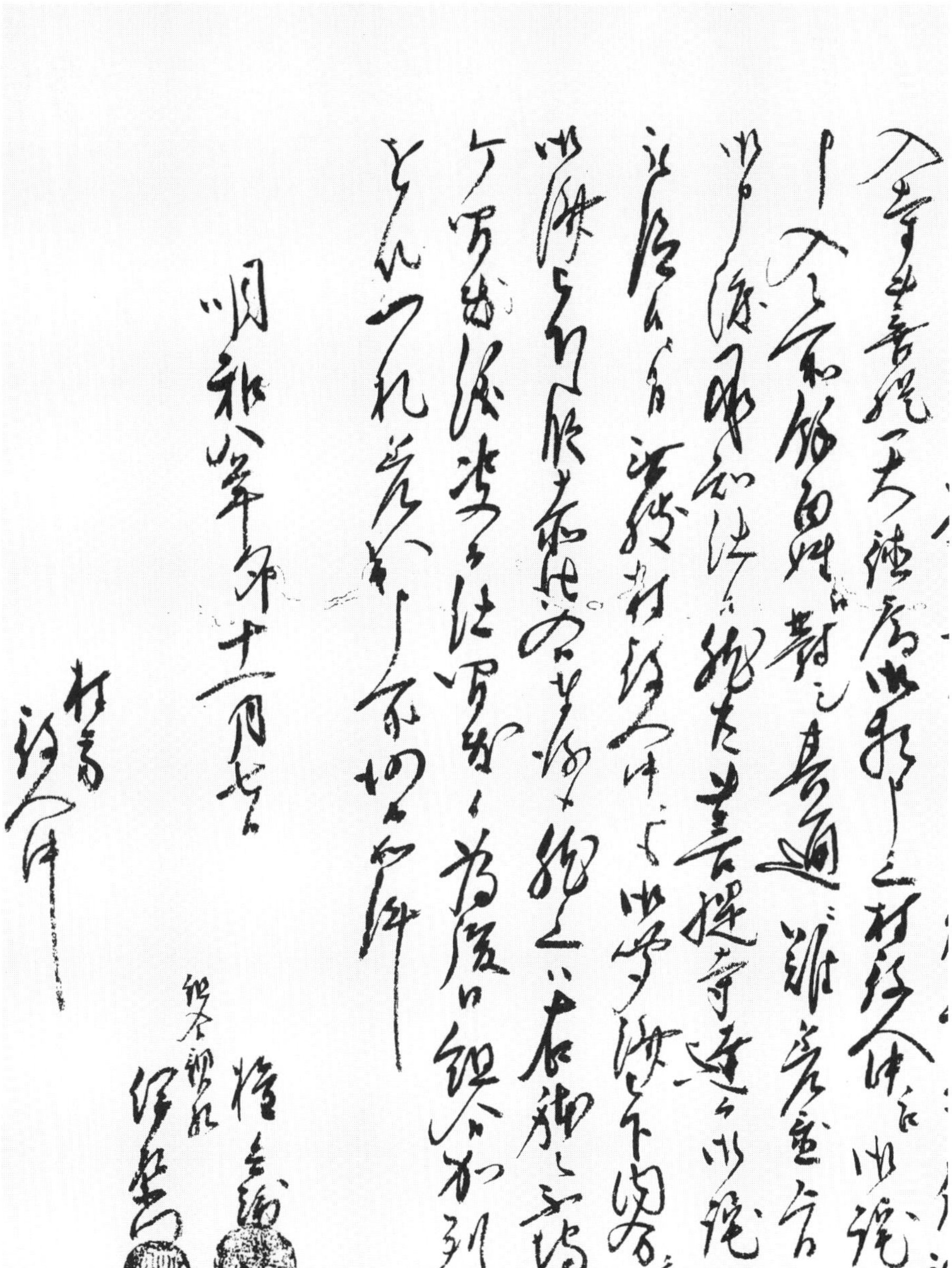

（埼玉県立文書館寄託「森田家文書」4744）

【解読のヒント】

①は、「差出(さしだし)」の典型的なくずしです。②(隣郷)の「」は「郷」のかなりくずれた形です。③(類)の右側のは「頁(おおがい)」のくずしです。下のほうに「頼」もあります。は「共」です。④にある(其)、⑧にある(者)と区別しましょう。③(候へ共)の(候)は極端に省略されて点のようになっています。ほかに③の中ではも「候」です。その三字上の(江)は「え」の変体仮名ですが、ここでは「～へ」と同じ用法です。④(節)は、「⺮(たけかんむり)」がかなり省略されているとともに、「艮」と「卩」が縦につながっているように書かれています(⑦の「即」も同じ)。は「不(ず・ざり)」ですが、ひらがなの「ふ」にもなります。は「用」ですが、一画目の縦棒が省略されています。④・⑥(二付)や⑤・⑫(二而)は頻出します。⑤は「遣」ですが、が「貴」の部分で、「」が「辶(しんにょう)」に当たります。⑥は「迄」でが「辶(しんにょう)」です。⑦・はともに受身・尊敬の助動詞「被(る・らる)」のくずしです。⑩(餘)は「余」の旧字、(對)は「対」の旧字です。(置)の「罒(あみがしら)」は点のように略されています。⑫(據)は「拠」の旧字です。は「聞」ですが、が「門(もんがまえ)」になります。⑭にある(間)のも同じです。⑬(躰)は「体」の異体字です。⑭は「冫(にすい)」に書かれていますが「決」の典型的なくずしです。⑮(仍而如件)は、証文類の書留文言(かきとめ)の定型です。⑯(夘)は「卯(う)」の異体字です。

【解読文】

① 差出申一札之事

一去ル十月廿八日、百姓武兵衛妻儀、隣郷青山村
親類共方江罷越候ニ付、私義被相頼候へ共、
其節不叶用事も御座候ニ付、可然もの
相頼、差添遣シ申候所、右武兵衛方ニ而妻
欠落(1)之筋申立、村役人中迄相届候ニ付、私
即刻村役人江被召呼被致吟味、不届之致方
御申渡シ候段、拙者一言之申訳ヶ無御座候、依之致
入寺、(寺脱カ)菩提天徳庵御頼申上、村役人中江御詫
申入候所、餘(2)(余)百姓江對(対)シ其通ニ難差置旨
御申渡承知仕候、然共、菩提寺達而御詫
被仰候ニ付、無據(3)(拠)村役人中ニも御聞済被下、内分ニ而
御済被下候段、忝仕合(4)奉存候、然上ハ、右躰(体)之不埒(5)(埒)
ヶ間敷儀決而仕間敷候、為後日組合加判
を以一札差出申所、仍而如件、
明和八年夘(卯)十一月七日　　権兵衛㊞
組合親類　伊左衛門㊞
村方
役人中

【用語説明】

(1) **欠落**(かけおち) 出奔。失踪。家出。

(2) **余**(よ) この場合、その他・別の意。

(3) **無拠**(よんどころなく) しかたなく。やむを得ず。

(4) **仕合**(しあわせ) ありさま。始末。幸運。

(5) **不埒**(ふらち) 不法・違法なこと。けしからぬこと。

【読み下し文】

①差し出し申す一札の事

②一 去る十月二十八日、百姓武兵衛妻儀、隣郷青山村親類③ども方へ罷り越し候につき、私義相頼まれ候えども、その④節叶わざる用事もござ候につき、然るべき者⑤相頼み、差し添え遣わし申し候ところ、右武兵衛方にて妻⑥欠落の筋申し立て、村役人中まで相届け候につき、私⑦即刻村役人へ召し呼ばれ吟味いたされ、不届のいたし方⑧お申し渡し候段、拙者一言の申し訳けござなく候。これにより⑨入寺いたし、菩提（寺）天徳庵お頼み申し上げ、村役人中へお詫び⑩申し入れ候ところ、余百姓へ対しその通りに差し置きがたき旨⑪お申し渡し承知仕り候。然れども、菩提寺たってお詫び⑫仰せられ候につき、よんどころなく村役人中にも⑬お聞き済しくだされ、内分にてお済しくだされ候段、忝き仕合に存じ奉り候。然るうえは、右体の⑭不埒がましき儀決して仕るまじく候。後日のため組合加判⑮をもって一札差し出し申すところ、よって件のごとし。

【現代語訳】

①差し出します一札のこと

②一、去る十月二十八日、百姓武兵衛の妻が、隣村青山村の親類③方へ行くとのことで、私は付き添いを頼まれましたが、その時④やむをえない用事もあったので、代わりの人を⑤頼み付き添いとしました。ところが、右の武兵衛方で妻が⑥失踪したらしいと言って、村役人中まで届け出ましたので、私はす⑦

ぐに村役人のところへ呼び出され取り調べを受けました。村役人から不届きな行為であると⑧言い渡されましたことに対し、私は一言の弁解もありません。このため菩提寺の天徳庵に入寺⑨し、天徳庵にお頼みして、村役人中へお詫びを申⑩し入れましたところ、他の百姓の手前もあるのでこのままにしておく訳にはいかない、と⑪言い渡されましたことは承知いたしました。しかし、菩提寺が強くお詫びをなさ⑫いましたので、やむをえず村役人中にも了⑬解していただき、内々にて示談にしてくださいましたことは、もったいないことと存じます。そうであるからには、今後右のような不埒⑭なことは決していたしません。後々のため、組合の者が捺印⑮した一札を差し出しますところ、このとおりです。

【解説】

明和（めいわ）八年（一七七一）、武蔵国秩父郡（むさしのくにちちぶぐん）大野（おおの）村（現埼玉県比企（ひき）郡ときがわ町）の権兵衛から同村村役人に宛てた詫証文です。隣村の親類のところへ行くといって出かけた妻が戻らないので、夫の武兵衛から村役人に「妻が失踪した」と届出がありました。そこで、付き添いを頼まれたが別人に交替してもらった権兵衛が事情を聞かれました。女性が一人で出かけるのは危険がともなったからでしょうか、あるいは荷物の運搬などのためでしょうか、武兵衛方では権兵衛に付き添いを依頼したのです。村役人の取り調べを受け、不届きな行為と指弾された権兵衛は、菩提寺に「入寺」し菩提寺を通じて謝罪したのでした。権兵衛が「入寺」したのは、別人に依頼し、自分は付き添いをしなかったことに対するお詫びと思われますが、「入寺」することによって謝罪の意を表し、赦免されたのです。

2　酒に酔って悪口

酒狂雑言詫証文（文政五年〈一八二二〉十二月）

①　②　③　④　⑤　⑥　⑦　⑧　⑨

⑩ ⑪ ⑫ ⑬ ⑭ ⑮

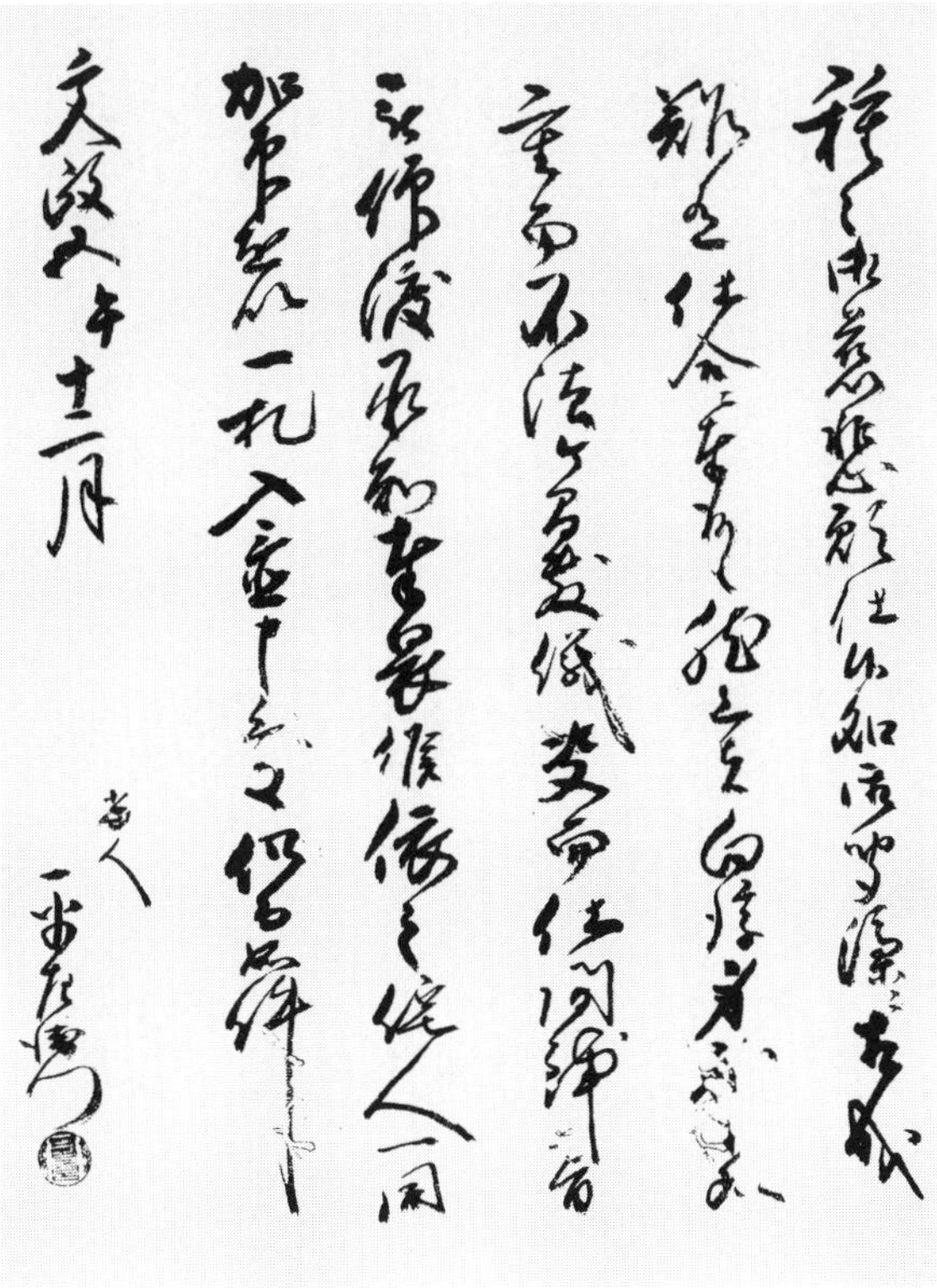

（中略）

⑯ ⑰ ⑱ ⑲

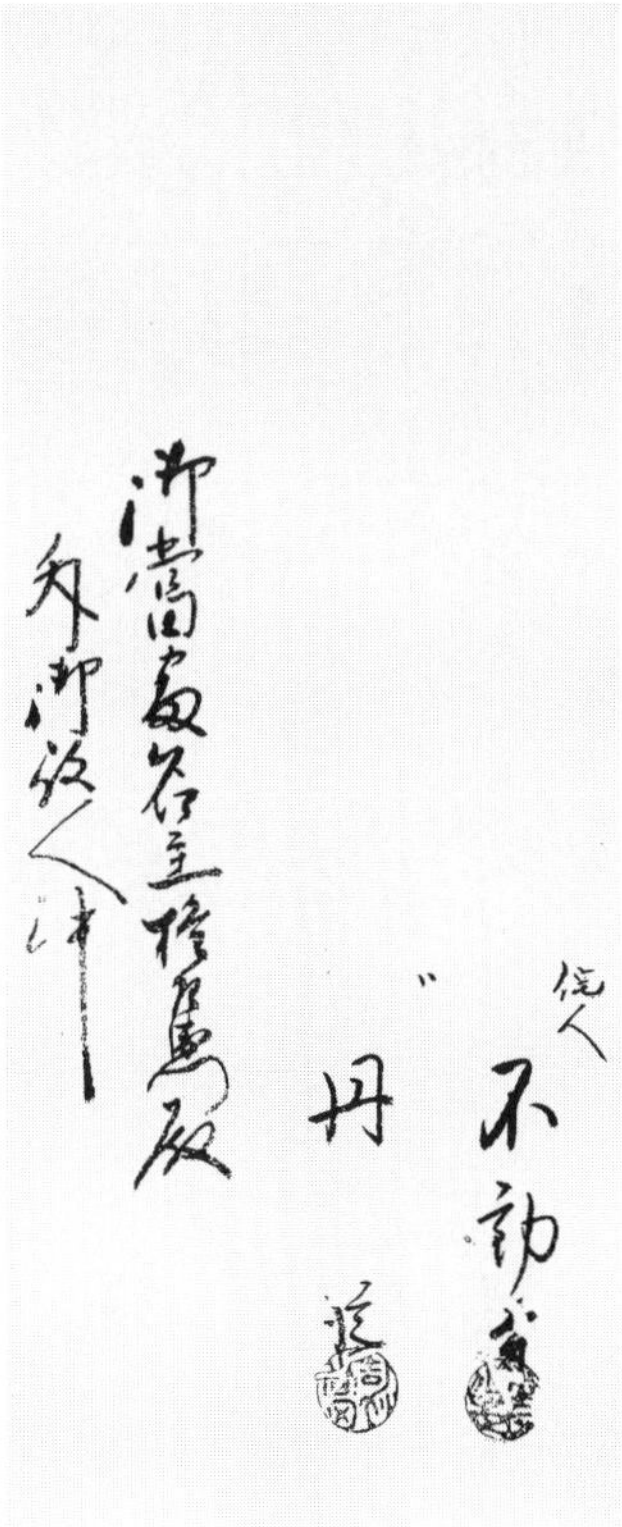

（埼玉県立文書館寄託「森田家文書」６９７２）

【解読のヒント】

②「當」(当)が二か所あります。最初のは楷書に近い形ですが、次のはよくみられるくずしです。は「より」と読みますが、古文書には頻出しますので覚えてしまいましょう。③のおよび⑥のの・は「坐」です。「御座候」や「無御座候」などでは「座」と書く場合が多いのですが、この事例のように「坐」となっていることもあります。ちなみに、⑥のの は「座」になっています。③(御役)の・および⑦(得)の、⑨・⑪(後)の・は、いずれも「彳(ぎょうにんべん)」です。④(参)はよくみるくずしです。(餘)のは「𩙿(しょくへん)」、⑤(組)のは「糸(いとへん)」です。微妙な違いに注意しましょう。⑤(ホ)は「等」の異体字で、頻出します。⑦(再應)の「應」(応)、(一圓)の「圓」(円)は、それぞれ旧字が使われています。のが「囗(くにがまえ)」になります。ここには登場しませんが、「国」ものようにくずします。⑧は「茂」ですが、この場合は「も」の変体仮名として使われています。⑩(種々)のは繰り返しを意味する踊り字「〻」(々)です。は⑧とともに、「済」の典型的なくずしです。⑪(然上者)のは「者」ですが、ここでは「は」の変体仮名で格助詞です。「者」は格助詞としてよく使われます。

【解読文】

① 差出シ申一札之事

② 一當(当)月五日、御當番ゟ私江、御[1]糺之儀

有之趣、御呼出し御坐候處(処)、御役宅江
(2)推参仕御糺之節、(3)酒狂之餘(余)り彼是
(4)雑言ホ(等)申相帰り、翌六日、組合一同被召
出、御吟味御座候処、一言之申訳無御坐
奉恐入、依之、(5)再應(応)御侘(詫)仕候得共、(6)一圓(円)
御聞済無之、(7)既ニ御訴ニ茂可相成□、驚
入寺身退仕、同寺并ニ神職丹後殿相頼、
種ゝ(々)御慈悲願仕候処、御聞済ニ相成、
難有仕合ニ奉存候、然上者、向後身躰(体)相改(カ)、
重而不法ヶ間敷儀、決而仕間鋪旨
被仰渡、承知奉畏候、依之、侘人一同
(8)加印を以、一札入置申候處、仍而如件、
文政五午十二月　　當人　平左衛門㊞

(中略)

侘人　不動寺㊞
同　丹後㊞
御當番名主権左衛門殿
外御役人中

【用語説明】

(1) **御糺**（おただし）取り調べ。吟味。
(2) **推参**（すいさん）訪問。出頭。
(3) **酒狂**（しゅきょう）酒に酔って乱れること。酒乱。
(4) **雑言**（ぞうごん）悪口。
(5) **再応**（さいおう）再び。何度も。
(6) **一円**（いちえん）まったく。一向に。
(7) **既ニ**（すでに）まさに。まもなく。
(8) **加印**（かいん）捺印すること。加判。

【読み下し文】

差し出し申す①一札(いっさつ)の事

②一(ひとつ) 当月五日、ご当番より私へ、お糺(ただ)しの儀これある③趣(おもむき)、お呼び出しござ候ところ、お役宅へ④推参(すいさん)仕(つかまつ)りお糺しの節、酒狂(しゅきょう)の余(あま)り彼是(かれこれ)⑤雑言(ぞうごん)等申し相(あい)帰り、翌六日、組合一同召し出され⑥、ご吟味ござ候ところ、一言(いちごん)の申し訳ござなく⑦恐れ入り奉(たてまつ)り、これにより、再応(さいおう)お詫び仕り候えども、一円⑧お聞き済(すま)しこれなく、既(すで)にお訴えにも相(あい)なるべき□、驚き⑨入寺し身退仕(つかまつ)り、同寺ならびに神職丹(たん)後(ご)殿相頼み、⑩種々(しゅじゅ)ご慈悲願い仕り候ところ、お聞き済しに相なり、ありがたき⑪仕合(しあわせ)に存じ奉り候。然(しか)るうえは、向後(こうご)身体相改め、⑫重ねて不法がましき儀、決して仕るまじき旨⑬仰せ渡され、承知畏(かしこ)み奉り候。これにより、詫人(わびにん)一同⑭加印(かいん)をもって、一札入れ置き申し候ところ、よって件(くだん)のごとし。

【現代語訳】

①差し出します一札のこと

②一、今月五日、ご当番の名主より私へ、取り調べることがある③とのことでお呼び出しがあり、名主のお役宅に④出頭し取り調べの際、酒が過ぎてあれこれ⑤悪口など言って帰りました。そのため、翌六日に私の組合一同が⑥出頭させられ、ご吟味がありましたことは、ひとことの申し訳もなく⑦恐れ入る次第です。このため、重ねてお詫びをしましたが、まったく⑧お赦しがなく、まさにお訴えにもなるとのことで、驚いて⑨入寺して身を退き、同寺ならびに神職丹後殿を頼んで、⑩さまざまご慈悲を願った

ところお赦しになり、[11]またとない幸せに存じます。そうしたからには、今後身を正し、[12]このうえ不法なことは決してしないようにと[13]命じられ、承知し恐れ入るところです。このため、詫人一同が[14]捺印し、当番名主始め村役人中に一札を入れますところ、このとおりです。

【解説】

これも、No.1と同じ武蔵国秩父郡大野村(むさしのくにちちぶおおの)が舞台です。平左衛門の名主・村役人に対する詫証文ですが、平左衛門は何を詫びたのでしょうか。それは、呼び出しを受けて出頭した名主宅で、泥酔のうえ悪口を言ったことで、組合(五人組)一同とともに吟味を受けたためです。なぜ呼び出しを受けたのかは、この史料からはわかりませんが、名主に対し「酒狂(しゅきょう)」「雑言(ぞうごん)」におよぶくらいですから、普段の行状が問題になったのかもしれません。平左衛門は一度ならず謝罪したのですが、名主は承知せず訴え出るというのです。それを聞いて驚いた平左衛門は、「入寺」して寺院の仲介で謝罪の意を表したところ、やっと赦してもらえたのです。こうした経緯から、〈通常の詫び→入寺による詫び〉という当時の詫びの手順を知ることができます。

「入寺」した寺院は、本文中には記されていませんが、差出人として連署している不動寺でしょう。また、この一件では不動寺とともに「丹後」という「神職」が仲介に入っています。そして、差出人のなかの不動寺・丹後に「侘(詫)人」と肩書があるように、平左衛門が詫人ではなく、同人の依頼を受けて謝罪の仲介に当たった寺社が、詫人といわれたのです。

家抱自立訴訟詫証文（寛文七年〈一六六七〉七月二十日）

① ② ③ ④ ⑤ ⑥ ⑦ ⑧ ⑨

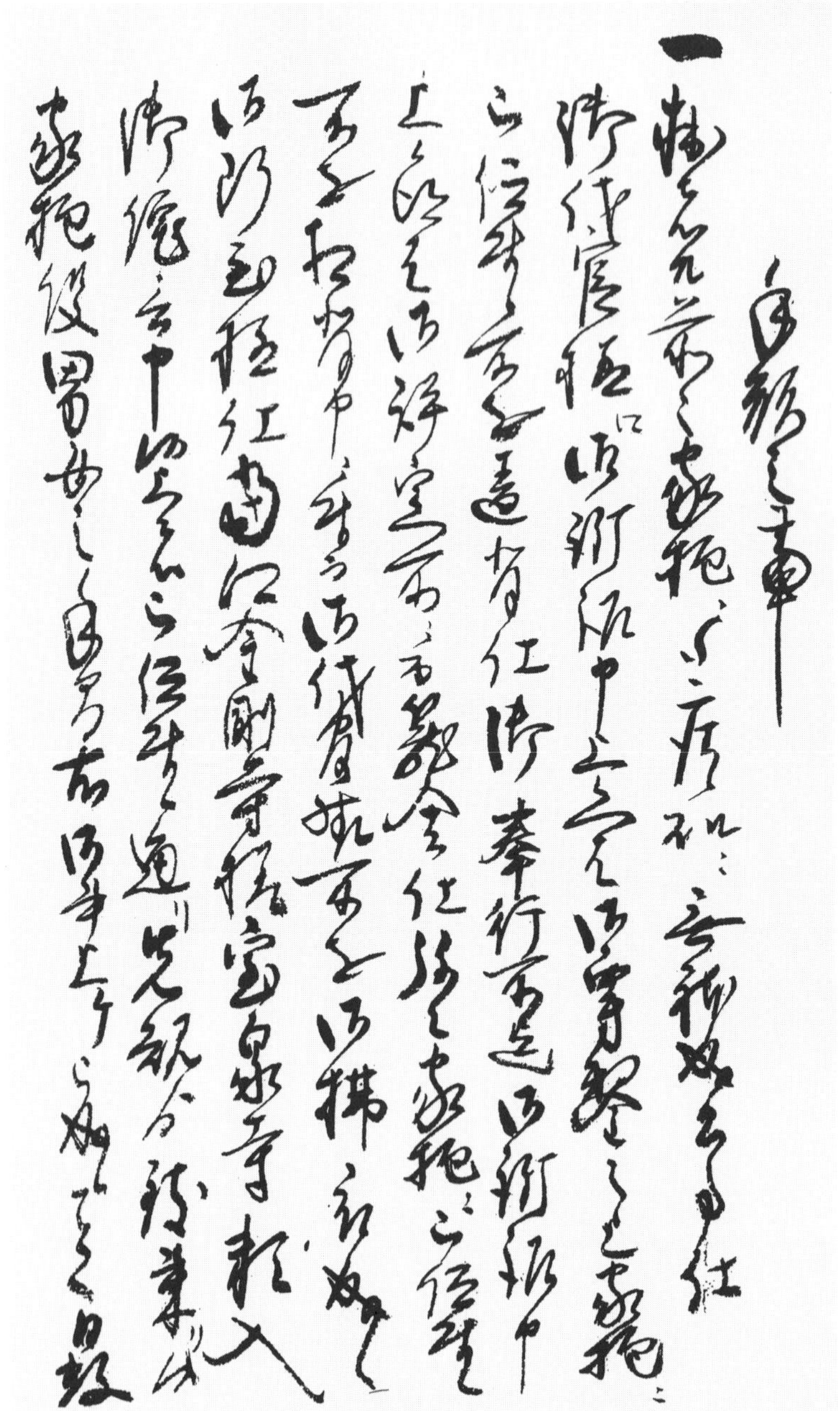

⑩ ⑪ ⑫ ⑬ ⑭ ⑮ ⑯ ⑰ ⑱ ⑲

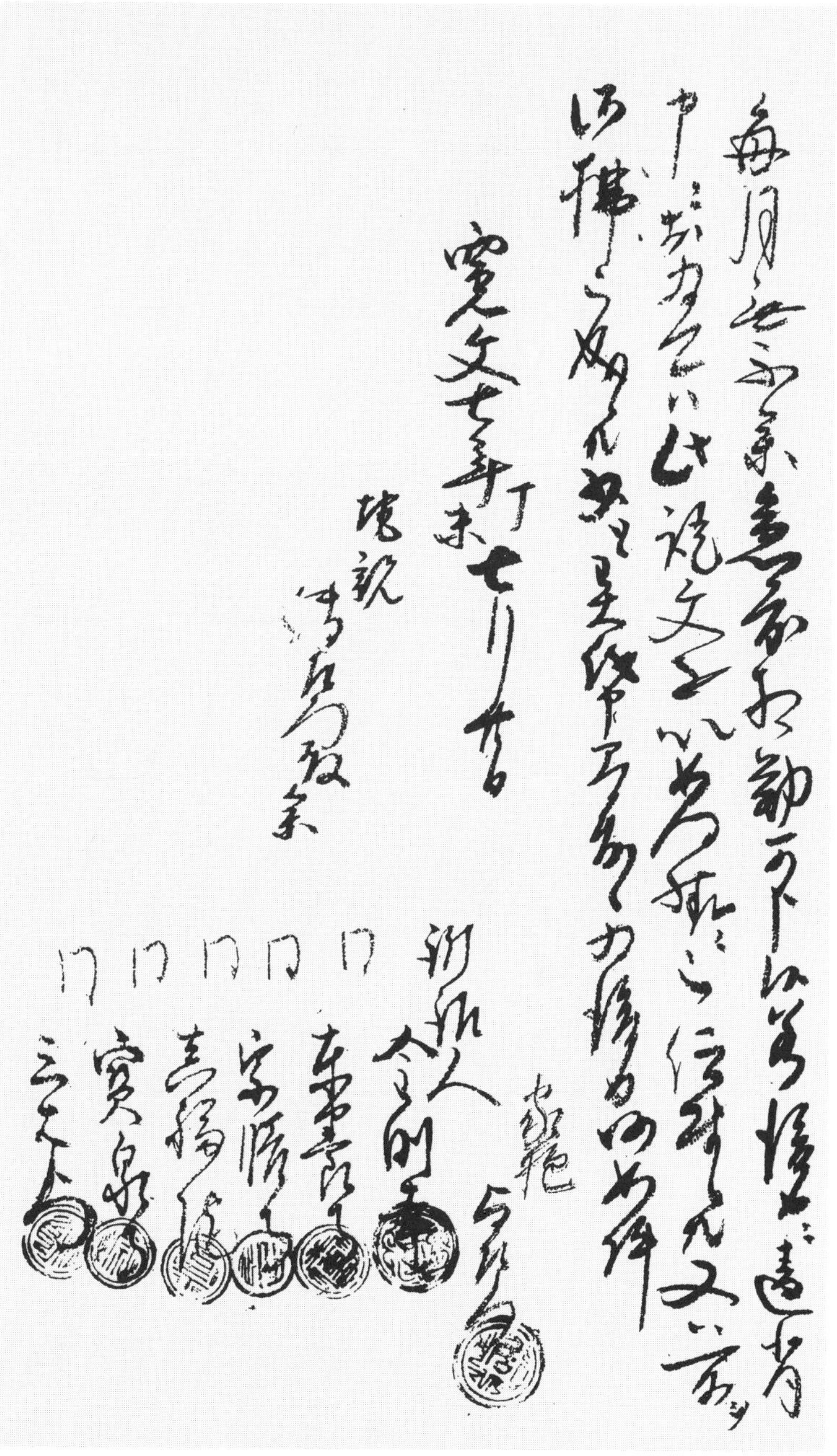

（後略）

（群馬県立文書館寄託「飯塚馨家文書」９０４３）

【解読のヒント】

②（拙者）の、③（候へ者）のは、ともに「者」ですが、後者は「は」の変体仮名です。②の、（家抱）の、⑫（御拂）のは「扌」ですが、③（御代官様）の、⑦（至極）の、（金剛寺様）のは「木」です。「扌」は、「木」はというように区別されますが、実際には微妙なところがあり、文脈や用法から判断しなければならない場合もあります。「様」についても、⑥（御代官様）・⑪（如何様）の「様」は、「木」にはみえませんが「様」のくずしとして覚えましょう。②（公事）のはかなりくずした形ですが、①のも同じ「事」です。本章No.1・2・4の①にある「事」とも比べてみて下さい。③（訴詔）は「訴訟」のことですが、江戸時代には「訴詔」と書く場合も多くみられます。④・⑩（遠）は、「違」の異体字です。④・⑧・⑪は「被二仰付一候」で、頻出する文言です。「被」と「仰」の間がちょっと空いていますが、これは欠字といって「仰せ」になった相手に対する敬意の表現です。⑨は、かなり簡略されていますが「書」です。は「ことく」（如く）で、「こ」と「と」が合わさっています。（敉）は「数」の異体字で、左側の「米」の下の「女」が省略されています。⑪は「此」の典型的なくずしです。

【解読文】

① 手形之事

② 一拙者共、前〻家抱ニ御座候処ニ、無躰成公事仕、

【用語説明】

（1）**家抱**（けほう）西上州から武州秩父辺に存在した隷属農民の呼称。

御代官様江御訴詔(訟)申上候へ者、御穿鑿之上、家抱ニ被　仰付候所を遠(4)(違)背仕、御奉行所迄御訴詔申上候得者、御評定所(5)ニ而籠舎(6)仕、弥ゝ(々)家抱ニ被　仰付候所を相背申ニ付而、御代官様所を御拂(7)(払)被成候御断至極(8)仕、當(当)郷金剛寺様・宝泉寺(様脱カ)頼入御侘(詫)言申候上者、被　仰付候通り、先規ゟ致来り候家抱役男女之手間、右御書上ヶ被成候ごとく、日枚(数)毎月無不参(9)急度(10)相勤可申候、若後日ニ遠背申ニおゐてハ、此證(証)文を以如何様ニ被　仰付候共、又ハ所ヲ御拂被成候共、少も吴(異)儀(11)申間敷候、為後日仍如件

家抱　与左衛門㊞

寛文七年丁未七月廿日

訴詔人　金剛寺㊞

地親(12)傳(伝)左衛門殿参

同　東養寺㊞

同　宗膳寺㊞

同　真福院㊞

同　寶(宝)泉寺㊞

同　三右衛門㊞

(後略)

---

(2) **無躰**（むたい）無理。無法。

(3) **公事**（くじ）争い。争論。

(4) **違背**（いはい）違反。

(5) **評定所**（ひょうじょうしょ）寺社・町・勘定奉行によって構成された幕府の裁判・立法の最高機関。異なる支配間での訴訟や大きな事件を取り扱った。

(6) **籠舎**（ろうしゃ）牢屋のこと。または入牢のこと。

(7) **御払**（おはらい）刑罰としての追放。

(8) **至極**（しごく）納得すること。認めること。

(9) **不参**（ふさん）欠席。欠勤。

(10) **急度**（きっと）必ず。間違いなく。

(11) **異儀**（いぎ）「違儀」とも。不服。異論。

(12) **地親**（じおや）地主のことをいうが、この場合は家抱の主のこと。

【読み下し文】

①手形の事

一②、拙者(ひとつせっしゃ)ども、前々家抱(けほう)にござ候ところに、無体(むたい)なる公事(くじ)仕(つかまつ)り、③お代官様へご訴訟申し上げ候えば、ご穿鑿(せんさく)のうえ、家抱に④仰せ付けられ候ところを違背(いはい)仕り、お奉行所までご訴訟申し⑤上げ候えば、ご評定所(ひょうじょうしょ)にて籠舎(ろうしゃ)仕り、いよいよ家抱に仰せ付けられ候⑥ところを相背(そむ)き申すについて、お代官様所(ところ)をお払いなされ候⑦お断り至極(しごく)仕り、当郷金剛寺様・宝泉寺（様）頼み入り⑧お詫言(わびごと)申し候うえは、仰せ付けられ候通り、先規(せんき)よりいたし来り候⑨家抱役男女の手間(てま)、右お書き上げなされ候ごとく、日数毎月⑩不参(ふさん)なくきっと相勤め申すべく候。若(も)し後日(ごじつ)に⑪違背申すにおいては、この証文をもっていかように仰せ付けられ候とも、または所を⑫お払いなされ候とも、少しも異儀(いぎ)申すまじく候。後日のためよって件(くだん)のごとし。

【現代語訳】

①手形のこと

一②、私は、以前から伝左衛門殿の家抱でございますが、無法な争いをして、③お代官様へご訴訟申し上げたところ、お取り調べのうえ家抱であると④命じられました。しかし、これに背いてお奉行所（勘定奉行）までご訴訟申し⑤上げたところ、ご評定所で入牢を言い渡され、確かに家抱であると命じられましたが⑥、これにも従いませんでした。そのため、お代官様が私を居住地から追放するとの⑦通告は、もっともなことと思います。そこで、当村の金剛寺様・宝泉寺様を頼って⑧お詫びを申しましたからには、家抱であるとの命令に従い、以前から勤めて来た⑨家抱としての役目である男女の労働奉仕を、右にお書き上げになったように、日数[10]を毎月怠ることなく必ず勤めます。もしのちのち違反[11]することがあったならば、この証文を根拠にどのような処分を受けようとも、または居住地を追放[12]されようとも、少しも不満は申しません。後日のため、このとおりです。

【解説】

これは、上野国緑野郡三波川村（現群馬県藤岡市）における家抱与左衛門の詫証文で、主家（地親）の伝左衛門に差し出したものです。与左衛門は、家抱身分からの自立を要求して代官所へ願い出て、さらに奉行所へも願い出たようですが、いずれも家抱であると認定されています。評定所の命令にも従わなかった与左衛門は、代官から所払いに処すといわれ、金剛寺等を頼んで謝罪し、これまでどおり家抱役としての「手間」＝労働夫役を勤めることを誓約しています。差出人には「訴詔人」として金剛寺をはじめ四寺院および三右衛門ほか七名（後略部分）が連署しており、大規模な仲裁であったことが知られます。ここでの「訴詔人」は願人という意味で、№２の「侘人（詫）」と同じ立場の人々です。

三波川村では、寛文五年（一六六五）に家抱八〇人が自立を訴えて訴訟を行いましたが、同七年三月に家抱側敗訴の裁許が下されています。そのあとも与左衛門（ほかにもいたかも知れませんが）は奉行所へ訴願するなど自立を訴え続けたのでしょう。三波川村では承応二年（一六五三）に本百姓五八・家抱一六六という人数が、延宝二年（一六七四）には本百姓一二三・家抱九九と、本百姓と家抱の数が逆転しています（山田武麿著『上州近世史の諸問題』山川出版社、一九八〇年）。この間に自立訴訟があったのであり、この時の与左衛門の要求は認められませんでしたが、その後家抱の自立が進んだことが窺えます。

4 博奕に負けて出奔

博奕詫証文（宝永六年〈一七〇九〉十一月十七日）

⑧ ⑦ ⑥ ⑤ ④ ③ ② ①

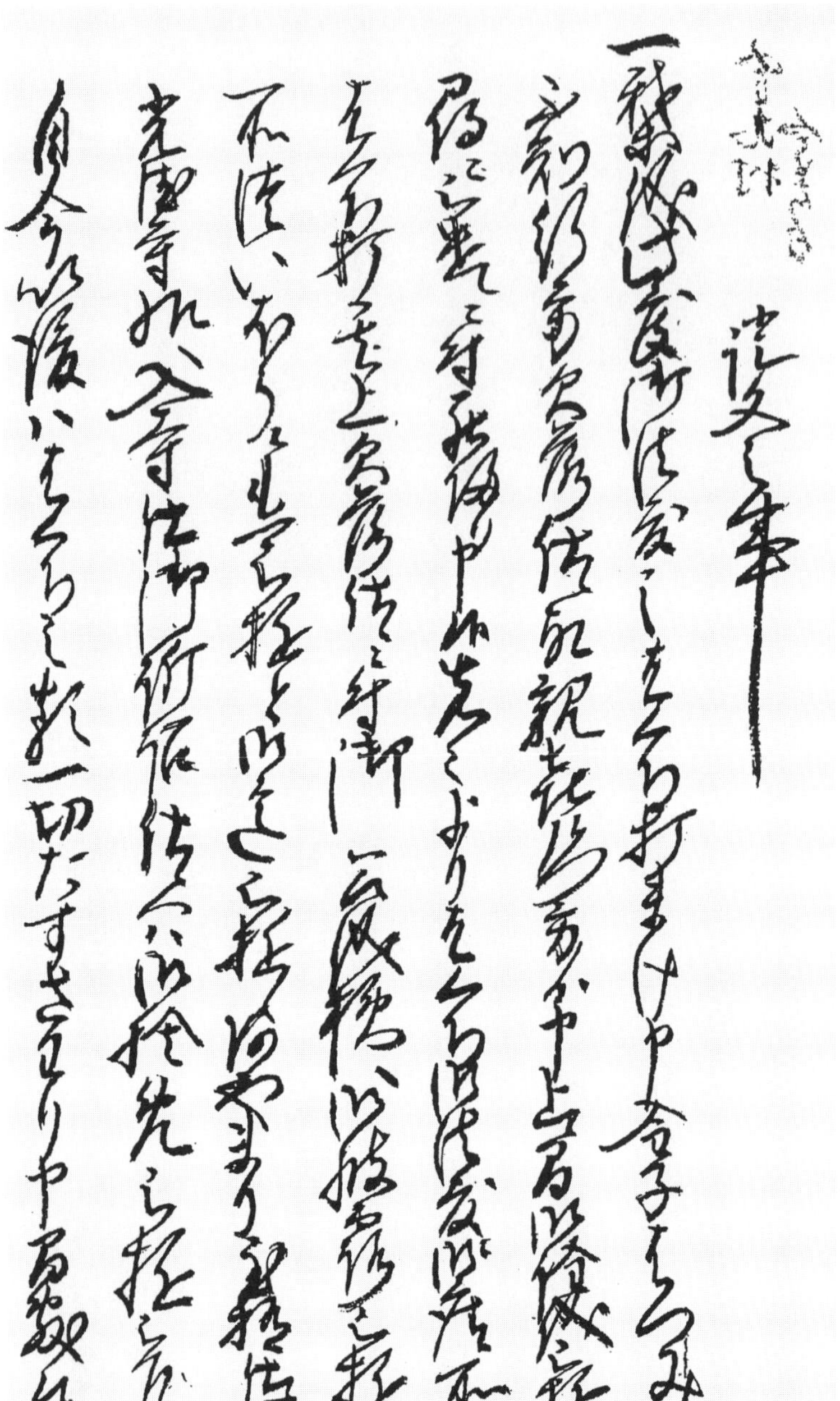

⑮ ⑭ ⑬ ⑫ ⑪ ⑩ ⑨

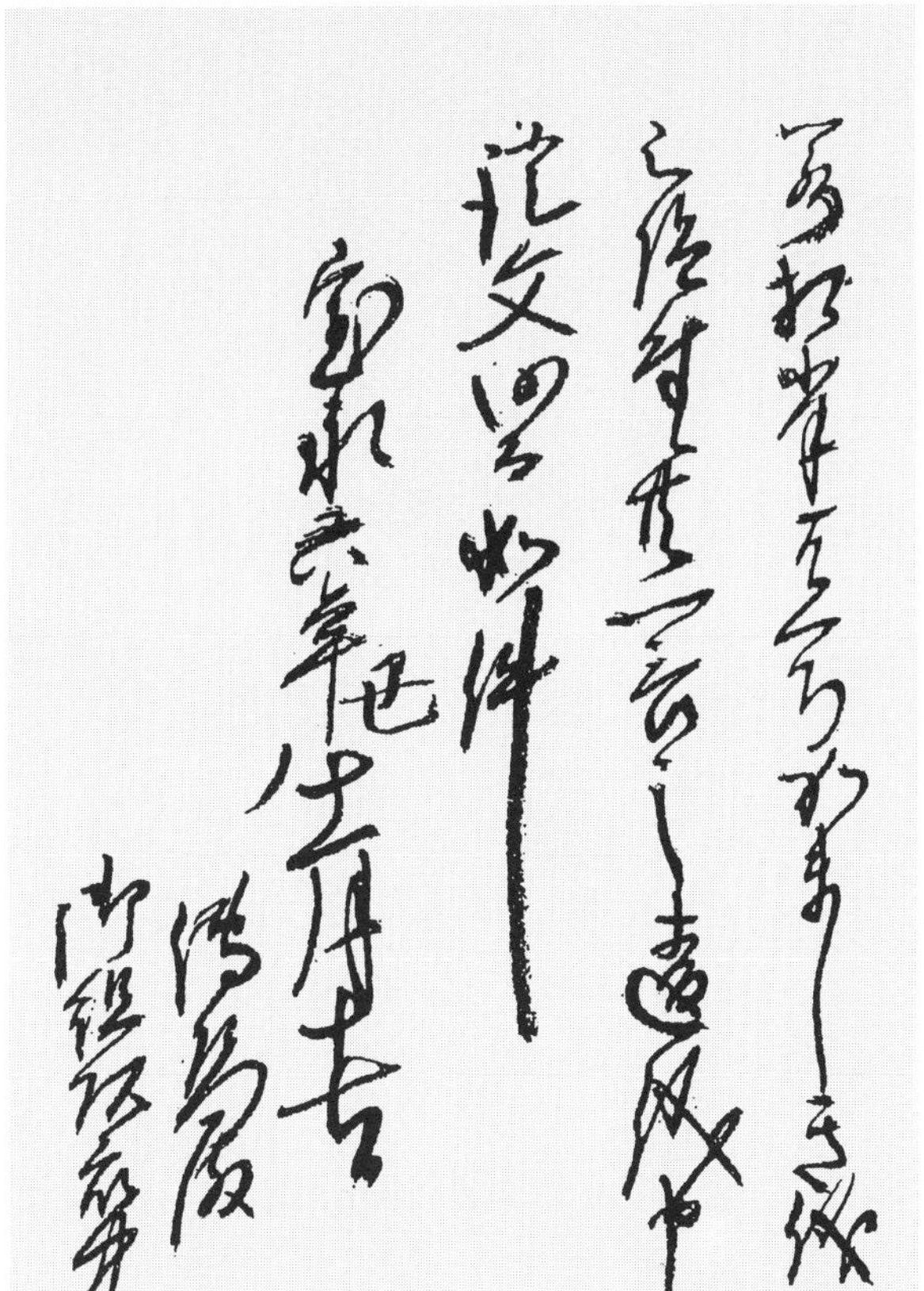

（群馬県立文書館寄託「飯塚馨家文書」3875）

【解読のヒント】

①は「證文」です。いまでは「証文」と書くのが普通ですが、江戸時代には「證文」が普通です。②は一字のようにもみえますが、「我」と、「等」の異体字「ホ」です。「われら」と読みますが、〝私たち〟ではなく〝私〟という意味になります。（はくち）・（はつみ）の・（者）は、「は」の変体仮名です。③は「㐂左衛門」で、は「喜」の異体字の「㐂」です。の「衛」の部分はほとんど省略されていますが、このような省略は名前では普通に見られます。⑫は「金右衛門」（きんえもん）ですが、ここでの「右衛門」の「衛」も同様です。なお、「左衛門」と「右衛門」の違いにも注意して下さい。③は「詮儀」（せんぎ）です。本来は「詮議」ですが、「議」が「儀」や「義」と表記されることもあります。は「被レ遊」（あそばされ）です。は「扌」（てへん）のようにみえますが、異体字「遊」のくずしで、「辶」（しんにょう）部分が小さく中に入ってしまったものです。⑥は「ついほう」ですが、（徒）は「つ」、（本）は「ほ」の変体仮名です。（あやまり）の（阿）も変体仮名です。⑦（光徳寺様）のは「様」の最もくずれた形です。はここでも「訴詔」と記されています。は「捨免」で、「赦免」のことです。⑧（たすさわり）の（王）は、「わ」の変体仮名です。⑬（安兵衛）と⑭（儀兵衛）の・は、ともに「兵衛」ですが、とくに「衛」のくずし方の違いに注意して下さい。⑮のは「頭」の略体です。

【解読文】

① 證（証）文之事

② 一我ホ(等)儀、此度御法度(1)之はくち(博奕)打、まけ(負)申金子はつみ(2)、御詮儀(3)被遊(遊)、
③ 不知行方欠落仕候故、親モ左衛門方ゟ申上候間、御
④ 尋ニ被遣候ニ付罷帰り申候、先ゝ(々)よりはくち御法度ニ御座候所ニ、
⑤ はくち打其上欠落仕候ニ付、御　公儀様へ御披露(4)被遊、
⑥ 所ついほう(追放)ニも可被遊と御意被遊候、あやまり至極仕候而、
⑦ 光徳寺様へ入寺仕、御訴詔仕候へハ、御捨免(5)被遊被下候、
⑧ 自今以後ハ、はくち之類一切たすさわり(携)申間敷候、
⑨ 若相背はくちかましき儀仕候ハヽ、何分之迷惑(6)ニ
⑩ 被仰付候共、一言之逶(違)(7)儀申間敷候、為後日
⑪ 證文、仍而如件
⑫ 　　　　金丸村主　金右衛門㊞
⑬ 宝永六年丑ノ十一月十七日　證人　安兵衛㊞
⑭ 傳(伝)左衛門殿　五人組　儀兵衛㊞
⑮ 御組頭衆中

【用語説明】

(1) **法度**（はっと）法令。特に禁令をいう。

(2) **はつみ**（弾むカ）不足する、不自由するの意か。

(3) **詮儀**（せんぎ）取り調べ。吟味。

(4) **披露**（ひろう）報告。告知。

(5) **捨免**（しゃめん）罪を赦すこと。赦免。

(6) **迷惑**（めいわく）不名誉なこと。不利益。

(7) **違儀**（いぎ）「異儀」とも。不服。不満。

【読み下し文】

①証文の事

②一我ら儀(ひとつわれ)、このたびご法度(はっと)の博奕(ばくち)打ち、負け申し金子(きんす)にはづみ、③行方(ゆくえ)知れず欠落(かけおち)仕(つかまつ)り候ゆえ、親

喜左衛門方より申し上げ候あいだ、ご詮儀(せんぎ)あそばされ、④尋ねに遣(つか)わされ候につき罷(まか)り帰り申し候。先々(さきざき)より博奕ご法度(はっと)にござ候ところに、⑤博奕打ちそのうえ欠落仕り候につき、ご公儀(こうぎ)様へご披露(ひろう)あそばされ、⑥所(ところ)追放にもあそばさるべきと御意(ぎょい)あそばされ候。あやまり至極(しごく)仕り候て、⑦光徳寺様へ入寺仕り、ご訴訟仕り候えば、ご捨免(しゃめん)あそばされくだされ候。⑧自今(じこん)以後は、博奕の類一切(いっさい)携わり申すまじく候。⑨若(も)し相背き博奕がましき儀仕り候わば、何分の迷惑に⑩仰せ付けられ候とも、一言の違儀(いぎ)申すまじく候。後日(ごじつ)のため⑪証文、よって件(くだん)のごとし。

【現代語訳】

①証文のこと

一、②私は、このたび禁止されている博奕を打ち、負けて金子に困り、③行方をくらまし出奔しました。このことを、親の喜左衛門から名主伝左衛門殿へ申し上げましたところ、お取り調べなされ、④捜しに行かされましたので、私は帰りました。以前から博奕は禁止されていますが、⑤博奕を打ちそのうえ出奔しましたので、伝左衛門殿は私をご公儀様へ告発し、⑥居住地追放にもすべきとお考えなされました。そこで、私の誤りは当然と思い、⑦光徳寺様へ入寺し謝罪しましたところ、お赦しくださいました。⑧これから後は、博奕の類には一切携わりません。⑨もしこれに背き博奕のようなことをしたならば、どのような不名誉を⑩命じられても、ひとことの異論も申しません。後日のために⑪証文はこのとおりです。

【解説】

これは、№３と同じ上野国緑野郡(こうずけのくにみどの)三波川(さんばがわ)村で起こった博奕の詫証文です。三波川村は一一か村の枝郷(えだごう)からなっている山間の村で、金丸村は枝郷のひとつです。宛所(あてどころ)の伝左衛門は三波川村の名主です。金丸村の金右衛門は、博奕に負けお金が払えなかったために行方をくらましましたが、親に探し出されました。そして、公儀へ告発し所払いにも処してもらうとの名主の意向を知らされ、光徳寺へ「入寺」して謝罪し、今後博奕の類には一切関わらない旨を誓約したのでした。この博奕一件は、金右衛門のほかに枝郷塩沢村久弥・同月吉村六之助が参加し、金丸村の八之丞が宿(やど)（会場）となった博奕であったことが、ここに掲げた詫証文と同じ日付で名主伝左衛門と組頭衆中に宛てた彼らの詫証文によって判明します。久弥と六之助の場合も、両人による詫証文に「ご詮義(せんぎ)のうえ、ご公儀(こうぎ)様へご披露あそばさるべくと御意(ぎょい)あそばされ、一言の申分けござなく、あやまり至極仕り、真光院様頼み入寺仕り、ご訴詔仕り候えば、ご捨免あそばされくだされ候」とあり、両人は真光院に「入寺」したのでした。一方、宿の八之丞は、正覚寺という寺院に「入寺」しました。このように、博奕に関わった四人が、それぞれ「入寺」して村役人に謝罪し、公儀に告発されることなく赦免されたのです。

ここに掲げた詫証文にも「ご法度の博奕」「先々より博奕ご法度にござ候」とあるように、博奕は常に厳禁されていました。領主法はもちろん村法などにおいても禁止され、罰則として過料(かりょう)（罰金）などを科すことを定めた村法もよくみかけます。このことは、逆に博奕がやまなかったことの裏返しでもあるわけですが、そうした博奕の罪を「入寺」による謝罪によって赦免するという内々の処理が行われていたのです。

5 灰小屋より出火

出火届書（元文四年〈一七三九〉十二月）

① ② ③ ④ ⑤ ⑥ ⑦ ⑧ ⑨

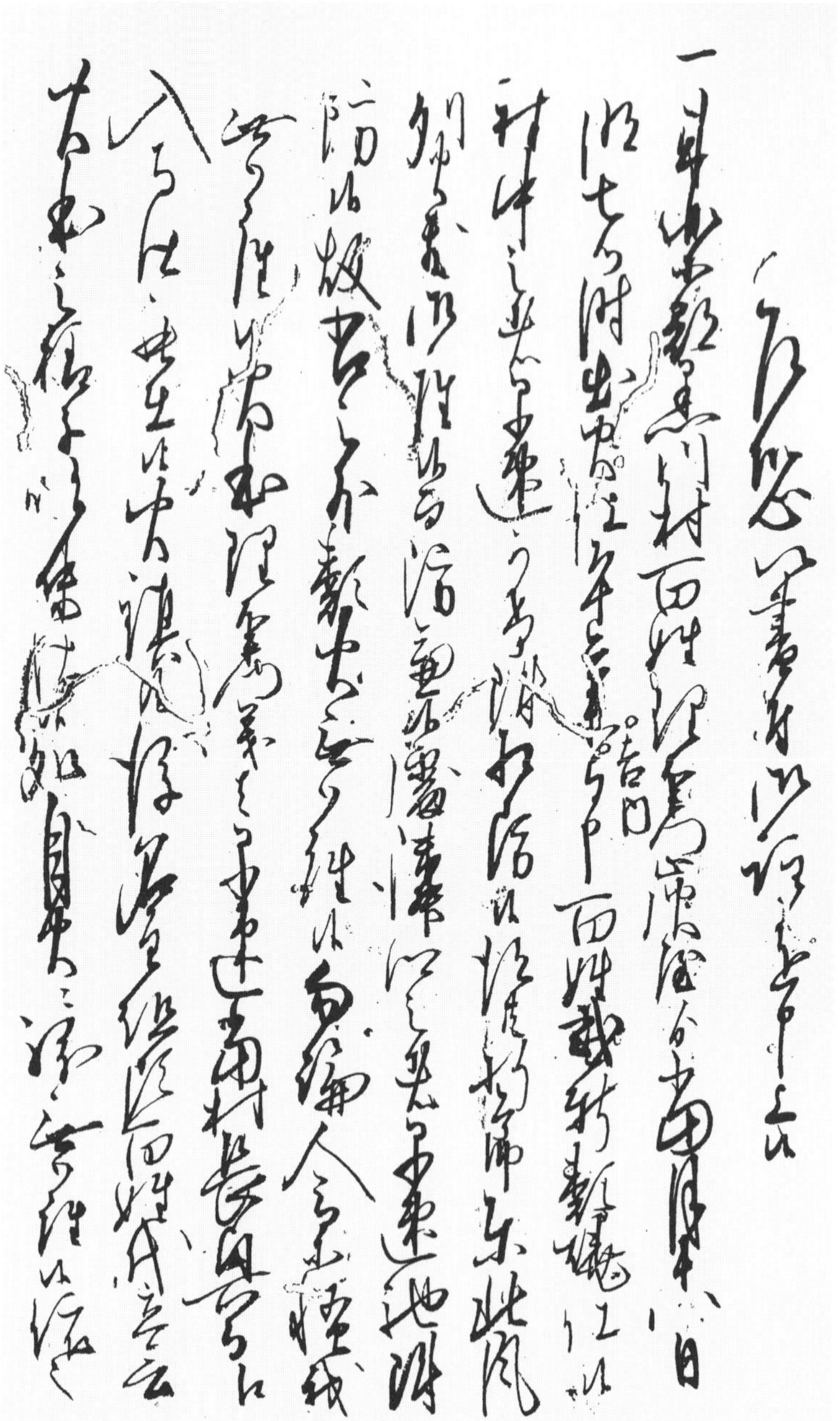

⑩ ⑪ ⑫ ⑬ ⑭ ⑮ ⑯ ⑰

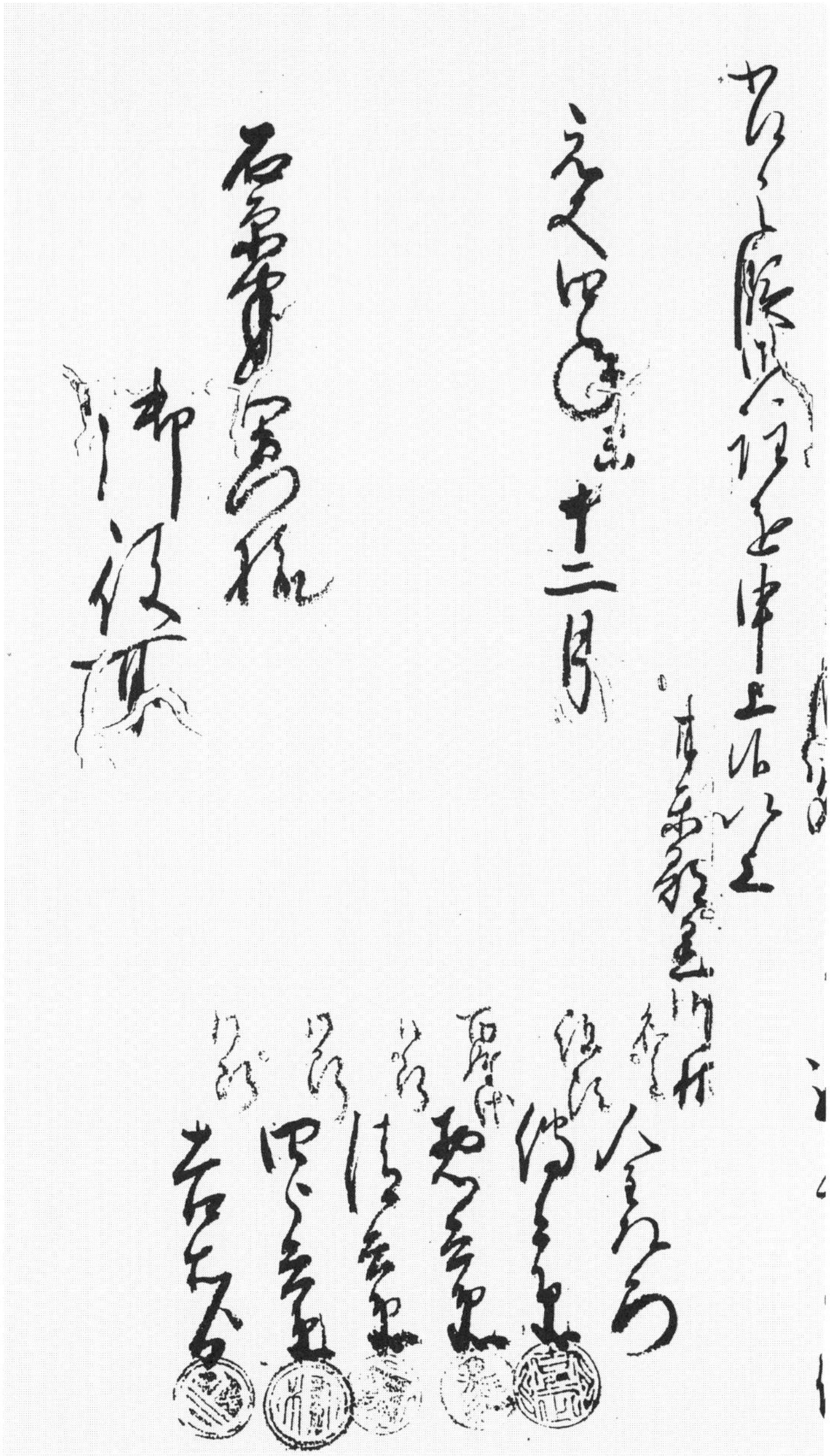

（群馬県立文書館寄託「神戸金貴家文書」7644）

【解読のヒント】

①は「乍恐」で、その下の（以書付）を合わせて、「恐（おそ）れ乍（なが）ら、書付（かきつけ）を以（もっ）て」と読みますが、願書や上申書などの常套句です。（御註進）のは本来「注」ですが、よく「言（ごんべん）」も書かれています。はかなりくずされた形で、「を」のようにもみえますが「進」です。

②は上野国（こうずけのくに）の郡名で「甘楽郡（かんら）」ですが、（甘）は第一画の横棒が点のようになり、次に右側の縦棒が先に書かれています。の右側は「阝（おおざと）」です。③の最初のの も同じようにみえますが、こちらは「月」で「明」となります。また④（候得共）のは「得」ですが、この右側も同じようになっており、注意が必要です。③のは「与」で、この場合「と」と読みますが、「よ」の変体仮名としても使われます。④は「かけ附」（駆付）ですが、は「可」、は「希」で、ともに変体仮名として使われています。は（此）と似ていますが、方角の「北」で左側の縦棒から入っています。⑤は「烈」の異体字「烈」で、「灬（れっか・れんが）」が「火」になっています。（御座候）のは「座」ですが、左側に偏のようにみえるのが「广（まだれ）」になります（⑥⑦⑨も）。⑥（右）は「ノ」から筆を起こしていますが、⑰（吉右衛門）の（右）は「一」から始めており、両様の筆順がありました。⑦（長興寺）のと⑧（入寺）のは、ともに「寺」です。⑧（鎮）の偏は「金（かねへん）」になります。（立会）のは、「人」の部分が点のようになり、「云」の部分が大きくなっているので要注意です。⑨は「吟味」ですが、がちょっと分かりにくいかもしれません。が「口（くちへん）」で、が「今」です。⑩は「段」の典型的なくずしです。⑪は「甘楽郡」ですが、

②の「甘楽郡」の「楽」とくずしを比べてみてください。⑬（四年）の「年」は、「ノ」のあと縦棒を先に曲線にして書いています。

【解読文】

① 乍恐以書付御註(注)(1)進申上候
② 一甘楽郡黒川村百姓理右衛門炭(灰)屋ゟ、當(当)月十八日
③ 明七ッ時出火仕、平兵衛〇（〇吉内）与申百姓弐軒類焼仕候、
④ 村中之者早速かけ附相防候得共、折節東北風
⑤ 烈(烈)敷御座候而防兼候處(処)、隣郷之者早速馳附
⑥ 防候故、右之外類火(2)無御座候、勿論、人馬ホ(等)怪我
⑦ 無御座候、火本理右衛門義者、早速當村長興寺江
⑧ 入寺仕罷在候、火鎮候後、名主・組頭・百姓代立会、
⑨ 火本之様子吟味仕候処、自火(3)ニ紛無御座候、依之、
⑩ 右之段御註進申上候、以上
⑪ 甘楽郡黒川村
⑫ 名主 金左衛門
⑬ 元文四年未十二月 組頭 傳(伝)兵衛㊞
⑭ 百姓代 惣兵衛㊞

【用語説明】

（1）**注進**（ちゅうしん）報告。上申。
（2）**類火**（るいか）類焼に同じ。
（3）**自火**（じか）失火と同意。放火による出火でないこと。

⑮　　　　　　　　　　同断　清兵衛㊞
⑯　石原半右衛門様　　同断　四郎兵衛㊞
⑰　　御役所　　　　　同断　吉右衛門㊞

【読み下し文】

①恐れながら書付をもってご注進申し上げ候

②一、甘楽郡黒川村百姓理右衛門灰屋より、当月十八日明け③七ツ時出火仕り、平兵衛・吉内と申す百姓二軒類焼仕り候。④村中の者早速かけつけ相防ぎ候えども、折節東北風⑤烈しくござ候て防ぎかね候ところ、隣郷の者早速馳せつけ⑥防ぎ候ゆえ、右のほか類火ござなく候。もちろん、人馬など怪我⑦ござなく候。火本理右衛門義は、早速当村長興寺へ⑧入寺仕り罷りあり候。火鎮まり候のち、名主・組頭・百姓代立ち会い、⑨火本の様子吟味仕り候ところ、自火に紛れござなく候。これにより、右の段⑩ご注進申し上げ候。以上。

【現代語訳】

①恐れ多いことですが書付にしてご報告申し上げます

②一、甘楽郡黒川村の百姓理右衛門の灰小屋から、今月十八日明け③七つ時（午前五時ころ）出火し、平兵衛・吉内という百姓二軒が類焼しました。④村中の者が早速駆けつけて火を防ぎましたが、ちょうどその時、東北の風が⑤激しくて消火に手間取っていたところ、隣村の者が早速駆けつけ⑥消火にあたりまし

たので、右のほか類焼はございません。もちろん、人や馬などに怪我はありません。火本の理右衛門は、早速当村の長興寺へ入寺しております。鎮火の後、名主・組頭・百姓代が立ち会って、火本の様子を取り調べたところ、失火に間違いありません。このため、右のことをご報告申し上げます。以上です。

【解説】

これは、上野国甘楽郡黒川村（現群馬県甘楽郡下仁田町）で発生した火事の際の幕府代官所への届書です。農家では、肥料にするため竈の灰を軒下や灰小屋に蓄えていましたが、これがしばしば出火の原因となり、この火事も灰小屋からの出火でした。出火の場所・日時、類焼軒数、出火に際し村中はもとより隣村から消火に駆け付けたこと、人馬に怪我はなかったこと、自火に間違いない（不審火ではない）ことなどが記されていますが、これらは出火届の書式に則った記載事項です。これに加え注意する点は、火元の理右衛門が「入寺」していると記されていることです。火元が、謝罪して謹慎の意を表すために入寺したのですが（これを火元入寺といいます）、出火届にこの文言が記されているのは、幕領では入寺を出火に対する刑罰の代替措置としていたからです。

ところで、火事が起こった元文四年（一七三九）十二月十八日（現行暦では翌年の一月十六日）といえば、まだ夜が長い時期です。当時は不定時法でしたので、出火時間の「明七ッ」は午前五時近くになります（ちなみに、春分・秋分時は午前四時）。なお、この届書には名主の捺印がありませんが、名主の元に残す控であるため省いたのかもしれません。

6 娘を盗み出す

娘盗み出し内済取扱証文（宝暦十二年〈一七六二〉正月）

① ② ③ ④ ⑤ ⑥ ⑦ ⑧

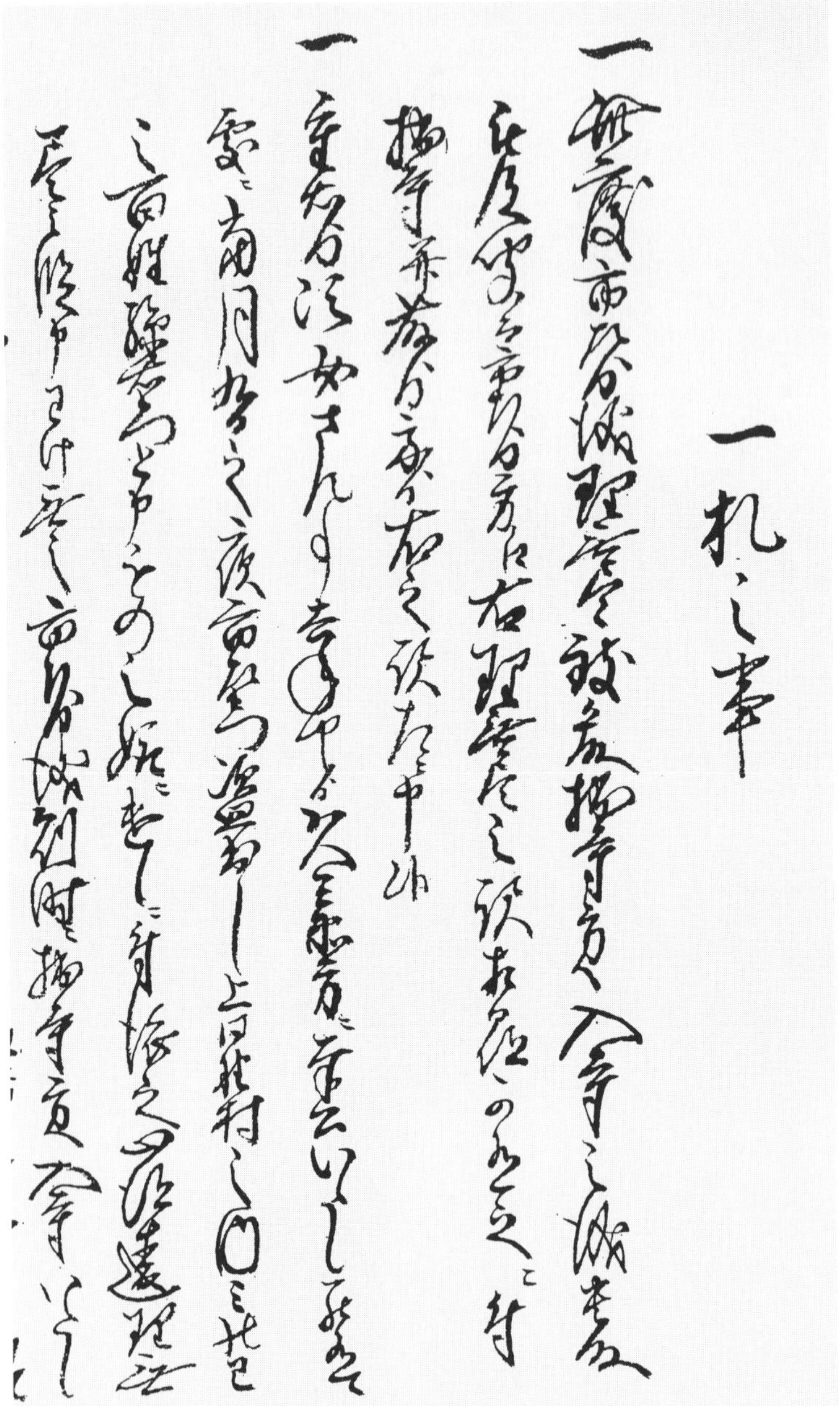
一札之事

⑨ ⑩ ⑪ ⑫ ⑬

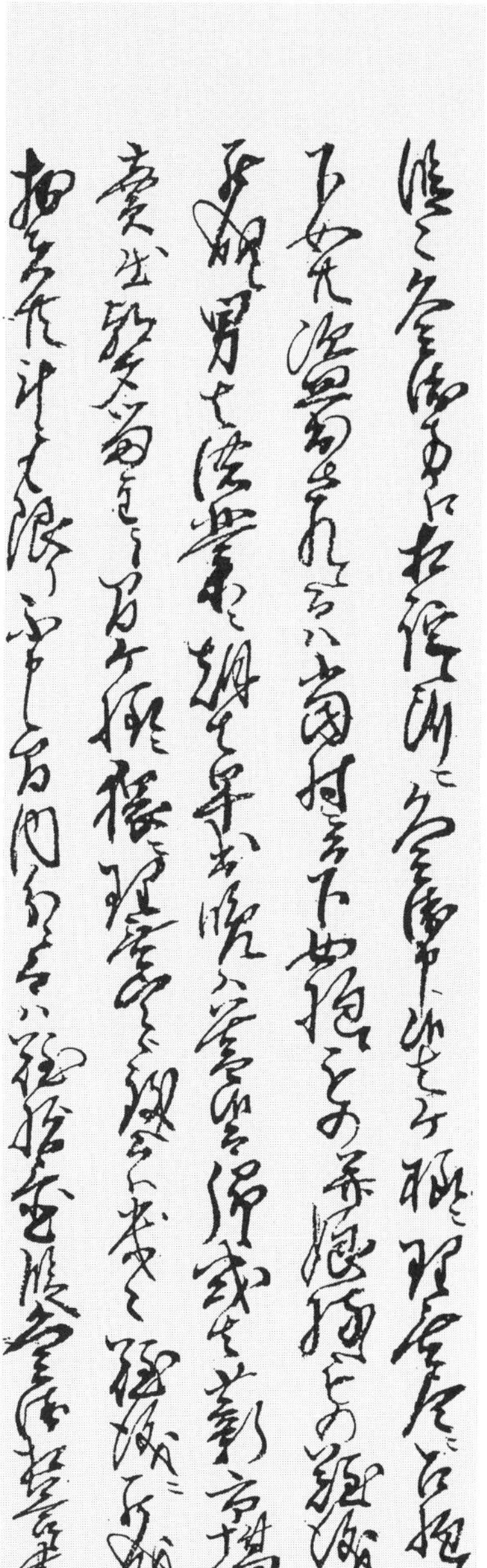

（中略）

⑭ ⑮ ⑯ ⑰ ⑱ ⑲

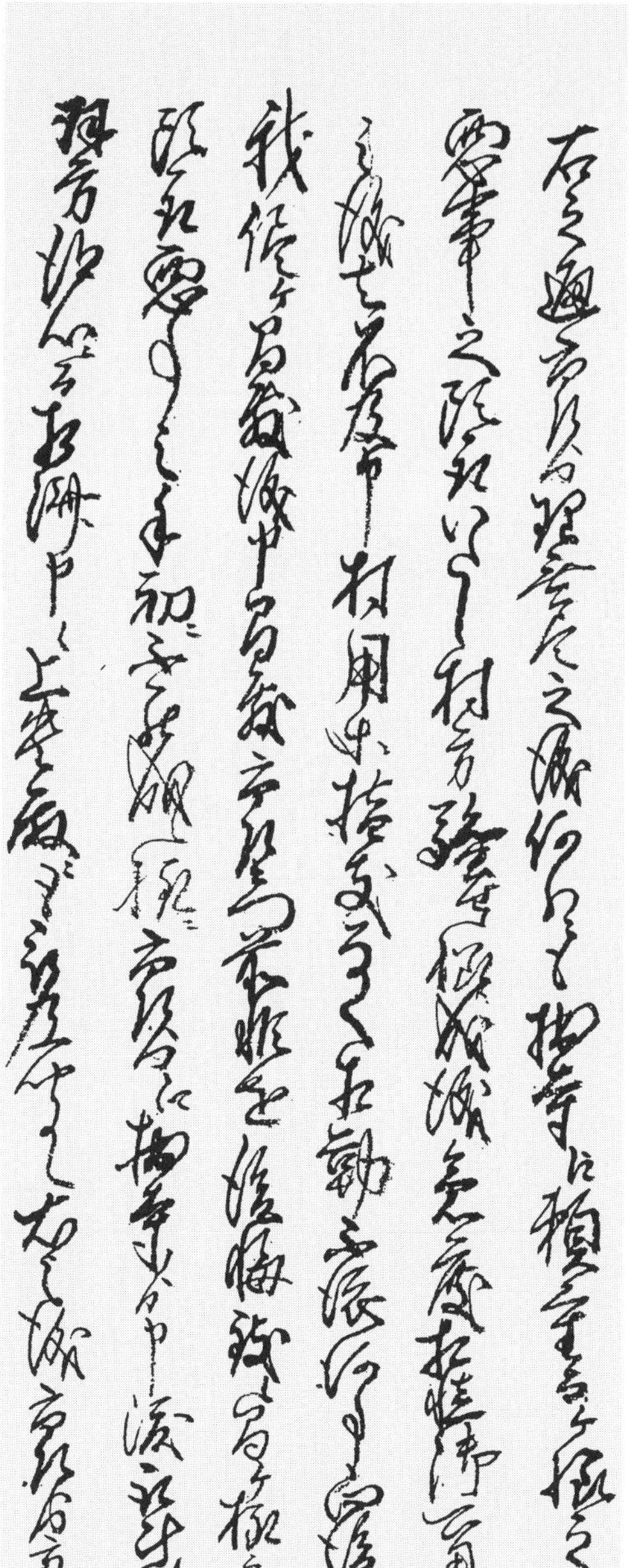

⑳ ㉑ ㉒ ㉓ ㉔ ㉕

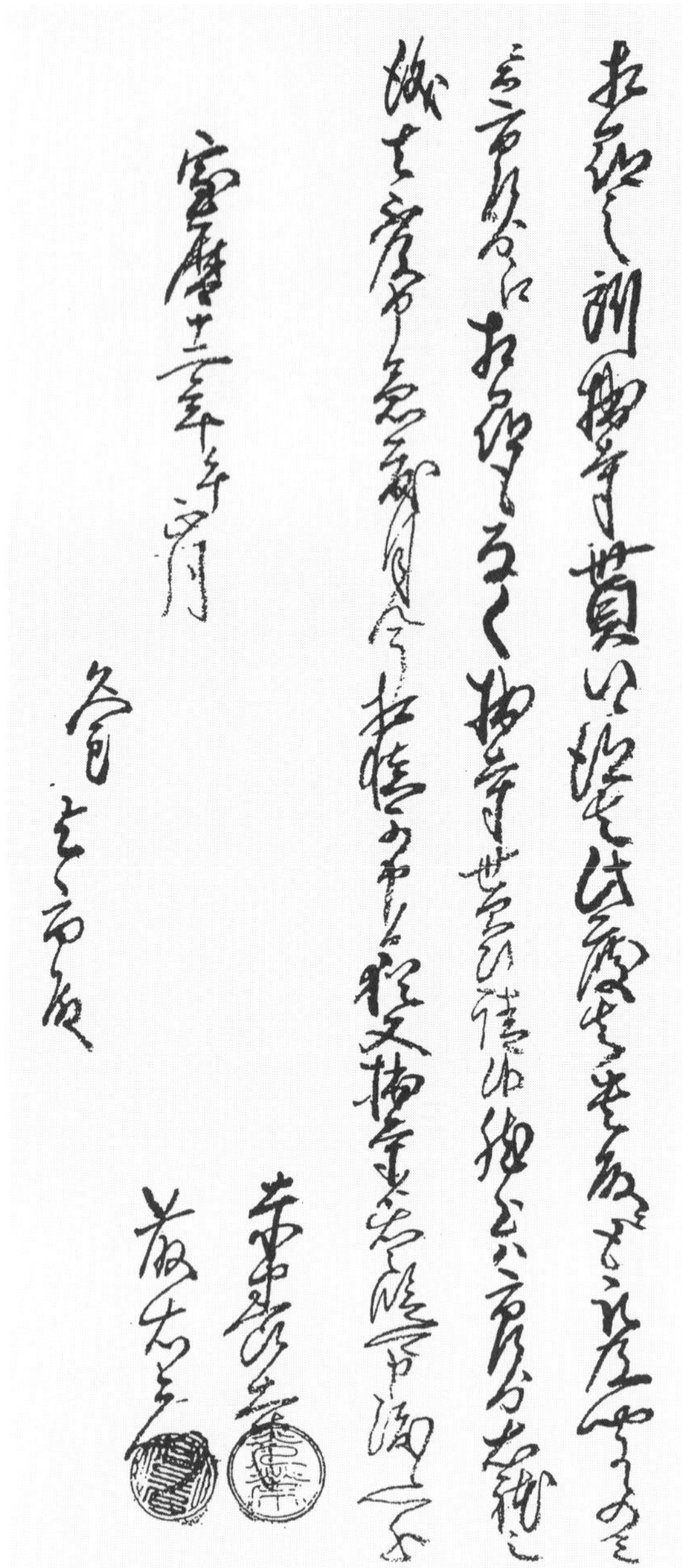

（後略）

（群馬県立文書館寄託「飯塚馨家文書」３０８１）

【解読のヒント】

②は「此」ですが（⑳）とくずす場合もあります。の は「衛門」がかなり略された形です。（④）と似ていますが、こちらは「より」です。は一字のようですが、「か」の変体仮名「可」に「故」です。（貴殿）の「貴」は「貝」の部分が簡略化されています。「殿」もかなりくずした形です。③は「尋」ですが、「寸」が右側に寄っています。④は「藤」の

かなりくずした形です。⑤は旁（つくり）が「頁（おおがい）」のようにみえますが「次」です。（さん）はここでは女性の名前になります。は「事」のかなりくずした形です。（いたし）のは「た」の変体仮名「多」です。⑥（ミのわ）は「三」「能」「王」を使った変体仮名です。⑦は「女（おんなへん）」に「取」で「娵（よめ）」になります。⑧（則时）のは、「時」の右上の「土」が略された異体字です。⑪・⑫はともに「朝」です。⑫（幾々）の一字目は「幾」のくずしです。⑬（内分）のは、「分」の頻出するくずしです。（答）は、「⺮（たけかんむり）」が簡略化されていますが、「人」も横棒になっています。⑮（頭取）のは「取」の頻出するくずしです。（公用）のは「ハ」も「ム」も横棒のようになっており要注意です。⑯（儀）・（依）は「亻（にんべん）」で、（後）は「彳（ぎょうにんべん）」ですが、同じ書き方になっています。適宜読み分ける必要があります。⑱のは「斗」のようにもみえますが、ここでは「計」と読みましょう。㉒（猶又）のは「酋」の部分が簡略化されています。は「以上」ですが、とくに「以」は横棒に近くなっているので、これも要注意です。㉕はちょっとわかりにくいですが「名主」です。

【解読文】

① 一札之事
② 一此度市左衛門儀、理無尽(1)致か故拙寺方へ入寺之儀、貴殿
③ 被及聞候而、市左衛門方江右理無尽之訳相尋可有之ニ付、
④ 拙寺并藤衛門方ゟ右之訳左ニ申候、

【用語説明】

（1）**理無尽**（りぶじん） 理不尽と同じであろう。「不調法」「無調法」あるいは「不沙汰」「無沙汰」

一重右衛門次女さん事、去年中ゟ久兵衛方ニ奉公いたし罷有候處(処)ニ、當(当)月九日之夜、市左衛門盗出し、上日野村之内ミのわ(箕輪)之百姓孫右衛門と申もの之娵(嫁)ニ遣候ニ付、依之、心得遠(違)・理無尽之段申わけ無之、市左衛門儀則时(即時)ニ拙寺方へ入寺いたし、段々(2)久兵衛方江相詫候所ニ、久兵衛申候者、ケ様ニ理無尽ニ召抱候下女共盗出され候而ハ、當村ニ而下女抱候もの幷娘持候もの難儀ニ罷成候、男者濃業(ママ)ニ朝者早出、晩ハ暮候而帰候、或者薪市場江賣(売)出、朝夕留主(守)ニ候間、ケ様ニ猥ニ理無尽ニ被致候而ハ、幾ミ(3)(々)難儀ニ罷成、拙者共計ニも限り不申候間、内分ニ而ハ難指置段、久兵衛相答候事、

（中略）

右之通、市左衛門理無尽之儀、何分ニも拙寺江頼、重而ケ様之悪(悪)事之頭取(4)いたし、村方騒せ候様成儀急度相慎、御公用之儀者不及申、村用ホ(等)指支なく相勤、不依何事向後我侭(儘)ケ間敷儀申間敷、市左衛門前非を後悔致候間、ケ様之頭取悪事之手初(始)ニ不罷成候様ニ、市左衛門江拙寺ゟ申渡取計ひ、双方得心ニ而相済申候上(故)、貴殿ニも被及聞候右之儀、市左衛門方へ相尋之所拙寺貰(5)い候得者、此度者貴殿ニも被及聞候のミニ而、市左衛門江相尋もなく拙寺貰ひ請候、然上ハ、市左衛門右躰(体)之

といった事例から推して、読み方もリブジンであろうか。

（2）**段々**（だんだん）かさねがさね。いろいろ。

（3）**幾々**（いくいく）「行々」に同じ。のちのち。今後。

（4）**頭取**（とうどり）主導者。リーダー。

（5）**貰**（もらう）引き受ける。預かる。

㉒ 儀者不及申、急度自今相慎可申候、猶又拙寺ゟ右之段可申渡候、以上

㉓ 東養寺㊞

㉔ 宝暦十二年午正月　藤右衛門㊞

㉕ 名主　与市殿

（後略）

【読み下し文】

①一札の事

②一(ひとつ) このたび市左衛門儀、理無尽(りぶじん)いたすがゆえ拙寺(せつじ)方へ入寺(にゅうじ)の儀、貴殿聞きおよばれ候て、③市左衛門方へ右理無尽の訳相(わけあい)尋ねこれあるべきにつき、④拙寺ならびに藤右衛門方より右の訳左(さ)に申し候。

⑤一重右衛門次女さん事、去年中より久兵衛方に奉公(ほうこう)いたし罷(まか)り有り候⑥ところに、当月九日の夜、市左衛門盗み出し、上日野(かみひの)村の内箕輪(みのわ)の⑦百姓孫右衛門と申すものの娵(よめ)に遣り候につき、これにより、心得違い・理無尽の⑧段申しわけこれなく、市左衛門儀即時に拙寺方へ入寺いたし、⑨段々久兵衛方へ相詫び候ところに、久兵衛申し候は、かように理無尽に召(め)し抱(かか)え候⑩下女(げじょ)ども盗み出され候ては、当村にて下女抱え候ものならびに娘持ち候ものの難儀(なんぎ)に⑪罷りなり候。男は農業に朝は早く出(い)で、晩は暮れ候て帰り候。あるいは薪市場へ⑫売りに出で、朝夕留守(るす)に候あいだ、かように猥(みだ)りに理無尽致され候ては、幾々(いくいく)難儀に罷りなり、⑬拙者どもばかりにも限り申さず候あいだ、内分(ないぶん)にては指(さ)し置きがたき段、久兵衛相答え候事。

（中略）

⑭右の通り、市左衛門理無尽の儀、何分にも拙寺へ頼み、重ねてかようの⑮悪事の頭取（とうどり）いたし、村方騒がせ候ようなる儀きっと相慎み、ご公用の⑯儀は申すにおよばず、村用（むらよう）など指（さ）し支（つか）えなく相勤め、何事によらず向後（こうご）⑰我儘（わがまま）がましき儀申すまじく、市左衛門前非（ぜんぴ）を後悔（こうかい）いたし候あいだ、かようの⑱頭取悪事の手始めに罷りならず候ように、市左衛門へ拙寺より申し渡し取り計らい、⑲双方得心にて相済（す）み申し候ゆえ、貴殿にも聞きおよばれ候右の儀、市左衛門方へ⑳相尋ねのところ拙寺貰い候えば、このたびは貴殿にも聞きおよばれ候のみ㉑にて、市左衛門へ相尋ねもなく拙寺貰い請け候。然るうえは、市左衛門右体（てい）の㉒儀は申すにおよばず、きっと自今（じこん）相慎み申すべく候。なおまた拙寺より右の段申し渡すべく候。以上。

（後略）

【現代語訳】

①一札のこと

②一、このたび市左衛門が、理不尽なことをしたために拙寺方へ入寺したことを、名主のあなた様が聞③き及ばれて、市左衛門方へ右の理不尽の事情を尋ねるとのことなので、④拙寺と藤右衛門方から右の事情を次に申します。

⑤一、重右衛門次女さんは、去年から久兵衛方に奉公していました⑥ところ、今月九日の夜、市左衛門がさんを盗み出し、上日野村箕輪の⑦百姓孫右衛門という者の嫁に遣りました。このため、「心得違い・理不尽⑧なことをして申し訳ない」と、市左衛門は直ちに拙寺方へ入寺し、⑨いろいろ久兵衛方へ詫び

ましたところ、久兵衛は「このように理不尽に、雇用している[10]下女を盗み出されては、当村で下女を雇用している者や娘のいる者は迷惑[11]する。男は農業のために朝は早く家を出て、晩は暮れてから帰宅する。または薪を市場へ[12]売りに出て一日中留守になるので、このように勝手に理不尽なことをされては今後の迷惑となる。[13]このことは私ばかりにも限らないので、内々にしておくことはできない」と答えました。

（中略）

[14]右のように、市左衛門理不尽のことは、とにもかくにも拙寺を頼り、「重ねてこのような[15]悪事の首謀者となり、村方を騒がせるようなことは必ず慎み、[16]公用はいうまでもなく村用などもしっかり勤め、どんなことでも今後[17]我が儘なことはいいません」と市左衛門は先非を後悔していますので、このような[18]首謀者になることが悪事に手を染めるきっかけにならないように、市左衛門へ拙寺から言い付けるということで、[19]双方が納得し解決しました。あなた様の耳にも入った右の件で、市左衛門方へ[20]尋問のことは拙寺が責任をもちますので、今回は噂を聞いたということに[21]止め、市左衛門へ尋問もしないということで拙寺が引き受けました。そうしたからには、市左衛門は右のような[22]ことはいうまでもなく、かならず今後自重するでしょう。さらに拙寺から市左衛門へ右のことを申し渡します。以上です。

【解説】

舞台は、再び上野国緑野郡三波川村（こうずけのくにみどのぐんさんばがわむら）になります。理不尽（りふじん）なことをして「入寺」した市左衛門を尋問しようとした名主与市に対し、東養寺と藤右衛門が差し出した証文で、市左衛門については東養寺が責任を持って引き受けることで名主に納得してもらい、一件は落着したのでした。それでは、市左衛門はどんな理不尽なことをしたのでしょうか。それは、二か条目にあるように、市左衛門がリーダーとなって、久兵衛方で奉公していた重右衛門の娘さんを「盗出し」、上日野村箕輪（現群馬県藤岡市）の孫右衛門の嫁にやったのでした。娘を預っていた久兵衛は、このようなことがあっては下女を雇用している者や娘を持っている者は安心できない、と怒っています。中略部分によると、さんには喜右衛門の後妻になる話が進められていたらしく、孫右衛門との結婚を望んでいたさんが、市左衛門らを頼んで盗み出してもらったのではないでしょうか。さらに中略部分には、父親の重右衛門が市左衛門と示し合わせて盗み出させたのではないか、と久兵衛が疑っているとも記されています。重右衛門は否定していますが、案外そうかも知れません。民俗学でいう〝嫁盗み〟の習俗とでもいえるでしょうか。当時の婚姻・娘をめぐる民俗という観点からも興味ある史料です。ともあれ、市左衛門は東養寺へ入寺し、同寺と藤右衛門の仲介で内済（ないさい）（示談）となり、名主の尋問も逃れることができたのでした。

和暦・西暦対照表

干支	和暦	西暦	和暦	西暦	和暦	西暦	和暦	西暦	和暦	西暦	干支
丙子	天正 4	1576	寛永13	1636	元禄 9	1696	宝暦 6⑪	1756	文化13⑧	1816	丙子
丁丑	5⑦	1577	14③	1637	10②	1697	7	1757	14	1817	丁丑
戊寅	6	1578	15	1638	11	1698	8	1758	文政 1 [4]	1818	戊寅
己卯	7	1579	16⑪	1639	12⑨	1699	9⑦	1759	2④	1819	己卯
庚辰	8③	1580	17	1640	13	1700	10	1760	3	1820	庚辰
辛巳	9	1581	18	1641	14	1701	11	1761	4	1821	辛巳
壬午	10	1582	19⑨	1642	15⑧	1702	12④	1762	5①	1822	壬午
癸未	11①	1583	20	1643	16	1703	13	1763	6	1823	癸未
甲申	12	1584	正保 1 [12]	1644	宝永 1 [3]	1704	明和 1⑫[6]	1764	7⑧	1824	甲申
乙酉	13⑧	1585	2⑤	1645	2④	1705	2	1765	8	1825	乙酉
丙戌	14	1586	3	1646	3	1706	3	1766	9	1826	丙戌
丁亥	15	1587	4	1647	4	1707	4⑨	1767	10⑥	1827	丁亥
戊子	16⑤	1588	慶安 1①[2]	1648	5①	1708	5	1768	11	1828	戊子
己丑	17	1589	2	1649	6	1709	6	1769	12	1829	己丑
庚寅	18	1590	3⑩	1650	7⑧	1710	7⑥	1770	天保 1③[12]	1830	庚寅
辛卯	19①	1591	4	1651	正徳 1 [4]	1711	8	1771	2	1831	辛卯
壬辰	文禄 1 [12]	1592	承応 1 [9]	1652	2	1712	安永 1 [11]	1772	3⑪	1832	壬辰
癸巳	2⑨	1593	2⑥	1653	3⑤	1713	2③	1773	4	1833	癸巳
甲午	3	1594	3	1654	4	1714	3	1774	5	1834	甲午
乙未	4	1595	明暦 1 [4]	1655	5	1715	4⑫	1775	6⑦	1835	乙未
丙申	慶長 1⑦[10]	1596	2④	1656	享保 1②[6]	1716	5	1776	7	1836	丙申
丁酉	2	1597	3	1657	2	1717	6	1777	8	1837	丁酉
戊戌	3	1598	万治 1⑫[7]	1658	3⑩	1718	7⑦	1778	9④	1838	戊戌
己亥	4③	1599	2	1659	4	1719	8	1779	10	1839	己亥
庚子	5	1600	3	1660	5	1720	9	1780	11	1840	庚子
辛丑	6⑪	1601	寛文 1⑧[4]	1661	6⑦	1721	天明 1⑤[4]	1781	12①	1841	辛丑
壬寅	7	1602	2	1662	7	1722	2	1782	13	1842	壬寅
癸卯	8	1603	3	1663	8	1723	3	1783	14⑨	1843	癸卯
甲辰	9⑧	1604	4⑤	1664	9④	1724	4①	1784	弘化 1 [12]	1844	甲辰
乙巳	10	1605	5	1665	10	1725	5	1785	2	1845	乙巳
丙午	11	1606	6	1666	11	1726	6⑩	1786	3⑤	1846	丙午
丁未	12④	1607	7②	1667	12①	1727	7	1787	4	1847	丁未
戊申	13	1608	8	1668	13	1728	8	1788	嘉永 1 [2]	1848	戊申
己酉	14	1609	9⑩	1669	14⑨	1729	寛政 1⑥[1]	1789	2④	1849	己酉
庚戌	15②	1610	10	1670	15	1730	2	1790	3	1850	庚戌
辛亥	16	1611	11	1671	16	1731	3	1791	4	1851	辛亥
壬子	17⑩	1612	12⑥	1672	17⑤	1732	4②	1792	5②	1852	壬子
癸丑	18	1613	延宝 1 [9]	1673	18	1733	5	1793	6	1853	癸丑
甲寅	19	1614	2	1674	19	1734	6⑪	1794	安政 1⑦[11]	1854	甲寅
乙卯	元和 1⑥[7]	1615	3④	1675	20③	1735	7	1795	2	1855	乙卯
丙辰	2	1616	4	1676	元文 1 [4]	1736	8	1796	3	1856	丙辰
丁巳	3	1617	5⑫	1677	2⑪	1737	9⑦	1797	4⑤	1857	丁巳
戊午	4③	1618	6	1678	3	1738	10	1798	5	1858	戊午
己未	5	1619	7	1679	4	1739	11	1799	6	1859	己未
庚申	6⑫	1620	8⑧	1680	5⑦	1740	12④	1800	万延 1③[3]	1860	庚申
辛酉	7	1621	天和 1 [9]	1681	寛保 1 [2]	1741	享和 1 [2]	1801	文久 1 [2]	1861	辛酉
壬戌	8	1622	2	1682	2	1742	2	1802	2⑧	1862	壬戌
癸亥	9⑧	1623	3⑤	1683	3④	1743	3①	1803	3	1863	癸亥
甲子	寛永 1 [2]	1624	貞享 1 [2]	1684	延享 1 [2]	1744	文化 1 [2]	1804	元治 1 [2]	1864	甲子
乙丑	2	1625	2	1685	2⑫	1745	2⑧	1805	慶応 1⑤[4]	1865	乙丑
丙寅	3④	1626	3③	1686	3	1746	3	1806	2	1866	丙寅
丁卯	4	1627	4	1687	4	1747	4	1807	3	1867	丁卯
戊辰	5	1628	元禄 1 [9]	1688	寛延 1⑩[7]	1748	5⑥	1808	明治 1④[9]	1868	戊辰
己巳	6②	1629	2①	1689	2	1749	6	1809	2	1869	己巳
庚午	7	1630	3	1690	3	1750	7	1810	3⑩	1870	庚午
辛未	8⑩	1631	4⑧	1691	宝暦 1⑥[10]	1751	8②	1811	4	1871	辛未
壬申	9	1632	5	1692	2	1752	9	1812	5	1872	壬申
癸酉	10	1633	6	1693	3	1753	10⑪	1813	6	1873	癸酉
甲戌	11⑦	1634	7⑤	1694	4②	1754	11	1814	7	1874	甲戌
乙亥	12	1635	8	1695	5	1755	12	1815	8	1875	乙亥

○閏月　□改元の月

編年史料目録

万治２年(1659)６月１日　町方支配の基本を定める―金沢（覚書）……170
寛文７年(1667)７月20日　自立を求める闘い（家抱自立訴訟詫証文）……210
寛文９年(1669)９月９日　浜芝の境を決める（山境・浜芝境争論につき申付書）……116
貞享３年(1686)６月　沼の開発と網漁（上州多々良沼出入訴状）……106
元禄11年(1698)正月　流木に備える浦々（御用木等廻漕につき浦触）……134
元禄16年(1703)７月６日　祇園祭で神輿大暴れ―京都（神輿舁勤方誓約書）……164
宝永６年(1709)11月17日　博奕に負けて出奔（博奕詫証文）……216
正徳４年(1714)３月　松茸山の争い（松茸山出入裁許証文）……56
享保10年(1725)10月　殿様の船を買い上げ（武州忍藩御手舟買上証文）……82
享保14年(1729)11月　町の防火は土蔵造りから―江戸（町触）……156
享保20年(1735)11月21日　香具師(やし)の掟（香具師仲間定書）……188
元文元年(1736)５月　年貢米を江戸へ（御城米江戸納め証文）……88
元文４年(1739)12月　灰小屋より出火（出火届書）……222
延享２年(1745)７月　綿問屋にライバル現る―平野郷町（綿寄所出願迷惑につき口上書）……176
宝暦３年(1753)４月　跡取りを決める（百姓相続証文）……34
宝暦９年(1759)５月　鉄砲を持ち歩く（猟師鉄砲御免願書）……48
宝暦12年(1762)正月　娘を盗み出す（娘盗み出し内済取扱証文）……228
明和８年(1771)11月7日　妻が失踪か（付添不履行詫証文）……198
安永８年(1779)６月　名主の交代を願う（定役名主就任願書）……16
天明５年(1785)10月　江戸城に炭を上納（御用炭上納請書）……62
文化10年(1813)８月　檜を売り渡す（立木売渡証文）……74
文政５年(1822)12月　酒に酔って悪口（酒狂雑言詫証文）……204
文政６年(1823)11月　千曲川にかかる橋（渡船変更出訴につき議定書）……94
文政10年(1827)７月　若者たちの禁断の魚とり（毒流し詫証文）……100
文政13年(1830)　寺子屋で学ぶ（『御家流諸状用文章』）……40
天保４年(1833)３月　御林を見廻る（出府入用金負担約定証文）……68
天保６年(1835)５月　豆腐屋の値上げ―桐生新町（値上許可願書）……182
天保７年(1836)　村人の心得を諭す（五人組帳前書）……10
嘉永元年(1848)６月　堤防、決壊す（堤防修復請書）……28
嘉永７年(1854)４月　浜の魚商人（魚商人株増株約定証文）……122
安政７年(1860)２月28日　伊豆大島に漁船が避難（難風入津につき浦手形）……146
万延元年(1860)５月　イサキ釣りと網漁（沖合漁業につき返礼約定証文）……128
文久元年(1861)５月　田植えを終えて（田方植付証文）……22
文久３年(1863)10月　摂州神戸の酒荷が漂着（漂着酒荷請取証文）……140

【著　者】
佐藤　孝之 さとう たかゆき
1954年生まれ。國學院大學大学院文学研究科日本史学専攻博士後期課程満期退学。
現在　東京大学名誉教授、博士（歴史学）。
〔主な著書・論文〕『駆込寺と村社会』（吉川弘文館、2006年）、『近世山村地域史の研究』（吉川弘文館。2013年）、『近世駆込寺と紛争解決』（吉川弘文館。2019年）、『近世史を学ぶための古文書「候文」入門』（監修・共著、天野出版工房、2023年）、『近世山村地域史の展開』（吉川弘文館、2024年）、『近世古文書用語辞典』（共編、天野出版工房、2024年）

実松　幸男 さねまつ ゆきお
1967年生まれ。國學院大學大学院文学研究科日本史学専攻博士前期（修士）課程修了。
現在　春日部市郷土資料館長（学芸員）、國學院大學栃木短期大学兼任講師。
〔主な著書・論文〕『近世前～中期館山湾の漁場と漁村』（『国史学』146号、1922年）、『はじめての古文書教室』（共著、天野出版工房、2005年）、『埼玉ふるさと散歩　日光道・古利根流域編』（共著、さきたま出版会、2001年）

宮原　一郎 みやはら いちろう
1969年生まれ。國學院大學大学院文学研究科日本史学専攻　博士後期課程退学。
現在　川越市教育委員会。
〔主な著書・論文〕『近世前期の争論絵図と裁許　関東地域における山論・野論を中心に　』（『徳川林政史研究所　研究紀要』第37号、2003年）、『村秩序と詫証文　近世文書社会における謝罪の作法　』（『歴史評論』第653号、2004年）、『ステップアップ古文書の読み解き方』（共著、天野出版工房、2006年）、『近世史を学ぶための古文書「候文」入門』（共著、天野出版工房、2023年）

よくわかる古文書教室—江戸の暮らしとなりわい—
2008年10月10日　第1刷発行
2024年9月15日　第3刷発行

監　修　佐藤孝之
著　者　佐藤孝之・実松幸男・宮原一郎
発行者　天野清文
発行所　天野出版工房
〒411-0907　静岡県駿東郡清水町伏見405-12
電話・FAX　055(919)5588
http://www.amano-books.com/
発売所　株式会社 吉川弘文館
〒113-0033　東京都文京区本郷7丁目2番8号
電話 03(3813)9151〈代表〉
振替口座 00100-5-244
http://www.yoshikawa-k.co.jp/
印　刷　株式会社 ティーケー出版印刷
製　本　協栄製本株式会社

ISBN978-4-642-07994-5 C1021